# 北方地区沥青路面再生技术及应用实例

周　谦　杨彦海　**编著**

郝培文　**主审**

人民交通出版社股份有限公司
China Communications Press Co.,Ltd.

## 内 容 提 要

本书共分为6章，主要对北方地区沥青路面就地热再生、就地冷再生、厂拌热再生和厂拌冷再生这四种再生方式的定义和特点、适用条件、设备、材料要求、配合比设计、施工工艺、质量管理及验收等内容进行了论述，并给出了工程应用实例。

本书可作为从事公路沥青路面再生设计、施工和养护技术人员的参考用书，也可作为大专院校本科生和研究生的教材。

**图书在版编目(CIP)数据**

北方地区沥青路面再生技术及应用实例 / 周谦，杨彦海编著. —北京 ：人民交通出版社股份有限公司，2015.8

ISBN 978-7-114-12426-6

Ⅰ. ①北… Ⅱ. ①周… ②杨… Ⅲ. ①沥青路面－再生路面－道路施工－中国 Ⅳ. ①U416.217

中国版本图书馆 CIP 数据核字(2015)第 179862 号

**书　　名**：北方地区沥青路面再生技术及应用实例
**著 作 者**：周　谦　杨彦海
**责任编辑**：潘艳霞
**出版发行**：人民交通出版社股份有限公司
**地　　址**：(100011)北京市朝阳区安定门外外馆斜街3号
**网　　址**：http://www.ccpress.com.cn
**销售电话**：(010)59757973
**总 经 销**：人民交通出版社股份有限公司发行部
**经　　销**：各地新华书店
**印　　刷**：北京鑫正大印刷有限公司
**开　　本**：787×1092　1/16
**印　　张**：11.75
**字　　数**：269千
**版　　次**：2015年8月　第1版
**印　　次**：2015年8月　第1次印刷
**书　　号**：ISBN 978-7-114-12426-6
**定　　价**：50.00元

# 前言

公路工程既是关系国民经济和社会发展全局的民生工程，又是资源占用和能源消耗大户。为实现公路本身所具有的交通功能，同时减少建设和养护过程的工程性破坏，实现公路工程的低能耗、低排放、低污染、循环再利用，是建设绿色交通、和谐交通的必然要求，更是建设资源节约型和环境友好型交通行业的重要环节。

经过几十年的发展，我国公路基础设施日益完善，公路维修养护和升级改造任务日趋繁重。采用沥青路面再生技术对公路维修养护中产生的废旧路面材料进行循环利用，是交通行业实现可持续发展的必然选择。

沥青路面再生技术是利用需要翻修或废弃的旧沥青路面，经过回收、破碎、筛分，再添加适量新集料、新胶结料（沥青、水泥、乳化沥青、泡沫沥青）、再生剂（必要时）等材料后重新拌和，形成符合路用性能要求的材料，用于铺筑路面的整套工艺技术。

根据我国的实际情况，将沥青路面再生技术主要分为就地热再生、就地冷再生、厂拌热再生、厂拌冷再生四类。不同的再生技术具有不同适用条件，在使用这些再生技术时，只有准确掌握其适用条件，才能取得理想的使用效果。本书结合北方地区的实际特点，在系统总结以往研究和应用成功经验，并吸取失败教训的基础上，借鉴国内外已有成果编写而成，以期望能为推动这项技术的推广和应用尽绵薄之力。

本书的写作思路构建，总体设计以及第1、第2章的编写由辽宁省交通厅公路管理局周谦教授级高级工程师完成；全书的统稿工作及第3、第4章的编写由沈阳建筑大学杨彦海教授完成；第5、第6章的编写由沈阳建筑大学王秋菲副教授完成；沈阳建筑大学杨野、高镜雄、沈阳、高小晰、张群等研究生为本书的完成进行了大量的试验工作，并参与了部分章节的编写。本书由长安大学郝培文教授主审。

本书在编写过程中，得到了辽宁省交通系统多位同仁的指导、关心和帮助，在此表示衷心感谢！

由于作者水平所限，书中一些观点和结论可能还有待进一步研究和完善，恳请国内外专家、学者、同行批评指正。

编著者

2014年12月于沈阳

# 目 录


**第1章 绪论** …… 1
1.1 沥青路面再生的目的和意义 …… 1
1.2 旧沥青材料再生的途径 …… 2
1.3 国内外沥青路面再生技术应用情况 …… 3
1.4 沥青路面再生方式选择 …… 7
1.5 沥青混合料再生技术发展趋势 …… 11
**第2章 就地热再生** …… 12
2.1 定义及特点 …… 12
2.2 适用条件 …… 13
2.3 常用就地热再生设备 …… 13
2.4 热再生用再生剂研发 …… 15
2.5 原路面调查及分析 …… 23
2.6 材料要求 …… 25
2.7 就地热再生混合料配合比设计 …… 27
2.8 沥青路面就地热再生施工 …… 31
2.9 质量管理及验收 …… 34
2.10 工程实例一 …… 35
2.11 工程实例二 …… 45
**第3章 就地冷再生** …… 53
3.1 定义及特点 …… 53
3.2 适用条件 …… 53
3.3 再生设备选型及配套 …… 54
3.4 冷再生用乳化沥青研发 …… 57
3.5 原路面调查及分析 …… 59
3.6 材料要求 …… 60
3.7 结构组合设计 …… 62
3.8 就地冷再生混合料设计 …… 62
3.9 沥青路面就地冷再生施工 …… 66
3.10 施工质量控制及验收 …… 70
3.11 工程实例一 …… 72
3.12 工程实例二 …… 80

3.13 工程实例三 …… 86
**第4章 厂拌热再生** …… 92
4.1 定义及特点 …… 92
4.2 适用条件 …… 92
4.3 再生设备选型及配套 …… 92
4.4 材料要求 …… 96
4.5 厂拌热再生沥青混合料配合比设计 …… 98
4.6 施工工艺 …… 103
4.7 质量管理及控制 …… 106
4.8 工程实例一 …… 107
4.9 工程实例二 …… 122
**第5章 厂拌冷再生** …… 127
5.1 定义及特点 …… 127
5.2 适用条件 …… 127
5.3 再生设备选型及配套 …… 127
5.4 原路面调查与评价 …… 130
5.5 材料要求 …… 131
5.6 厂拌冷再生混合料配合比设计 …… 132
5.7 施工工艺 …… 138
5.8 质量管理及验收 …… 142
5.9 工程实例一 …… 143
5.10 工程实例二 …… 150
**第6章 温拌再生技术** …… 157
6.1 定义及特点 …… 157
6.2 适用条件 …… 158
6.3 材料选择及要求 …… 158
6.4 基于表面活性技术的沥青温拌剂研发 …… 159
6.5 配合比设计 …… 165
6.6 施工工艺及质量管理及控制 …… 166
6.7 工程实例一 …… 168
6.8 工程实例二 …… 175
**参考文献** …… 179

# 第1章　绪　论

## 1.1　沥青路面再生的目的和意义

公路交通运输是综合交通体系的重要组成部分，拥有庞大、完善和完好的公路网是社会经济发展的基本特征和综合竞争力的重要体现。截至2013年底，全国公路总里程超过430万km，其中高速公路近11万km。公路事业的跨越式发展，为国民经济和社会进步提供了强有力的保障。公路工程是关系到国民经济和社会发展全局的民生工程，对国民经济的发展起着不可替代的支撑作用。但是，公路建设与养护占用和消耗了大量的自然资源，对周边生态环境产生着直接或间接的影响，带来一系列环境污染问题。在完成公路本身固有交通功能的同时减少建设性破坏，是"十二五"科技发展总体布局的有机组成部分和亟待研究解决的重要课题，对实现生态的平衡与和谐，创造优美环境，实现交通产业转型、建设资源节约型和环境友好型交通行业具有重要意义。

交通运输部文件交政法发〔2011〕53号规定："充分发挥科技进步在低碳发展中的基础性和先导性作用，推广使用新能源和可再生利用技术、节能减排新技术，推广温拌沥青、废旧路面再生等低碳铺路技术。"交通运输部文件交公路发〔2012〕489号规定：到"十二五"末，全国基本实现公路路面旧料"零废弃"，路面旧料回收率达95%以上，循环利用率达50%以上。到2020年，全国公路路面旧料循环利用率达到90%以上。高速公路到"十二五"末，路面旧料回收率达100%，循环利用率达90%以上。到2020年，路面旧料循环利用率达到95%以上。我国"十二五"综合交通运输体系规划指出"要大力发展循环经济，切实推进绿色交通系统建设，加强交通基础设施建设中废旧建材等再生资源的循环利用"。可见，国家对沥青路面再生利用高度重视。

我国国省干线公路中90%以上为无机结合料稳定基层沥青路面，沥青路面的设计年限一般为12～15年，通常在10年左右需要大修。"十二五"末，我国将基本建成国家高速公路网，每年仅高速公路路面大中修规模将达到8 000km以上。按照平均路面宽度为10m，平均翻修深度为10cm计算，平均每年将产生近2 000万t的废旧沥青混合料，数量巨大。此外，其他等级道路和城市道路的维修也会产生大量的废旧材料。

在这样的背景下，我国未来公路发展的首要任务之一是大力发展符合循环经济的沥青路面再生技术，通过最大限度地循环利用废旧沥青混合料，提高公路建设养护领域的资源综合利用率。应用和推广沥青路面再生技术对实现交通增长方式的根本性转变和产业结构的优化升级具有十分重要的现实意义。

研究发现，在废旧沥青混合料中，石料的强度并没有发生较大的改变，只是级配可能由于受到车辆荷载长期作用而有所细化，通过加入部分新集料完全可以使其恢复到原有的级配范围,这是可再生利用的资源;而经过长年的使用,沥青会老化变质,逐渐丧失其使用性能,但通过加入再生剂或掺加一定比例高标号的新沥青,老化沥青的使用性能也将得到一定程度恢复(热再生);或掺加不同比例的乳化沥青、泡沫沥青、水泥等,做成下面层或柔性(半刚性)基层。所以,通过一定工艺是完全可以将废旧沥青混合料再生利用的。

沥青路面再生利用是将需要翻修或废弃的旧沥青路面,经过回收、破碎、筛分,再添加适量新集料、填料、新胶结料(沥青、水泥、乳化沥青、泡沫沥青)、再生剂(必要时)等,重新拌和,形成符合路用性能要求的材料,再用于铺筑路面的整套工艺技术。

沥青路面再生技术的推广和应用主要有三个目的:

(1)矫正路面病害,改造路面结构,延长路面寿命;

(2)减少维修工程的能源消耗,并降低废弃材料对环境的污染;

(3)充分利用废旧资源,降低工程造价。

沥青路面再生利用技术的核心思想是充分利用旧沥青路面材料,保护环境,减少资源消耗,变废为宝,形成一个符合循环经济模式的产业链;是公路建设可持续发展战略的重要组成部分,符合建设绿色交通、和谐交通的发展要求。因此,进行沥青路面再生技术研究具有重要的现实意义。

近年来,我国道路建设和养护的年沥青用量均维持在1 000万t以上。我国石油沥青人均拥有量很低,仅相当于美国的1/60,而且这些年消耗量较大,难以满足重交通沥青路用性能技术要求,因此需要进口大量沥青。随着国际石油价格的持续走高,沥青价格持续高涨,已经成为影响公路建设养护的重要制约因素。沥青路面材料中含有5%左右的沥青资源,循环利用很有意义,潜力巨大。另外,沥青路面材料中95%左右为石料,需要开采山体经过加工处理得到不同规格的公路用石料,对这些石料的大量使用必然会造成森林植被减少、水土流失等生态环境破坏。路面再生技术可以重复利用旧沥青和旧石料资源,符合国家可持续发展的战略要求。沥青路面再生技术可以节约土地资源。随着我国公路运输的不断发展,公路密度和交通量不断增大,因此,沥青路面的翻修频率不断增加,产生的废料也日益增多。如果不利用沥青路面再生技术循环利用废旧沥青混合料,废弃旧料和新开采石料将占用大量的土地资源,并造成环境污染。

## 1.2 旧沥青材料再生的途径

根据目前的工艺与技术条件,对于沥青路面材料的再生,主要有两种技术途径。

### 1.2.1 恢复旧沥青性能——热再生

热再生包括就地热再生和厂拌热再生,通过加入再生剂(必要时)可以使热融状态下的旧沥青性能得到一定程度的恢复,提高旧沥青的使用品质。沥青再生实际是沥青老化的逆过程,采取一定的技术途径,调节旧沥青黏度,使其降低至所需要的黏度范围。热再生在使用过程中还可掺加温拌剂,实现混合料的温拌化,从而提高压实特性和旧料掺加比例。

### 1.2.2 旧矿料的再生利用——冷再生

冷再生包括就地冷再生和厂拌冷再生,由于在常温情况下使用,旧沥青利用率较低(加入性能优良的再生剂可利用一部分),主要把旧沥青混合料作为"黑色粒料"加以利用,加入胶结料(乳化沥青、泡沫沥青、水泥)和新材料后形成具有一定强度的材料。

对旧沥青材料采用热再生或冷再生方式进行再生使用的确定,要依据以下几点:

(1)具体工程需要,如使用区域和层位,交通量等。

(2)原路面技术状况、道路结构承载能力等。

(3)废旧沥青的老化情况等因素。

## 1.3 国内外沥青路面再生技术应用情况

### 1.3.1 国外沥青路面再生技术应用情况

#### 1)沥青路面再生技术发展历程

早在20世纪30年代,沥青路面再生技术便已开始应用,但发展比较缓慢;80年代后该技术趋于成熟。美国、英国 、德国、日本等国家相继出台了一系列技术手册、指南和规范,并取得了一定的研究成果。自20世纪90年代以来,沥青路面再生技术进一步发展,在亚太地区也得到普遍应用。国外部分沥青再生技术出版物见表1-1。

国外部分沥青技术指南、标准、规范 表1-1

| 国家 | 时间(年) | 出版物 |
|---|---|---|
| 美国 | 1981 | 《路面废料再生指南》、《沥青路面热拌再生技术手册》 |
| | 1983 | 《沥青路面冷拌再生技术手册》 |
| | 2006 | 《美国沥青再生指南》 |
| 联邦德国 | 1981 | 《热拌再生沥青混凝土施工规范》 |
| 德国 | 1994 | 《再生沥青混凝土施工指南》 |
| | 2004 | 《维特根冷再生技术手册》 |
| 英国 | 1983 | 《热拌再生沥青混凝土技术规范》 |
| 苏联 | 1966 | 《沥青混凝土废料再生利用技术的建议》 |
| | 1979 | 《旧沥青混泥土再生混合料技术准则》 |
| | 1984 | 《再生路用沥青混凝土》 |
| 日本 | 1984 | 《路面废料再生利用技术指南》 |
| | 1992 | 《厂拌再生沥青铺装技术指南》 |
| 澳大利亚 | 1997 | 《沥青混凝土路面再生指南》 |
| 南非 | 2009 | 《沥青稳定混合料技术规范》 |

美国是最先开始对沥青混合料再生利用研究的,也是目前再生技术发展最成熟的国家之一。其发展历程根据时间可分为以下几个阶段:

(1)1915年,Warren Brothers对旧沥青层块进行加热和重新利用,取得了较好的使用效果,节省了可观的费用,但这项技术没有得到足够的重视。

(2)1956年以后,随着美国州际公路网络初步形成,特别是1973年石油危机爆发,沥青路面再生技术作为解决石油危机的一个重要手段,又重新引起人们的重视。

(3)1974年,美国重新开始研究沥青路面再生技术,并迅速在全国推广应用。

(4)1981 年,美国共使用了约 400 万 t 再生沥青混合料,美国交通运输研究委员会编制出版了《路面废料再生指南》;1981 ~1983 年,美国沥青协会相继出版了《沥青路面热拌再生技术手册》和《沥青路面冷拌再生技术手册》。

(5)1985 年,美国使用了近 2 亿 t 再生沥青混合料,占当年全国所有道路沥青混凝土用量的一半;1994 年,美国各州使用回收旧沥青而节约费用达 3 亿美元。

(6)1997 年,美国联邦公路局(FHWA)提出“绿色公路”的概念,各州将沥青路面旧料作为集料和黏结料替代料,生产热拌再生沥青混凝土,而旧料添加量随各州政府情况而异,一般在 10% ~50% 之间。

近年来,加利福尼亚州的热再生应用高速热气流传热技术和微波技术,旧料掺加率高达 100% 。到 20 世纪末,美国再生沥青混合料的比例已占全部道路用沥青混合料的一半左右,各种再生技术都日趋成熟。

西欧国家也十分重视沥青路面再生利用技术。20 世纪 70 年代中期,联邦德国、芬兰、荷兰等国家相继地进行小型试验,并迅速推广应用。沥青路面再生技术的发展过程根据国家的不同,发展如下:

(1)1978 年,联邦德国旧沥青路面材料基本全部回收利用,并率先将沥青路面再生利用技术应用于高速公路。

(2)近年来,法国在高速公路和一些重交通道路的沥青路面修复工程中也开始大规模推广应用此项技术。

(3)在芬兰,几乎全国都进行旧沥青路面材料的收集和储存,原来再生沥青路面材料主要用于轻交通道路的面层和基层,近年开始也用于重交通道路。

(4)欧洲沥青路面协会(EAPA)在互联网上宣布,其所有成员国 100% 地再生利用旧沥青路面材料。

苏联对沥青路面再生技术研究较早。研究的过程可以根据出版相应的建议准则等进行划分,主要分为以下进程:

(1)1966 年出版了《沥青混凝土废料再生利用技术的建议》,但实际应用较少。

(2)1979 年出版了《旧沥青混凝土再生混合料技术准则》,提出各种条件下沥青路面材料的再生利用方法。

(3)1984 年出版了《再生路用沥青混凝土》,详细阐述了厂拌再生和路拌再生方法。

近年来,俄罗斯沥青路面再生利用技术发展速度较快,应用范围较广,仅圣彼德堡市每年就节约沥青用量约 1 400t。

日本在 1976 年就开始研究沥青路面再生技术。1984 年 7 月,日本道路协会出版了《路面废料再生利用技术指南》,1992 年又出版了《厂拌再生沥青铺装技术指南》,其中指出将热拌再生沥青混合料应用于重交通道路路面的使用结果表明,如果适当地对再生热拌沥青混合料进行质量控制管理,其铺装后与新铺装路面性能相当。1993 年日本的旧料再生利用率达到 78% ,2000 年以后旧料再生利用率均超过 90% 。

**2)不同沥青路面再生技术的应用情况**

沥青路面再生技术分为厂拌热再生、就地热再生、厂拌冷再生、就地冷再生等。1997 年,国际经济合作与发展组织(OECD)发表的《道路工程再生利用战略》白皮书显示,主要发达国家的沥青路面再生利用率普遍在75%以上,详细情况见表1-2。

**国际经济合作与发展组织对12国路面再生利用调查表**(沥青部分) 表1-2

| 国家 | 澳大利亚 | 奥地利 | 比利时 | 加拿大 | 丹麦 | 芬兰 | 法国 | 日本 | 荷兰 | 瑞典 | 英国 | 美国 |
|---|---|---|---|---|---|---|---|---|---|---|---|---|
| 利用率(%) | 80 | 80 | 100 | 90 | 90 | 95 | 100 | 80 | 100 | 75 | 90 | 80 |
| 厂拌热再生 | G | G | G | G | G | G | G | G | G |  | G | G |
| 就地热再生 | L | L |  | L | G | G | G |  | G | G | L | L |
| 厂拌冷再生 |  | L |  | L |  |  | G |  |  | G | L | L |
| 就地冷再生 | L |  |  | L |  | G | G |  |  | L |  | L |
| 基层/沥青 |  | L |  | L |  | L | G |  | L | L |  |  |
| 基层/水泥 | G | G | G |  |  |  | G | G | G |  | G |  |
| 底基层 |  | G |  | G | L | L | G | G | G |  | L | G |

注:G表示普遍采用,L表示有限使用。

沥青路面再生利用总体情况是:

(1)旧沥青路面材料的再生利用率为75%~100%。

(2)厂拌热再生技术应用最为广泛,再生沥青材料主要用于路面面层结构。

(3)不论是集中厂拌再生还是就地再生,冷再生技术推广程度较低。

(4)就地热再生技术应用较广,但只有少数国家推广程度较高。

在调查过程中,沥青路面再生技术主要使用效果如下:

(1)节省费用方面:统计资料显示,比利时为12%左右,日本为5%~10%。

(2)服务寿命方面:美国认为厂拌热再生路面为10~20年,就地热再生路面为4~8年,厂拌冷再生路面为5~10年,就地冷再生路面为10~15年。

(3)可靠性方面:澳大利亚在1997年的《沥青混凝土路面再生指南》中提出60%的沥青再生路面寿命与传统沥青路面相同,并具有更好的抗车辙能力;美国和日本认为,再生沥青路面寿命与传统的沥青路面路用性能和使用寿命没有明显的区别。

美国沥青路面再生技术应用情况:美国联邦公路局的统计显示,美国每年产生回收沥青路面材料(RAP)约4 500万t,其中有33%采用厂拌热再生的方式利用,其他再生方式合计消耗约67%。各种再生技术的应用效果如下:

(1)厂拌热再生。

厂拌热再生是美国最普及的筑路技术,目前佛罗里达州、佐治亚州、路易斯安那州、马萨诸塞州、明尼苏达州、华盛顿州、怀俄明州等都使用该技术。这些地区多年的研究和跟踪测试结果表明,厂拌热再生混合料的路用性能和使用寿命不低于普通热拌沥青混合料。佛罗里达州交通部门还颁布了相关规范指导工程实践。

(2)就地热再生。

美国学者J. W. Button等对全美就地热再生技术使用情况的调查结果显示,22个州的就地热再生使用评价情况为优,部分就地热再生工程路用性能不佳的原因是原路面技术状况较差,不适合使用该技术。

(3)冷再生。

美国很多地方交通署在高速公路的修复工程中都成功实施了冷再生技术推广应用战略。该技术在美国应用已经超过20年。犹他州40号州际公路的大修项目是一个典型的工程实例，通过对40号州际公路的跟踪研究表明，在结构性能一致的前提下，使用冷再生技术与沥青混凝土罩面（10cm冷再生层+7.5cm热拌沥青混凝土罩面）的结构组合方式比直接使用15cm热拌沥青混凝土的传统方案节省了36%的成本。冷再生技术的应用为该项目节省了93万美元，占项目总成本的11%。

综上所述，目前欧美日等发达国家在再生沥青混合料生产工艺及配套机具的研制与开发方面均取得了显著的成就，30多年的生产实践也已证明沥青路面再生利用技术可行，经济合理，并形成了系统的沥青路面再生成套技术，使之规范化与标准化。

### 1.3.2 国内沥青路面再生技术应用

我国在20世纪50到70年代，曾不同程度地发展过废旧沥青混合料筑路技术，沥青再生材料主要用于轻交通道路、人行道或道路垫层。1982年，交通部立项对沥青路面再生机理、再生沥青混合料的设计方法开展了比较系统的试验研究。1983年建设部下达了“废旧沥青混合料再生利用”的研究项目，由上海市市政工程研究所、武汉市市政工程设计研究院、天津市市政工程研究所等单位承担，该项目在苏州、武汉、天津、南京四个城市铺筑了大于3万$m^2$的试验路，研究成果已经列入城市道路设计规范。

在公路建设中，湖南省曾在较早的时候将乳化沥青加入到旧渣油表处面层混合料中，用拌和法和层铺法修筑了再生试验路，证明了该项技术的可行性和经济性。辽宁、山东、河北、广东、安徽等省也在20世纪80年代先后进行过旧渣油路面的再生利用的技术研究。1985年，建设部曾组织上海、南京、天津、武汉等市政部门和苏州市公路局、哈尔滨建筑工程学院等单位进行过专题研究，1991年6月发布了《热拌再生沥青混合料路面施工及验收规程》（CJJ 43—1991）。

随着我国高等级沥青路面维修工程量的增加，沥青路面再生技术研究正逐步深入化和系统化。2001年，北京利用再生技术铺设环保沥青路面；2002年北京市下发了《北京市路面沥青混凝土旧料再生利用管理办法》；2002年，广东省从美国阿思泰克（ASTEC）公司引进了RDB-9640型“双滚筒”式厂拌热再生搅拌设备，并在广佛高速公路中下面层进行了再生沥青混合料施工，开始了厂拌热再生技术在高速公路上应用。北京市政引进了日本新瀉、日工的厂拌热再生设备，西安市政引进德国林泰阁（LINTEC）公司生产的HRC100厂拌热再生设备，沈阳道庆引进了瑞士安迈公司生产的Uniglobe RAP320型的厂拌热再生设备，并在多个实体工程中得到应用。国内也有许多再生设备厂家，如福建铁拓、无锡雪桃、徐州劲拓、南方路机等，并在国内各省市得到应用。2001年，京津塘高速公路开始了沥青路面的就地热再生工程的实践。后来的短短几年里，全国引进的就地热再生列车已有六七套之多，包括德国Wirtgen 4500型热再生机组、芬兰卡罗泰康Roadmix KRM2000RS型再生列车、加拿大AR2000就地热再生设备、加拿大马泰克（Martec）AR2000热再生大型机组。国内的一些企业也开展了相关设备的研究工作，并取得了丰硕的成果。2004年中联重科自主开发的LR4400加热机开始进行就地热再生施工。2006年鞍山森远也研制出SY4500重铺机组，并在浙江、河南、辽宁等省施工中应用。就地冷再生设备主要集中在德国维特根WR2500路面就地冷再生机，美国ITG集团生产的CIR 900就地冷再生机组等。国内山东公路机械厂生产的LZS2400/2100等现场沥青路面冷再生机也在一些实体工程中得到应用。

2004年，由浙江兰亭高科与长沙理工大学等合作开展的交通部西部交通建设科技项目

“沥青路面再生利用关键技术研究”,对厂拌热再生技术进行了系统研究,并修筑了试验路,取得了大量的科研成果。

2008年,交通运输部推出了《公路沥青路面再生技术规范》(JTG F41—2008)。2010年,国家标准《再生沥青混凝土》(GB/ T 25033—2010)发布。

## 1.4 沥青路面再生方式选择

### 1.4.1 沥青路面再生方式

沥青路面再生不是单一技术,而是一类技术的总称。美国沥青路面再生协会(Asphalt Recycling and Reclaiming Association)将沥青路面再生技术进行分类,分类如下:

(1)冷铣刨(Cold Planling);

(2)热再生(Hot Recycling);

(3)就地热再生(Hot In-Place Recycling);

(4)再生(Cold Recycling);

(5)全深式再生(Full Depth Reclaimation)。

这五类沥青路面再生技术还可进一步划分,具体划分如下:

(1)就地热再生。

①表面再生(Resurfacing);

②复拌再生(Remixing);

③加铺再生(Repaving)。

(2)冷再生。

①就地冷再生(Cold In - place Recycling);

②厂拌冷再生(Cold Central Plant Recycling)。

(3)全深式再生。

①破碎(Pulverization);

②机械稳定(Mechanical Stabilization);

③沥青稳定(Bituminous Stabilization);

④化学稳定(Chemical Stabilization)。

根据我国实际情况,在《公路沥青路面再生技术规范》(JTG F41—2008)中,将沥青路面再生技术分成四大类,分类如下:

(1)厂拌热再生(Hot Recycling);

(2)就地热再生(Hot In-place Recycling);

(3)厂拌冷再生(Cold Central Plant Recycling);

(4)就地冷再生(Cold In-place Recycling)。

其中就地热再生又根据再生工艺的不同分为复拌再生(Remixing)和加铺再生(Repaving)。本书是按照我国现行的再生规范执行的。

另外,还有一种全深式冷再生,就是采用全深式冷再生设备对沥青面层及部分基层进行就地翻松，或者将沥青层部分或全部铣刨移除后对下承层进行就地翻松，同时掺入一定数量的新集料、再生结合料、水等，经过常温拌和、摊铺、碾压等工序，一次性实现旧沥青路面再生的技术。再生结合料可以为乳化沥青、泡沫沥青、水泥或石灰。如采用水泥或石灰等作为再生结合料，则铣刨深度范围内沥青层的厚度比例宜小于50%。

这些再生方法有四个共同的优点：

(1)充分利用原有废旧材料，解决了废旧资源循环再利用问题。

(2)通过加入新集料和沥青胶结料等，可以改善混合料性能。

(3)可以修复路面病害，改善道路行驶质量。

(4)与常规修复方法相比，可以节约费用。

就地再生与厂拌再生的区别在于，前者实现了旧路面材料的就地再生利用，而后者则是将旧路面材料以厂拌的方式实现再生利用。一般情况下，从再生混合料性能的角度而言，厂拌再生混合料的性能优于就地再生混合料。

冷再生与热再生的最大区别在于，再生温度(拌和、摊铺过程中的材料温度)的不同。正是由于作业温度不同，使得冷再生和热再生有着各自的技术特点和适用条件。一般情况下，从再生混合料性能的角度而言，热再生混合料的性能优于冷再生混合料。

### 1.4.2 再生方式选择

#### 1)再生方式选择的原则

沥青路面再生技术的选择，要坚持三“E”原则：技术性(Engineering)、环境性(Environmental)和经济性(Economic)。

(1)技术性原则

技术性原则是指回收沥青路面材料(RAP)的再生利用不应该是单纯的回收沥青路面材料(RAP)的消耗，而是应该充分开发和利用其价值。在其再生利用中，应按以下步骤进行：

首先，对回收沥青路面材料(RAP)的成分、性质等进行详细的研究，提出RAP可能利用的方法和途径。

其次，对回收沥青路面材料(RAP)的性质，有针对性地开发再生利用方法，提出废旧材料的处理和再生材料的生产工艺，提出再生材料的技术性能和技术标准。

回收沥青路面材料(RAP)的再生利用不能降低材料和产品的技术性能，而是针对再生材料的性质，开发和提出有效的利用途径，或开发、生产的再生材料和产品具有更优良的性能。

技术性原则是选择旧沥青混合料再生利用方式最重要的原则，影响选择满足施工技术要求和施工质量要求的再生利用方案选择的因素有：

①道路等级。

②道路交通条件。

③旧路面状况。

④技术和设备情况。

回收沥青路面材料(RAP)是沥青路面经过多年使用后，由于路面性能下降已不能满足使用要求，或由于路网调整和改善，对道路进行大修或改建时产生的，它主要含有粗集料、细集料和旧沥青。粗、细集料是良好的建筑材料，一般不会因为路面的使用而发生性能上的重大变化，因而可以任何方式进行再生利用。沥青则不一样，沥青性能会随使用年限的不同而发生不同的变化，需要根据沥青使用年限采用不同的再生方法。

①热再生方式：使用年限短的旧沥青混合料所含有的沥青含量高，旧沥青性能相对较好，以热再生方式再生利用将会取得较好的技术和经济效益。

②冷再生方式：使用时间长的旧沥青混合料所含有的沥青含量低，旧沥青性能相对较差，以热再生方式进行再生时需要使用较多的再生剂，增加了再生成本，同时再生材料性能相对不稳定，甚至不能满足要求，此时采用冷再生利用将会取得更好的技术和经济效益。

除了旧沥青本身性能外，现有道路性能、道路等级和类型也是选择再生利用方式的重要因素之一。路面性能劣化有多种类型和原因，在确定再生利用方案时必须考虑现有路面条件。再生方案的选择还需要考虑道路等级、交通量大小等诸多因素，所以在选择再生方式时应注意以下几点：

①重载交通、交通量特别大的道路，使用冷再生时应慎重。

②城市道路和公路也有许多不同之处，公路线路长、工程量大，交通量小可以分车道施工，基层均匀，路面下一般没有其他设施，适合于大型就地再生设备的展开和使用，因此可以优先采用就地再生方式。

③城市道路路段短、工程量小、交通量大不能封闭交通施工，路面下一般有地下设施，路面上有各种检查井，不利于大型就地再生设备的展开和使用，因此，城市道路一般适于采用厂拌再生的再生利用方式。

（2）环境性原则

环境性原则是指回收沥青路面材料（RAP）的再利用要保证环境的安全性，绝对不能以对环境产生新的污染为代价，因此在回收沥青路面材料（RAP）利用的过程中应做到以下几点：

①保证再生材料和产品符合相关环境质量标准的规定。

②保证作业人员和公众的安全。

③保证产品使用过程中的安全。

沥青混合料是一种传统的道路建筑材料，在正常的使用条件下不会对环境造成太大的影响。但由于不同的旧沥青路面再生利用方案对环境产生的影响是不一样，仍有必要在选择再生利用方式时考虑对环境的影响。

热再生方式需要对旧料进行破碎、筛分、加热，然后与其他新材料进行拌和使用，需要消耗较多的能源，也会产生较多的对环境不利的有害气体，对环境有不利的影响。

冷再生技术需要对旧料进行破碎、筛分，但无需对旧料进行加热，减少了能源的消耗，不产生有害气体，对环境的影响相对较小。

就地再生方式需要使用庞大的再生设备，施工过程中会产生较大的噪声，不宜在城市中心地区采用，但在公路或远离居住区的城市道路中采用可以节省建设拌和站（厂）的费用，缩短工期，能取得较好的技术和经济效果。厂拌再生方式与之相反，材料的破碎、筛分和拌和是在特定的工厂中完成的，一般远离市区，不会对居民产生影响。同时，还可以通过技术改造降低噪声，因此该种再生利用方式适合于城市道路采用。但是，厂拌再生必须单独建设拌和站（厂）需要进行较大的投资。

（3）经济性原则

经济性原则是指回收沥青路面材料（RAP）的再生利用应该具有一定的经济效益才能进行。由于回收沥青路面材料（RAP）的收集、处理，设备的购置、改造等一系列的附加工程，再生材料的成本可能高于天然材料或非再生材料。因此，选择最佳的再生利用方法就至关重要，对其产生影响的因素主要有：

①设备能力。

②技术条件。

③政策影响。

废旧材料的再生利用还要考虑社会效益，其社会效益应以某种方式纳入经济分析中。国家应制定相应的政策协调废旧材料产出者、再生材料生产者、再生材料使用者的利益关系，从政策上扶持和鼓励废旧材料的处理和再生利用。

在回收沥青路面材料（RAP）的再生利用中，经济性和技术性是一对矛盾体，往往技术性好的再生方式，其经济效益相对较差，而单独追求经济效益有时不能达到技术要求。在我国相关法律和管理体系下，统一考虑技术性和经济性是沥青混合料再生利用的必由之路。施工单位应根据自身的技术和设备条件考虑再生利用方式，还要对各种再生利用方案进行经济技术分析，综合考虑各方案的社会和经济效益，选择最佳的再生利用方式。

**2）不同再生方式修复不同路面病害**

选择再生方式的一个重要原则就是这种再生方式是否能够修复路面病害。我国《公路技术状况评定标准》（JTG H20—2007）中把沥青路面破损分为11类21项。本书将其归纳总结为：

（1）表面类。

（2）变形类。

（3）裂缝类。

（4）修补类。

（5）基层破损。

具体再生方式选择情况见表1-3。

**不同再生方式能够处理的病害类型** 表1-3

| 路面病害类型 | | 厂拌热再生 | 就地热再生 | 厂拌冷再生 | 就地冷再生 |
|---|---|---|---|---|---|
| 表面类 | 松散 | ※ | ※ | ※ | × |
| | 泛油 | ※ | ※ | ※ | × |
| 变形类 | 波浪 | ※ | × | ※ | ※ |
| | 轻度车辙 | ※ | ※ | ※ | ※ |
| | 重度车辙 | ※ | × | ※ | ※ |
| 裂缝类 | 龟裂 | ※ | × | ※ | ※ |
| | 纵向裂缝 | ※ | × | ※ | ※ |
| | 横向裂缝 | ※ | × | ※ | ※ |
| | 块状裂缝 | ※ | × | ※ | ※ |
| 修补类 | 坑槽 | ※ | × | ※ | ※ |
| | 沉陷 | × | × | × | × |
| 基层破损 | | × | × | × | ※ |

注：※-能够处理；×-不能处理。

3)不同沥青再生方式可再生形成的层位比较

可再生形成的层位是由再生出的混合料的性能所决定,另外,由于现场沥青路面的结构发生变化,需要根据具体情况,重新进行设计,这也将影响到再生材料所应用的路面层次。四种不同再生方法能够用作的沥青路面层位的比较见表1-4。

不同再生方法能够再生用作的沥青路面层位 表1-4

| 再生方法 | 高等级公路 | | | 其他等级公路 | | |
|---|---|---|---|---|---|---|
| | 表面层 | 中下面层 | 基 层 | 表面层 | 下面层 | 基 层 |
| 厂拌热再生 | △ | ※ | ※ | ※ | ※ | × |
| 就地热再生 | ※ | ※ | × | ※ | ※ | × |
| 厂拌冷再生 | × | △ | ※ | × | ※ | ※ |
| 就地冷再生 | × | × | ※ | × | △ | ※ |

注:※-推荐;△-谨慎推荐;×-不推荐。

# 1.5 沥青混合料再生技术发展趋势

## 1.5.1 特殊沥青路面再生技术

目前,我国SBS改性沥青路面、SBR改性沥青路面、橡胶沥青路面、胶粉改性沥青路面、高模量沥青路面、复合改性沥青路面以及一些封层类(稀浆封层、微表处、碎石封层、纤维封层、雾封层、CAPE封层等)路面应用越来越广。几年后,我国大部分地区的这些特殊沥青路面将进入维修养护期,养护过程中就将产生大量的废旧材料,所以,对这些材料的再生利用意义重大。国内外的一些专家学者已经开始对这些方面开展研究,但总体上成果不多。

## 1.5.2 沥青路面温拌再生技术

温拌再生沥青混合料是一种“绿色环保型”材料,实现了热再生技术和温拌技术的有机结合,体现了废旧资源循环利用和节能环保的优点,能够达到以下四方面效果:

(1)在现有施工工艺条件下,提高厂拌热再生回收沥青路面材料(RAP)的掺加比例,改善再生混合料的施工条件,拓宽厂拌热再生技术的应用范围。

(2)解决就地热再生施工中难压实的问题。

(3)减轻回收沥青路面材料(RAP)中旧沥青在生产过程中二次老化。

(4)促进新沥青、再生剂、旧沥青之间的融合与均匀分布,进一步改善再生效果。

## 1.5.3 沥青路面重复再生技术

沥青路面再生使用到一定阶段,将会涉及回收沥青路面材料(RAP)的循环利用问题,特别是再生沥青再度老化(第二次老化)及二次再生(第二次再生)技术的可行性等还需要进一步探讨和深入研究。

# 第2章　就地热再生

## 2.1　定义及特点

就地热再生是一种预防性养护技术,采用专用的就地再生设备,对沥青路面进行加热、铣刨,就地掺入一定数量的新沥青、新沥青混合料、再生剂等,经热态拌和、摊铺、碾压等工序,一次性实现对表面一定深度范围内(再生深度一般为20~50mm)的旧沥青路面再生的技术。该技术主要目的是矫正路表面的损坏而非结构性矫正问题。它可以分为加铺再生和复拌再生两种工艺。

加铺再生:将旧沥青路面加热、铣刨,就地掺加一定数量的新沥青混合料、再生剂,经热态拌和形成再生混合料,利用再生复拌机的第一熨平板摊铺再生沥青混合料,利用再生复拌机的第二熨平板同时将新沥青混合料摊铺于再生沥青混合料之上,两层一起压实成型。工艺图如图2-1所示。加铺再生工艺可实现两个目的:

(1)加入再生剂改善旧路面沥青和沥青混合料性能。

(2)加入新的磨耗层沥青混合料,使新沥青混合料在沥青路面上同时形成一层新的沥青混合料面层。

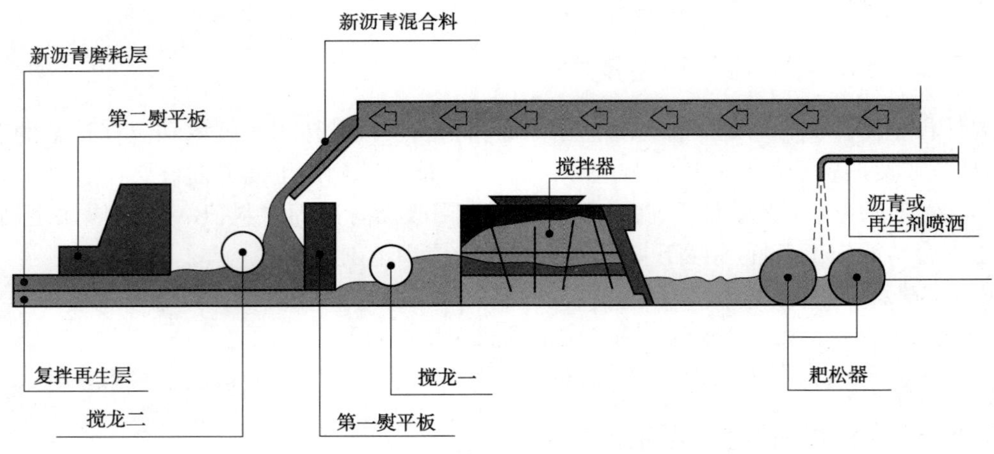


图2-1　加铺再生工艺

复拌再生:将旧沥青路面加热、铣刨,就地掺加一定数量的再生剂、新沥青、新沥青混合料,经热态拌和、摊铺、压实成型。掺加的新沥青混合料比例一般控制在30%以内,工艺如图2-2所示。复拌法的基本过程和施工机械与加铺再生大致相同。复拌法的不同之处是将再生剂、新沥青和新集料加入到翻松的旧料中,然后经过二次拌和,最后摊铺碾压成型。复拌再生工艺可实现两个目的：

(1)加入再生剂改善旧路面沥青和沥青混合料的性能。

(2)加入新的沥青混合料改善旧沥青混合料的级配和性能。

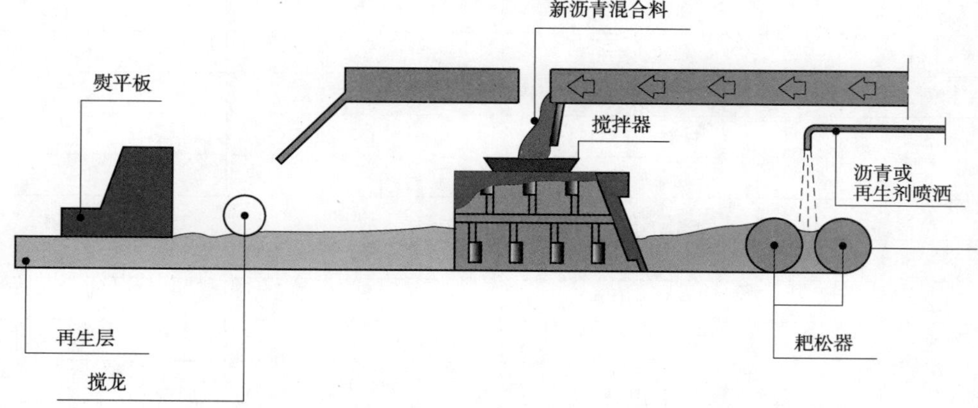


图2-2 复拌再生工艺

就地热再生技术的特点：

(1)旧沥青路面现场再生利用,减少了废料的运输及废弃路面材料堆放问题。

(2)能较好的保存原有集料的完整性,废旧混合料也能100%循环利用。

(3)因100%热结合,接缝处理良好,可避免车道接缝所产生的纵向开裂。

(4)就地热再生施工时采用单线道路施工方式,不受大交通流限制,同常规的维修方法相比,使交通阻塞降低,影响交通及沿途居民程度小,施工结束即可开放交通。

(5)就地热再生设备一次性投入大,一般投入至少在2 000万~3 000万元之间。

## 2.2 适用条件

沥青路面就地热再生仅适用于存在轻度车辙、浅层轻微龟网裂、表面轻度松散及拥包等病害的沥青路面的维修。一般需满足以下具体条件：

(1)沥青路面平均厚度应不小于70mm。

(2)原路面非结构性车辙、推移和拥包深度应小于20mm,且产生病害的部位主要在表层。

(3)老路面沥青25℃针入度应大于20(0.1mm)。

(4)原路面整体强度满足设计要求。

(5)原路面上有稀浆封层、微表处、超薄罩面、碎石封层的,就地热再生前,应经充分试验分析后,决定是否将其铣刨掉,做出针对性的材料设计和工艺设计。

## 2.3 常用就地热再生设备

就地热再生所用设备为热再生机组,现有设备以进口设备为主,主要有德国维特根(Wirtgen)Remixer 4500、加拿大马泰克(Martec)AR2000、芬兰卡罗泰康(Kalottikone)Roadmix

KRM2000RS 等再生机组，国产设备主要有鞍山森远再生列车、山东德州再生机组等；除热再生机组外，还需要相关配套机具，见表 2-1。

再生机组及配套机具一览表　　表 2-1

| 序　号 | 设备名称 | 规格型号 | 数量（台） |
|---|---|---|---|
| 1 | 就地热再生机组 | 进口或国产不限 | 1 |
| 2 | 摊铺机 | 进口或国产不限 | 1 |
| 3 | 双钢轮压路机 | 13t | 2 |
| 4 | 轮胎压路机 | 20～26t | 1 |
| 5 | 洒水车 | 10t | 1 |
| 6 | 铲车 | 15 | 1 |
| 7 | 小型清扫机 | 不限 | 1 |
| 8 | 平板夯 | 不限 | 1 |
| 9 | 切割机 | 11kW | 2 |
| 10 | 吹风机 | 不限 | 2 |
| 11 | 平板车 | 35t | 1 |
| 12 | 小货车 | 2t 以上 | 4 |
| 13 | 管理车辆 | 不限 | 5 |
| 14 | 油罐车 | 10t | 2 |
| 15 | 自卸运输车 | 15t | 4 |
| 16 | 铣刨机 | 不限 | 1 |

就地热再生施工机械的组成部分主要包括：路面加热机、加热铣刨机、再生复拌机等。

**1）路面加热机**

主要用于对旧沥青路面进行大面积的连续加热，使表层路面温度快速达到再生重铺施工的要求，以供机组中的后续设备对路面进行热铣刨、翻松、复拌及重铺作业。主要由加热装置、传热装置、发动机、行走装置等组成。图 2-3 为国内某品牌的加热机。

图 2-3　SY4500 型加热机

该机加热系统采用热风循环大面积连续加热技术，热风的余热可循环使用，既提高了热效率，又节省了大量燃料，具有加热均匀、加热速度快、效率高、无烟无尘利于环保等优点。

**2）加热铣刨机**

主要用于连续完成对沥青路面的加热、路面两侧铣刨及向路面中心集料、添加再生剂、中间路面的铣刨及拌和等工序。主要由加热装置、铣刨装置、再生剂添加装置、发动机、行走装置等组成,如图2-4所示。

该机使沥青路面加热、软化,并按规定的深度进行铣刨,铣刨深度与宽度可自动控制、调整,铣刨中集料无破碎,再生剂添加量可精确控制。

图2-4 SY4500型加热铣刨机

**3)再生复拌机**

主要用于连续完成新沥青混合料的添加、混合料的摊平、搅动烘干加热、集料、上料、搅拌卸料等项工序。主要由新料接收料斗、供料系统、搅拌装置、辅助加热装置、行走装置等组成,如图2-5所示。

图2-5 SY4500型再生复拌机

该机新混合料出料可自动比例控制,并与搅拌和摊铺功能相匹配。具有的后期搅动、烘干、加热工艺设计,可确保旧料与新添加混合料的充分加热,排除旧混合料中的固有水分。混合料由刮板输送器进入双轴搅拌锅,进行最后的搅拌混合,最后落入摊铺机中进行摊铺作业。

## 2.4 热再生用再生剂研发

旧沥青再生是沥青老化的逆向过程。分析沥青材料在老化过程中流变行为的变化规律发现,若使旧沥青材料的流变行为反向逆转,使之回到流变状态,旧沥青性能就能得以恢复。由于废旧沥青混合料在使用过程中,随着进一步加热、拌和与摊铺等必将进一步硬化、脆裂。这样就直接影响到路面的使用性能和使用寿命。因此,采用在旧沥青中掺加再生剂的方法对几种组分进行调配,一方面使沥青质相对含量减少,同时使饱和分、芳香分和胶质的溶度参数提高,与沥青质的溶度参数差值减少,从而达到改善相溶性的目的,最终使老化沥青经过再生,性能得到一定程度的恢复,重新加以利用。所以,选择研制能使旧沥青各种性能得以恢复的再生剂就至关重要。

### 2.4.1 沥青再生剂的概念及基本要求

**1)沥青再生剂**

沥青再生剂是掺加到再生沥青混合料中,用于恢复已老化沥青性能的添加剂。向再生沥青混合料中添加再生剂的主要作用:

(1)调节旧沥青黏度,使旧沥青过高的黏度降低,达到沥青混合料拌和所需要的黏度。

(2)改善再生沥青混合料性能,使再生混合料具有最佳的耐久性。

(3)保证有足够的沥青裹覆在空白集料上。

(4)提供足够的结合料满足混合料设计的要求。

(5)掺入旧混合料中和旧沥青充分交融,使旧沥青的沥青质重新溶解分散,调节沥青胶体的结构,从而达到改善沥青流变性能的目的。

**2)基本要求**

为了保证再生剂发挥应有的作用,再生剂应具有如下性质:

(1)调节废旧沥青的黏度,改变沥青的流变的特性。

(2)具有良好渗透能力,渗入旧料中与旧沥青充分交融,使在老化过程中凝聚起来的沥青质重新溶解。

(3)分散,调节沥青胶体的结构。

(4)提高再生混合料的使用寿命。

(5)性质均匀稳定。

(6)具有相当的安全性,使用过程中不冒烟、闪点高。

### 2.4.2 再生剂作用机理

**1)沥青老化的原因**

沥青老化分为物理老化和化学老化。物理老化的主要表现为运输、储存、加热、高温拌和过程中沥青中轻质组分的挥发以及路面服务期内集料对轻组分的吸收而导致轻组分的衰减,改变了沥青组分的结构组成。而化学老化是有机高分子材料的通病,是一种不可逆的化学反应过程。在沥青的使用过程中,氧是引起沥青老化变质的主要原因,热是促进沥青老化的主要外界条件,而路面使用时间的长短则是影响沥青老化深度的关键,机械力的疲劳作用也是导致沥青老化的原因。

沥青的老化过程是一个十分复杂的物理化学过程,难以用结构式进行描述。一般认为,沥青老化过程中,其饱和组分是比较稳定的,在整个老化过程中变化不大,芳香分较易发生氧化聚合反应,胶质中含极性官能团的组分通过分子间的聚合与缩合作用转变为沥青质。即沥青组分大致按芳香分—胶质—沥青质的路线向重质化的方向转化。分子结构如图2-6所示。

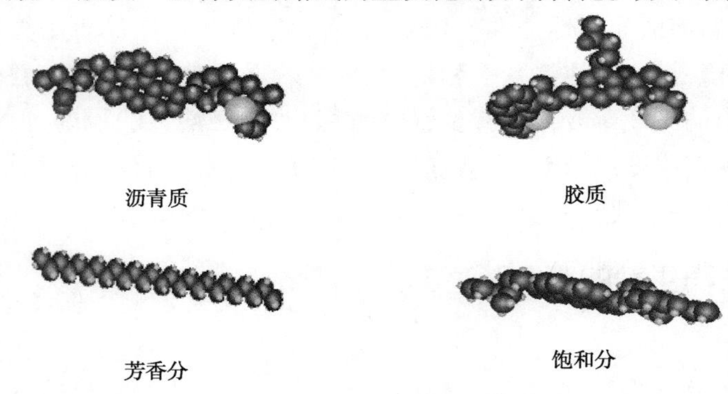


图2-6 沥青四组分分子结构

沥青老化的直接结果是胶质含量减少,而沥青质含量逐渐增加。从胶体结构理论来讲沥青老化之后其结构从溶胶型逐渐向溶—凝胶型转变,若继续老化将会向凝胶型转化。凝胶型沥青中沥青质含量很多,形成了空间网状结构,油分即芳香分分散在网络空间中。此时的沥青在路用性能上表现为具有较低的温度感应性,低温变形能力差。其物理—力学性质表现为针入度低,延展性差,黏度高。

软沥青质使沥青质溶解分散能力称作胶溶能力。研究认为胶体不稳定指数($I_c$)能很好地反映软沥青的胶溶能力,也能很好地反映沥青薄膜烘箱老化过程中胶体性能的变化,其值越大,沥青越趋于凝胶型,沥青的胶体结构越不稳定。也就是说胶溶能力越好,沥青越稳定,抗老化能力越强。将胶体不稳定指数($I_c$)定义如公式(2-1)所示:

$$I_c = \frac{S + A}{A_r + R} \tag{2-1}$$

式中:$S$——沥青中饱和分的含量(%);

$A$——沥青中沥青质的含量(%);

$A_r$——沥青中芳香分的含量(%);

$R$——沥青中胶质的含量(%)。

**2)再生剂的作用及再生机理分析**

(1)再生剂的作用

老化沥青再生的基本原理是依据生产调和沥青方法,也就是在老化沥青中通过添加再生剂,经过充分拌和使之均匀,性能得到改善而获得再生。再生剂的主要作用在于:

①调节旧沥青的黏度,使原来过高的黏度得以降低,达到常用沥青的黏度。旧沥青混合料吸收改善剂后,变原来脆硬状态而成为软塑状态,能够在机械力和热的作用下充分分散,与新沥青和新集料均匀混合。

②再生剂与老化沥青充分交融,使凝聚起来的沥青质溶解而分散在油分中,达到调节沥青的胶体结构、改善沥青的流变性能、提高和改善再生沥青的性能。

(2)再生剂的再生机理分析

再生剂含有大量的轻质成分,其主要成分是芳香分和饱和分,是一种添加到老化沥青中能调节其组分,改善其流动性能的低黏度制剂。当旧沥青中加入再生剂时,再生剂中的缩合度高的芳烃对老化沥青中的沥青质、胶质的吸附和溶解作用要远大于原老化沥青中小分子芳香分和饱和分对它们的吸附和溶解作用。因此,旧沥青与再生剂间化学组分将发生重新分配,从而改善沥青四种组分之间的配伍关系,形成更为稳定的胶体结构,从而改变沥青的流变性能,使沥青性能达到要求。

研究表明,再生剂最好是芳香族油类,由于芳香族油的分子量在油料中是较小的,具有优良的溶解性和渗入性,就可以将大分子链间的许多连接点隔断,使网络结构中的连接点大大减少,老化沥青的刚度降低;良好的溶解性和渗入性也可使处于凝胶状态的沥青溶胀,从而促使大分子间的相互运动,增加了大分子的柔顺性。

再生剂必须具有良好的流变性能,也就是说,改善剂的流变指数应具有较高的数值。由于低黏度油料是以某种组分为主要成分的近似单组分材料,不存在或极少存在沥青质,故它多呈现牛顿流体性质。

再生剂必须具有溶解和分散沥青质的能力,而且旧沥青材料中沥青质含量越高,要求再生剂具有溶解和分散的能力也就越高。芳香分具有溶解和分散沥青质的能力，而饱和分则相反，它是沥青质的促凝剂。因此，再生剂中芳香分含量的多少是衡量再生剂品质的重要技术指标之一。

在热拌再生的工艺过程中，再生剂将受到高温加热的影响，且再生混合料铺筑在路面中，还将受到大气因素的作用，故再生剂必须具有一定的耐热性和耐候性。对此，可以用薄膜烘箱试验黏度比指标来控制。

综上所述，再生剂适当的黏度、良好的流变性能、足够的芳香分含量以及较低的薄膜烘箱试验黏度比是再生剂良好品质的重要表征。

### 2.4.3　再生剂研制开发

#### 1）沥青混合料中沥青的回收处理

为了进行再生沥青混合料配合比设计，需要从回收沥青路面材料（RAP）中回收旧沥青，并用来测量旧沥青含量及沥青老化后的物性变化。本章将回收沥青路面材料（RAP）采用离心抽提的方法提取沥青，并采用旋转蒸发的方法去除提取液中的溶剂，将旧沥青进行抽提回收后进行有关试验。结合路面维修工程，从沈阳—四平（简称“沈四”）、沈阳—大连（简称“沈大”）两条高速公路上选择有代表性的的旧沥青混合料进行试验，其基本情况见表2-2。

**基本情况统计**　　表2-2

| 路线 | 沈四 | 沈大 |
|---|---|---|
| 通车时间（年） | 1996 | 1990 |
| 沥青种类 | 辽河 AH-110 | 辽河 AH-120 |
| 石 料 | 玄武岩、石灰岩 | 石灰岩 |

#### 2）回收沥青的物性评价及组分分析

按照《公路工程沥青及沥青混合料试验规程》（JTG E20—2011），对所回收旧沥青测其针入度、软化点、延度等进行测定，结果见表2-3。

**两种沥青基本性质**　　表2-3

| 名　　称 | 针入度（25℃，5s，100g）（0.1mm） | 延度（15℃）（cm） | 软化点（℃） |
|---|---|---|---|
| 沈四 | 26 | 11.0 | 56.5 |
| 沈大 | 21 | 5.2 | 70.4 |

从表2-3数据可以看出：这两种沥青老化程度都比较严重，针入度、延度明显偏低，而软化点偏高。上述三大指标均不能满足规范要求。主要原因是石油沥青老化的结果，使饱和烃、芳烃和胶质减少，而沥青质相对增多，随着分散相的增多，分散介质的溶解能力不足，使沥青由溶胶型逐步向溶胶—凝胶型和凝胶型转化。反映在理化性质上是其软化点升高，针入度、延度降低，流动性也大大降低。

#### 3）组分对沥青再生的影响

一般认为沥青可分为饱和分（$S$）、芳香分（$A_r$）、胶质（$R$）和沥青质（$A$）四组分。其作用如下：

（1）饱和分是软化剂，其增塑性比芳香分强。

（2）胶质对改善沥青的延度有显著效果。

(3)沥青质是液态组分的增稠剂。

各组分对沥青性质的影响见表2-4。

各组分对沥青性质的影响　　表2-4

| 组　分 | 感温性 | 延　度 | 对沥青质分散度 | 高温黏度 |
|---|---|---|---|---|
| 饱和分 | 好 | 差 | 差 | 差 |
| 芳香分 | 好 | — | 好 | 好 |
| 胶质 | 差 | 好 | 好 | 差 |
| 沥青质 | 好 | 稍差 | — | 好 |

通过对多种沥青的组分分析表明,质量优良的沥青,其组分大致比例为:

(1)饱和分13%~31%;

(2)芳香分32%~60%;

(3)胶质19%~39%;

(4)沥青质6%~15%;

(5)含蜡量<3%。

**4)再生剂的选择**

目前,石油沥青的制备方法主要有:

(1)减压深拔工艺制取直馏沥青;

(2)氧化法;

(3)溶剂脱沥青法;

(4)调和法。

由于前三种方法工艺烦琐且设备复杂,试验选用调和法。对沈四、沈大两条高速公路回收旧沥青测定四组分,结果见表2-5。

回收的旧沥青组分组成　　表2-5

| 指　标 | 饱和分(%) | 芳香分(%) | 胶质(%) | 沥青质(%) |
|---|---|---|---|---|
| 沈四 | 20.42 | 23.42 | 39.90 | 16.26 |
| 沈大 | 21.98 | 20.11 | 33.90 | 24.01 |

从表2-5回收旧沥青四组分数据可以得到如下结果:

(1)两种旧沥青的沥青质含量偏高,这是两种沥青针入度、延度偏低以及软化点偏高的主要原因。

(2)芳香分含量偏低,从而使沥青塑性降低。

(3)饱和分和胶质含量基本上在配伍性要求的范围之内。

按沥青胶体结构理论来说,由于再生剂与旧沥青的四组分含量不同,当旧沥青中加入再生剂时,由于再生剂中含有部分缩合度高的芳烃,旧沥青中沥青质、胶质对它们的吸附溶解趋势大于原旧沥青中的小分子芳香分和饱和分,由此削弱了小分子芳烃和饱和烃分子所受引力场的影响。那么,必然存在着旧沥青与再生剂间化学组分的重新分配,从而改善沥青四组分之间的配伍关系。

由此可知,用调和法使旧沥青再生就是把富芳烃或胶质的软组分按一定比例调和到旧沥青中,使之建立新的沥青组分,并使其匹配的更合理,即将沥青质借助于胶质更好地分散在芳香分、饱和分中,形成稳定的胶体结构,从而改变沥青的流变性能,使沥青性能达到质量指标的要求。

充分考虑其性能特点后,选择了四种备选调和剂,组分分析见表2-6。

**备选调和剂组分组成** 表2-6

| 指　　标 | 饱和分（%） | 芳香分（%） | 胶质（%） | 沥青质（%） |
|---|---|---|---|---|
| 调和剂A | 41.33 | 46.80 | 10.16 | 1.71 |
| 调和剂B | 13.78 | 66.63 | 11.31 | 8.28 |
| 调和剂C | 14.94 | 59.35 | 23.61 | 2.10 |
| 调和剂D | 44.16 | 40.09 | 12.14 | 3.61 |

为了改善旧沥青的理化性质,我们需要补充含沥青质少,含芳香分高的再生剂。按照这个要求,考察调和剂A、调和剂B、调和剂C、调和剂D四种富芳贫蜡的调和剂。经综合比较发现:

(1)调和剂B中芳香烃含量最高,但饱和分含量偏低,沥青质含量稍高,由于饱和分增塑性较芳香分强,故调和效果不会理想。

(2)调和剂D虽饱和分、芳香分含量都较高,但胶质含量稍小。再考虑到调和剂D中轻组分多,调入D对调和沥青的针入度、软化点影响过于敏感,操作难于掌握。另外,其热稳定性也差,要想作为再生剂,需要经改质处理方可使用。

(3)调和剂A沥青质含量在四种备选调和剂中最小,饱和分与芳香分等软组分含量最大,可选作再生剂,但美中不足的是其胶质含量偏低。

(4)调和剂C而言,虽其饱和分含量偏低,但芳香分含量较高,其最显著的优点是胶质含量较高。

经分析比较,由于两者的互补性,采用调和剂A和调和剂C作为再生剂,是一个比较好的选择。

#### 5)正交设计

为了更深一步了解表2-6中四种调和剂的组合效果,进行了正交试验设计,影响再生剂性能的主要因素:

(1)调和剂的掺配比例;

(2)混合类型;

(3)混合温度。

考虑到以上每个因素为三个水平,确定正交表为L9($3^4$)。从沈阳—四平高速公路旧料中抽提出旧沥青作为基质沥青,混合调和剂比例为旧沥青的12%,测定再生沥青的三大指标,用以评定调和剂的组合效果。影响因素表见表2-7,正交表、测试数据及计算结果见表2-8。

**影响再生剂因素** 表2-7

| 因　　素 | 比　　例 | 混合类型 | 混合温度（℃） |
|---|---|---|---|
| 1 | 1:1 | A+B | 80 |
| 2 | 1:2 | A+C | 100 |
| 3 | 2:1 | B+D | 120 |

正交试验设计表　　表 2-8

| 列　号 | $X$ | $Y$ | $Z$ | 各指标试验结果：针入度(25℃,5s,100g)(0.1mm) | 各指标试验结果：延度(15℃)(cm) | 各指标试验结果：软化点(℃) |
|---|---|---|---|---|---|---|
| 1 | 1 | 1 | 1 | 86 | 89 | 49 |
| 2 | 1 | 2 | 2 | 92 | 126 | 46 |
| 3 | 1 | 3 | 3 | 106 | 78 | 40 |
| 4 | 2 | 1 | 2 | 91 | 76 | 44 |
| 5 | 2 | 2 | 3 | 104 | 84 | 40 |
| 6 | 2 | 3 | 1 | 86 | 91 | 43 |
| 7 | 3 | 1 | 3 | 100 | 62 | 38 |
| 8 | 3 | 2 | 1 | 97 | 68 | 46 |
| 9 | 3 | 3 | 2 | 90 | 98 | 45 |

| 指标 | 列　号 | $X$ | $Y$ | $Z$ |
|---|---|---|---|---|
| 针入度 | $K_1$ | 290 | 277 | 269 |
| | $K_2$ | 289 | 293 | 273 |
| | $K_3$ | 279 | 282 | 310 |
| | $k_1$ | 96.7 | 92.3 | 89.7 |
| | $k_2$ | 96.3 | 97.7 | 91.0 |
| | $k_3$ | 93.0 | 94.0 | 103.3 |
| | 极差 | 3.7 | 5.4 | 13.6 |
| | 优方案 | $X$ | $Y$ | $Z_3$ |
| 延度 | $K_1$ | 293 | 227 | 237 |
| | $K_2$ | 251 | 278 | 300 |
| | $K_3$ | 228 | 267 | 224 |
| | $k_1$ | 97.7 | 75.7 | 79.0 |
| | $k_2$ | 83.7 | 92.7 | 100.0 |
| | $k_3$ | 76.0 | 89.0 | 74.7 |
| | 极差 | 21.7 | 17.0 | 25.3 |
| | 优方案 | $X$ | $Y$ | $Z_2$ |
| 软化点 | $K_1$ | 135 | 131 | 138 |
| | $K_2$ | 125 | 132 | 135 |
| | $K_3$ | 131 | 121 | 118 |
| | $k_1$ | 45.0 | 43.7 | 46.0 |
| | $k_2$ | 41.7 | 44.0 | 45.0 |
| | $k_3$ | 43.7 | 40.3 | 39.3 |
| | 极差 | 3.3 | 3.7 | 6.7 |
| | 优方案 | $X_1$ | $Y$ | $Z_1$ |

从表 2-8 试验结果看，温度对沥青三大指标影响显著，但就确定调和剂混合类型和比例来说，调和剂 A 和调和剂 C 按 1∶1 的比例组成的再生剂是比较好的，结论与前面的分析一致，说明再生剂组合是可靠的。

**6）调和比例的确定**

调和剂 A 和调和剂 C 的表观性能见表 2-9。

所选再生剂的表观性能　　表 2-9

| 名　称 | 颜　色 | 状　态 | 密度 $\rho_{20}$ (g/cm$^3$) | 黏度(60℃) (mm$^2$/s) |
|---|---|---|---|---|
| 调和剂 A | 黑褐色 | 黏稠液体 | 0.977 6 | 17.06 |
| 调和剂 C | 深黑褐色 | 黏稠液体 | 0.931 6 | 45.68 |

在以上两种回收沥青中分别加入不同量的复合再生剂,加热熔融,搅拌均匀。研究再生剂加入量对针入度、软化点的影响,试验结果见表2-10。

两种旧沥青加入不同量再生剂的试验结果　　表2-10

| 复合再生剂加入量(%) | | 0 | 4 | 8 | 12 | 16 |
|---|---|---|---|---|---|---|
| 沈四 | 针入度(25℃,5s,100g)(0.1mm) | 26 | 43 | 65 | 86 | 110 |
| | 软化点(℃) | 56.0 | 53.4 | 50.2 | 46.2 | 43.9 |
| 沈大 | 针入度(25℃,5s,100g)(0.1mm) | 18 | 34 | 61 | 85 | 107 |
| | 软化点(℃) | 67.5 | 60.3 | 53.4 | 47.2 | 41.6 |

对表2-10中的数据进行回归分析,可以得到再生剂用量与道路沥青使用性能的关系方程,见表2-11。

复合再生剂用量与针入度、软化点关系数学模型　　表2-11

| 指　标 | 数学模型 | 相关系数 | 置信度 |
|---|---|---|---|
| 沈四 | $P = 23.80 + 5.28X$ | 0.998 0 | 0.05 |
| | $SP = 56.22 - 0.79X$ | -0.997 0 | 0.05 |
| 沈大 | $P = 15.20 + 5.73X$ | 0.998 0 | 0.05 |
| | $SP = 66.98 - 1.62X$ | -0.999 0 | 0.05 |

注:$SP$-软化点(℃);$P$-针入度(25℃,5s,100g)(0.1mm);$X$-再生剂用量(%)。

从表2-11中可以看出,随着复合再生剂用量的增加,两种沥青的针入度线性升高,软化点线性降低。按照要求,要配成符合《公路沥青路面施工技术规范》(JTG F40—2004)要求,所需各种比例见表2-12。

两种沥青所需加入再生剂比例　　表2-12

| 线路 | 沈四 | 沈大 |
|---|---|---|
| 再生剂用量(%) | 12 | 13 |

### 7)数学模型试验验证

由于建立再生剂所用数学模型的样本较少,所以根据表2-12中模型确定的比例,加入混合再生剂使旧沥青再生,测定其理化性质得到计算值。通过室内试验得到试验值,结果见表2-13。其中结果为5组平行试验数据的平均值。为了评价再生沥青性能的优劣,采用了对比沥青,此沥青是在分析废旧混合料的“级配”和“油石比”后,用相同的矿料和辽河90号道路石油沥青为原材料,模拟旧混合料后用相同的方法抽提出来的,使其更具对比性。

从表2-13中试验结果可以看出,两种再生沥青和对比沥青的性质、试验值与计算值没有大的区别,完全满足《公路沥青路面施工技术规范》(JTG F40—2004)要求。说明该数学模型所确定再生剂含量是可靠的,能够适应实际工程的需要。

对旧沥青性能进行了评价,在分析沥青老化和再生机理的基础上,选择了四种调和剂,通过组分分析比较,从中选出比较适合的两种组成复合再生剂,用正交设计对调和剂组合加以评价,用数学回归模型对再生剂掺加量进行优化确定,并通过试验值和计算值比较证明了模型建立的可靠性。试验表明,再生后的沥青性能满足技术要求。

再生沥青及对比沥青的理化性质与标准对照表　　表2-13

| 项　　目 | 沈四 | | 沈大 | | 对比 | | 90号沥青标准 |
|---|---|---|---|---|---|---|---|
| | 试验 | 计算 | 试验 | 计算 | 试验 | 计算 | |
| 针入度(25℃,5s,100g)(0.1mm) | 97 | 96 | 90 | 92 | 95 | 94 | 80~100 |
| 软化点(℃) | 45.1 | 45.3 | 46.1 | 45.9 | 45.0 | 45.2 | ≥44 |
| 延度(15℃)(cm) | 164 | 153 | 152 | 148 | 168 | 162 | ≥100 |
| 溶解度(三氯乙烯)(%) | 99.5 | 99.6 | 99.5 | 99.7 | 99.9 | 99.7 | ≥99.5 |
| 闪点(℃) | 246 | 248 | 252 | 254 | 250 | 257 | ≥245 |
| 蜡含量(蒸馏法)(%) | 1.90 | 1.86 | 2.00 | 1.89 | 1.91 | 1.86 | ≤2.2 |
| 密度(25℃)(g/cm$^3$) | 1.02 | 1.02 | 1.03 | 1.02 | 1.01 | 1.01 | 实测 |
| 薄膜烘箱试验(163℃,5h) | | | | | | | |
| 质量变化(%) | 0.52 | 0.54 | 0.62 | 0.59 | 0.69 | 0.66 | ±0.8 |
| 针入度比(%) | 83.5 | 82.7 | 64.4 | 70.2 | 57.1 | 60.1 | ≥57 |
| 延度(10℃)(cm) | 19 | 23 | 18 | 21 | 23 | 20 | ≥8 |

### 2.4.4　热再生用再生剂质量技术要求

通过以上研究,找到了再生剂用原材料,根据再生剂的不同用途,通过调整再生剂组成成分的比例关系,可以得到系列再生剂,其质量技术指标要求见表2-14。

热再生用再生剂质量指标要求　　表2-14

| 项　　目 | | 标　　准 | | | | 试验方法 |
|---|---|---|---|---|---|---|
| | | RA-1 | RA-2 | RA-3 | RA-4 | |
| 密度(15℃)(g/cm$^3$) | | 实测 | 实测 | 实测 | 实测 | T0603 |
| 闪点(℃) | | ≥220 | ≥220 | ≥220 | ≥220 | T0633 |
| 运动黏度(60℃)(mm$^2$/s) | | 30~40 | 300~320 | 200~220 | 200~220 | T0619 |
| 四组分 | 饱和分(%) | <40 | <30 | <10 | <30 | JTG E20—2011 T0618—1993 |
| | 芳香分(%) | >50 | >50 | >30 | >50 | |
| | 胶质(%) | 10~20 | 10~20 | 30~40 | 10~20 | |
| | 沥青质(%) | <1 | <1 | <1 | <1 | |
| 薄膜烘箱试验(163℃,5h) | 前后黏度比(%) | ≤3 | ≤3 | ≤3 | ≤3 | |
| | 前后质量变化(%) | ≥-3,≤3 | ≥-3,≤3 | ≥-3,≤3 | ≥-3,≤3 | |

## 2.5　原路面调查及分析

### 2.5.1　一般规定

沥青路面再生工程实施前,应对原路面技术状况、交通量、工程经济等方面历史信息进行调查和综合分析,为再生设计(再生方式的选择、再生混合料设计、再生工艺的确定等)提供依据。原路面调查的内容应完整,并进行系统分析和准确评价。

### 2.5.2 原路面历史信息调查与分析

收集原路面设计资料、竣工资料等,一般包括原路面的结构、材料和路况等方面的资料。收集原路面通车营运期间的养护资料和路面检测资料(车辙、损坏调查、横坡等),并结合施工资料、竣工资料,分析病害成因。

### 2.5.3 原路面状况调查与评价

原路面状况调查内容一般包括:

(1)路面状况指数 PCI。

(2)国际平整度指数 IRI。

(3)路面强度系数 SSI。

(4)车辙深度 RD。

(5)原路面结构厚度。

根据病害、原施工段落划分等情况,对原路面合理分段,进行分段取样。通过对原路面状况的调查、原路面材料的取样和试验、路面病害成因分析,为再生设计提供依据。

### 2.5.4 对下承层的要求

再生沥青混合料的下承层包括无机结合料稳定基层、柔性基层和旧沥青路面面层等。

再生沥青混合料路面的下承层必须符合下列要求:

(1)满足设计要求的强度和刚度。

(2)具有良好的稳定性。

(3)平整、密实,拱度与面层一致。

再生沥青路面施工前要对下承层的质量进行检查,如有高低不平、松散、坑槽、局部龟裂和软弱等病害,应在铺筑面层前整修完毕。

摊铺再生混合料前下承层应清扫干净,下承层顶面需洒布封层或黏层,以保证与面层的有效连接。

### 2.5.5 交通量调查

进行交通量调查,为再生路面结构设计和材料设计提供依据。调查内容应包括:交通量大小、轴载情况等。

通过交通量调查,为再生工程的交通组织方案提供依据。如果交通量太大,应考虑在施工过程中采取车辆分流措施;无法分流车辆的,应有针对性地进行施工组织设计。

### 2.5.6 技术经济性分析

对可能采用的不同路面维修方法,应进行综合技术经济对比分析,分析各种方法使用年限内的综合成本,包括路面维修成本、养护成本、路面残值等。

# 2.6 材料要求

## 2.6.1 一般规定

(1)沥青路面就地热再生使用的各种材料运至现场后必须按规定频率取样进行质量检验,经评定合格方可使用,不得以供应商提供的检测报告或商检报告代替现场检测。

(2)集料粒径规格以方孔筛为准。不同料源、品种、规格的集料不得混杂堆放,堆放集料的地面要进行硬化处理,避免混入泥土等杂质。集料上面应有雨棚覆盖,料堆周围开挖排水沟,做好雨水排放工作。

## 2.6.2 回收沥青路面材料

就地热再生施工前应确保原路表面清洁、干燥。就地热再生时回收沥青路面材料(RAP)样品,应按照表2-15的各项技术指标进行检测。

**热再生时RAP检测项目与质量要求**　　表2-15

| 材　料 | 检测项目 | 技术要求 | 试验方法 |
|---|---|---|---|
| RAP | 含水率(%) | 实测 | 《公路工程集料试验规程》(JTG E42—2005) |
| | RAP级配 | 实测 | |
| | 沥青含量(%) | 实测 | |
| RAP中的沥青 | 针入度(20℃,5s,100g)(0.1mm) | >20 | 《公路工程沥青及沥青混合料试验规程》(JTG E20—2011) |
| | 延度(15℃/5℃)(cm) | 实测 | |
| | 软化点(℃) | 实测 | |
| | 黏度(60℃/135℃)(Pa·s) | 实测 | |
| RAP中的粗集料 | 针片状颗粒含量(%) | 实测 | 《公路工程集料试验规程》(JTG E42—2005) |
| | 压碎值(%) | 实测 | |
| RAP中的细集料 | 棱角性(s) | 实测 | |
| | 砂当量(%) | 实测 | |

## 2.6.3 再生剂

为保证再生沥青混合料的使用质量,在回收沥青路面材料(RAP)中应掺加再生剂。再生剂的选用应综合考虑沥青的老化及性能变化程度,回收沥青路面材料(RAP)的使用年限及其在再生混合料中所占的比例,再生剂与沥青胶结料的配伍性,再生沥青混合料的用途等因素。再生剂用量应通过室内试验确定。技术指标见本章表2-14。

## 2.6.4 沥青胶结料

再生沥青混合料用沥青胶结料包括新加入沥青和旧料中的旧沥青两部分。

影响沥青胶结料强度等级和指标选定的因素:

(1)公路等级。

(2)气候条件。

(3)交通条件。

(4)路面类型。

(5)施工方法。

(6)当地的具体情况。

(7)沥青胶结料在结构层中的层位及受力特点。

无论是新加入沥青胶结料还是经过再生剂性能恢复的回收沥青路面材料(RAP)中的旧沥青指标,均按照以下标准控制:

基质沥青技术指标按照《公路沥青路面施工技术规范》(JTG F40—2004)表4.2.1-2规定的技术要求。

SBS改性沥青技术指标应符合辽宁省交通行业地方标准《SBS改性沥青混合料设计与施工技术规范》(DB21/T 1402)A类或者应符合《公路沥青路面施工技术规范》(JTG F40—2004)I-C类技术要求,见表2-16。

SBS改性沥青技术要求　　表2-16

| 技术指标 | | 技术要求 | | 试验方法 |
|---|---|---|---|---|
| | | A类 | I-C类 | |
| 针入度(25℃,5s,100g)(0.1mm) | | ≥50 | 60~80 | T0604 |
| 针入度指数 $PI$ | | ≥-0.2 | ≥-0.4 | T0604 |
| 延度(5℃,5cm/min)(cm) | | ≥45 | ≥30 | T0605 |
| 软化点 $T_{R\&B}$(℃) | | ≥70 | ≥55 | T0606 |
| 运动黏度(135℃)(Pa·s) | | ≤3 | ≤3 | T0625 |
| 闪点(COC)(℃) | | ≥230 | ≥230 | T0611 |
| 溶解度(三氯乙稀)(%) | | ≥99 | ≥99 | T0607 |
| 离析,软化点差(℃) | | ≤2.5 | ≤2.5 | T0661 |
| 弹性恢复(25℃)(%) | | ≥85 | ≥65 | T0662 |
| 薄膜烘箱试验TFOT(或RTFOT)后残留物 | 质量损失(%) | ±1.0 | ±1.0 | T0609或T0610 |
| | 针入度比(25℃,5s,100g)(%) | ≥60 | ≥60 | T0604 |
| | 延度(5℃)(cm) | ≥25 | ≥20 | T0605 |

注:1. 针入度指数 $PI$ 由15℃、20℃、25℃、30℃、35℃等五个以上不同温度的针入度,按式 $\lg P = AT + k$ 进行线性回归,在计算获得参数 $A$ 后,由下式求得,但直线回归的相关系数 $R$ 不得低于0.997。

$$PI = \frac{20 - 500A}{1 + 50A}$$

2. 表中135℃运动黏度若在不改变改性沥青物理力学性质并符合安全条件的温度下易于泵送进行拌和,或经试验证明适当提高泵送和拌和温度时能保证改性沥青的质量,可不要求测定。
3. 改性沥青在现场制作后立即使用或储存期间进行不间断的搅拌或泵送循环时,对离析试验指标可不作要求。
4. 老化试验以采用薄膜烘箱试验(TFOT)方法为准;允许采用旋转薄膜加热试验(RTFOT)代替。

### 2.6.5 矿料

新加入的矿料应符合《公路沥青路面施工技术规范》(JTG F40—2004)中粗集料、细集料、填料的要求。细集料宜采用专用制砂机制造的机制砂,并选用优质石灰岩生产。机制砂的规格见表 2-17。

再生沥青混合料用机制砂规格　　表 2-17

| 公称粒径 | 通过下列筛孔（方孔筛 mm）的质量百分率（%） | | | | | | | |
|---|---|---|---|---|---|---|---|---|
| （mm） | 9.5 | 4.75 | 2.36 | 1.18 | 0.6 | 0.3 | 0.15 | 0.075 |
| 2.36 ~ 4.75 | 100 | 90 ~ 100 | 0 ~ 10 | 0 ~ 5 | | | | |
| 1.18 ~ 2.36 | | 100 | 85 ~ 100 | 0 ~ 15 | 0 ~ 5 | | | |
| 0 ~ 1.18 | | | 100 | 80 ~ 100 | 50 ~ 80 | 20 ~ 50 | 5 ~ 30 | 0 ~ 10 |

回收沥青路面材料（RAP）中旧矿料指标应符合《公路沥青路面施工技术规范》（JTG F40—2004）的有关要求。

## 2.7　就地热再生混合料配合比设计

### 2.7.1　一般规定

（1）在规定的级配范围内，根据公路等级、工程性质、交通特点、材料品种等因素，通过对条件大体相当的工程使用情况进行调查研究，在进行室内试验与试验段验证的基础上，通过论证后，特殊情况下允许超出规范要求级配范围。经确定的工程设计级配范围是配合比设计的依据，不得随意变更。

（2）就地热再生沥青混合料目标配合比设计应按照图 2-7 进行，通过试验路段进行检验。宜采用真空法测定再生沥青混合料的理论最大相对密度。

（3）根据旧沥青路面材料的矿料级配和拟定的设计级配范围，确定掺加的新沥青混合料的矿料级配。

（4）严格测定新旧集料（粗集料、细集料）的毛体积相对密度、表观相对密度以及级配组成。新旧矿料级配筛分均要采用《公路工程集料试验规程》（JTG E42—2005）规定的水洗法进行。

### 2.7.2　配合比设计标准

进行就地热再生沥青路面设计时，工程设计级配范围应根据再生沥青混合料的用途、结合本书规定的矿料级配范围进行，对不同的路面功能层，使用不同的混合料类型。推荐的再生沥青混合料的级配类型见表 2-18，按粒径的大小分为中粒式和细粒式，由于各地所用材料以及旧料来源不同，使用过程中应适当进行调整。SMA-13 级配范围见表 2-19。

再生沥青混合料矿料级配推荐范围　　表 2-18

| 级配 | 通过下列筛孔（mm）的质量百分率（%） | | | | | | | | | | | | |
|---|---|---|---|---|---|---|---|---|---|---|---|---|---|
| 类型 | 31.5 | 26.5 | 19 | 16 | 13.2 | 9.5 | 4.75 | 2.36 | 1.18 | 0.6 | 0.3 | 0.15 | 0.075 |
| 粗粒式 AC-25 | 100 | 90 ~ 100 | 75 ~ 90 | 65 ~ 83 | 57 ~ 76 | 45 ~ 65 | 24 ~ 52 | 16 ~ 42 | 12 ~ 33 | 8 ~ 24 | 5 ~ 17 | 4 ~ 13 | 3 ~ 7 |
| 中粒式 AC-20 | | 100 | 90 ~ 100 | 78 ~ 92 | 62 ~ 80 | 50 ~ 72 | 26 ~ 56 | 16 ~ 44 | 12 ~ 33 | 8 ~ 24 | 5 ~ 17 | 4 ~ 13 | 3 ~ 7 |
| 中粒式 AC-16 | | | 100 | 90 ~ 100 | 76 ~ 92 | 60 ~ 80 | 34 ~ 62 | 20 ~ 48 | 13 ~ 36 | 9 ~ 26 | 7 ~ 18 | 5 ~ 14 | 4 ~ 8 |
| 细粒式 AC-13 | | | | 100 | 90 ~ 100 | 68 ~ 85 | 38 ~ 68 | 24 ~ 50 | 15 ~ 38 | 10 ~ 28 | 7 ~ 20 | 5 ~ 15 | 4 ~ 8 |
| 细粒式 AC-10 | | | | | 100 | 90 ~ 100 | 45 ~ 75 | 30 ~ 58 | 20 ~ 44 | 13 ~ 32 | 9 ~ 23 | 6 ~ 16 | 4 ~ 8 |

根据道路等级、预期交通量、气候条件、混合料所处的功能层等因素选择其他级配类型的混合

料，但应符合《公路沥青路面施工技术规范》(JTG F40—2004)表5.3.2-2～表5.3.2-7规定。

SMA-13 级配范围　　表 2-19

| 孔径(mm) | 19 | 16 | 13.2 | 9.5 | 4.75 | 2.36 | 1.18 | 0.6 | 0.3 | 0.15 | 0.075 |
|---|---|---|---|---|---|---|---|---|---|---|---|
| 通过量(%) | 100 | 90～100 | 65～85 | 45～65 | 20～32 | 15～24 | 14～22 | 12～18 | 10～15 | 9～14 | 8～12 |

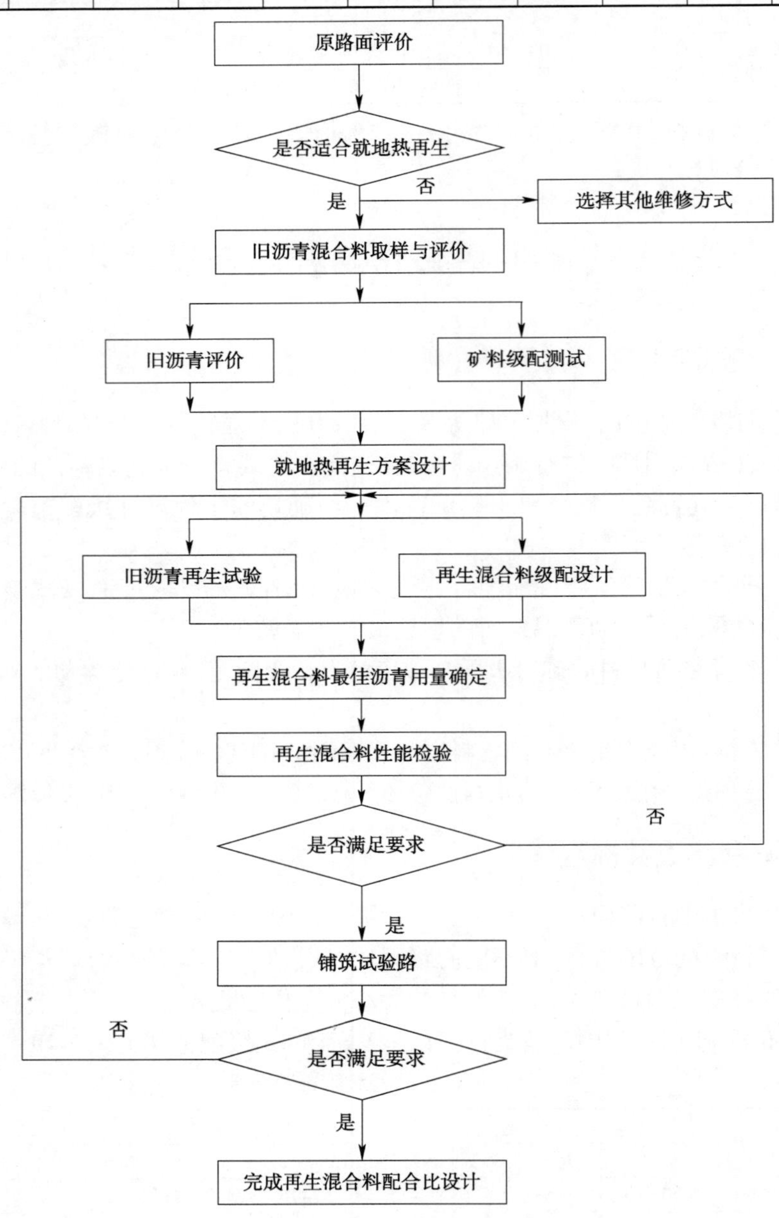


图 2-7　就地热再生沥青混合料目标配合比设计框图

再生沥青混合料技术要求应符合表2-20和表2-21的规定，并应具有良好的路用性能。采用其他设计方法时，应参照马歇尔设计方法进行设计检验，满足要求方可使用。室内马歇尔试验的温度控制应符合表2-22的规定。

再生沥青混合料马歇尔试验技术要求 表2-20

| 试验指标 | 技术标准 | | | |
|---|---|---|---|---|
| 击实次数(双面)(次) | 75(高速公路、一级公路) | | 50(其他等级公路) | |
| 试件尺寸(mm) | φ101.6mm×63.5mm | | | |
| 空隙率(%) | 3~6 | | | |
| 稳定度(60℃)(kN) | ≥8(高速公路、一级公路) | | ≥5(其他等级公路) | |
| 流　值(mm) | 2~4 | | | |
| 矿料间隙率(%) | 相应于以下公称最大粒径(mm)的最小VMA及VFA技术要求(%) | | | |
| | 19 | 16 | 13.2 | 9.5 |
| | ≥13 | ≥13.5 | ≥14 | ≥15 |
| 沥青饱和度(%) | 65~75 | | | 75~80 |

SMA再生混合料技术要求 表2-21

| 试验项目 | 技术要求(改性沥青) |
|---|---|
| 试件成型方式 | 马歇尔双面击实50次 |
| 空隙率(%) | 3.5~4.5 |
| 粗集料骨架间隙率 $VCA_{mix}$ | ≤$VCA_{DRC}$ |
| 矿料间隙率(%) | ≥17 |
| 沥青饱和度(%) | 75~85 |
| 稳定度(60℃)(kN) | ≥6.0 |
| 谢伦堡沥青析漏试验的结合料损失(%) | ≤0.1 |
| 肯塔堡飞散试验的混合料损失(%) | ≤15 |

再生沥青混合料室内马歇尔试验温度控制 表2-22

| 项　目 | 温　度　(℃) | |
|---|---|---|
| | 基质沥青 | 改性沥青 |
| 矿料加热温度 | ≥170 | ≥180 |
| 旧料加热温度 | ≥135 | |
| 沥青加热温度 | ≥150 | ≥165 |
| 击实成型温度 | ≥140 | ≥160 |

再生沥青混合料的配合比确定后,应进行再生混合料路用性能检验。各项性能指标应符合表2-23和表2-24的规定。

密级配再生沥青混合料配合比设计及验证要求 表2-23

| 试验指标 | 技术要求 | | 试验方法 |
|---|---|---|---|
| | 基质沥青 | 改性沥青 | |
| 60℃车辙试验动稳定度(次/mm) | ≥800 | ≥2 400 | T0719 |
| -10℃低温弯曲试验破坏应变(με) | ≥2 000 | ≥2 500 | T0728 |
| 浸水马歇尔残留稳定度(48h)(%) | ≥80 | ≥85 | T0790 |
| 冻融劈裂试验的残留强度比(%) | ≥75 | ≥80 | T0729 |

SMA 配合比设计检验指标　　表 2-24

| 检验项目 | | 技术要求 |
|---|---|---|
| 60℃车辙试验动稳定度(次/mm) | | ≥5 500 |
| 水稳定性 | 浸水马歇尔残留稳定度(%) | ≥85 |
| | 冻融劈裂试验残留强度比(%) | ≥80 |
| -10℃低温弯曲试验破坏应变(με) | | ≥2 800 |
| 渗水系数(mL/min) | | ≤80 |
| 构造深度(mm) | | 0.8~1.3 |

### 2.7.3 配合比设计步骤

就地热再生沥青混合料配合比设计应采用马歇尔设计法。

**1)回收沥青路面材料(RAP)性能测定**

(1)RAP 中矿料级配组成及矿料的表观相对密度、毛体积相对密度、压碎值、针片状颗粒含量、棱角性、砂当量。

(2)RAP 中旧沥青含量。

(3)RAP 中回收旧沥青的针入度、延度、软化点、黏度等指标。

(4)RAP 的理论最大相对密度。

**2)新沥青混合料级配的确定**

(1)对 RAP 性能进行分析、评价,见表 2-15。

(2)根据旧沥青混合料的矿料级配和拟定的设计级配范围,确定掺加的新沥青混合料的矿料级配(如果级配可用,可以不加新矿料,通过马歇尔试验确定是否加新沥青及掺加量),通过马歇尔试验以及高低温、抗水损害等试验,验证再生沥青混合料性能。

对于 SMA 混合料,应通过马歇尔试件体积设计方法。

(3)当再生混合料配合比不能满足级配要求时,应综合考虑再生厚度、新沥青混合料的掺配比例和级配、再生沥青性能、再生混合料性能等,调整级配范围。

**3)室内试验确定再生剂用量流程**

(1)RAP 中旧沥青的方法应采用《公路工程沥青及沥青混合料试验规程》(JTG E20—2011)中 T0726 阿布森法或者 T0727 旋转蒸发器法及 T0735 燃烧炉法(只测定沥青含量)等。

(2)测定回收旧沥青的针入度、延度、软化点、黏度等指标。

(3)充分考虑再生路面的气候、交通特点、层位、纵横坡、超高等因素,确定旧沥青再生的目标强度等级。根据旧沥青的目标强度等级,向回收旧沥青中掺加一定间隔的等差数列比例的再生剂,并测定再生沥青的性能。

根据目标黏度(想要达到的沥青强度等级的黏度指标),可以大体计算出再生剂剂量,同时还可以根据黏度值,选择配伍性较好的再生剂。

(4)分析评价出再生沥青各项指标均满足表 2-16 规定,通过技术经济比较后获得的再生剂掺配比例,此比例为再生剂用量。

(5)在满足再生沥青技术指标的前提下,宜少用再生剂。一般情况下,掺加的新沥青的强度等级可选择现行《公路沥青路面施工技术规范》(JTG F40—2004)中规定的该地区的新沥青强度等级;当选择掺加高强度等级的新沥青时,可适当减少再生剂的用量。掺加的新沥青技术指标必须符合现行《公路沥青路面施工技术规范》(JTG F40—2004)的规定。

**4)配合比设计主要流程**

(1)RAP 性能分析与评价,重点是沥青含量和矿料级配。

(2)确定再生剂的品种和用量,并进行再生剂相关性能试验。

(3)新加材料试验。

(4)进行配合比矿料级配设计。

(5)调整好级配后,预估再生混合料的油石比,以此为中值,以一定的间隔确定 5 个新沥青用量,分别成型马歇尔试件,进行击实试验,确定再生混合料最佳沥青用量。按照现行《公路沥青路面施工技术规范》(JTG F40—2004)的方法,测试试件的毛体积相对密度、吸水率、理论最大相对密度,测试再生混合料马歇尔稳定度和流值。

(6)通过动稳定度、低温弯曲试验破坏应变等指标验证再生沥青混合料的性能。

**5)就地热再生沥青混合料配合比设计报告**

(1)RAP 的试验结果。

(2)新矿料掺量的确定。

(3)再生剂用量确定。

(4)新加材料品种选择与试验结果。

(5)矿料级配。

(6)最佳沥青用量。

(7)马歇尔试验及各项体积指标结果。

(8)配合比设计检验结果。

**6)就地热再生混合料的性能必须经试验路检验**

试验路检验项目主要有:

(1)现场再生沥青的技术指标。

(2)马歇尔稳定度。

(3)再生混合料的级配。

(4)动稳定度。

(5)浸水马歇尔残留稳定度。

(6)冻融劈裂强度比等。

检验其是否满足设计和规范要求,指标见表 2-23 和表 2-24。

## 2.8　沥青路面就地热再生施工

### 2.8.1　施工准备

就地热再生施工前应进行现场周边环境调查,对可能受到影响的植物隔离带、树木、加油站等提前采取隔离措施。

**1)就地热再生施工前,对无法修复路面病害处理**

(1)破损松散类病害:破损松散类病害的深度超过就地热再生施工深度时,应予挖补。

(2)变形类病害:根据再生设备的不同,变形深度为 20 ~ 50mm 时,再生前应进行铣刨处理。

(3)裂缝类病害:分析裂缝类病害成因,影响热再生工程质量的裂缝应进行处理。

**2)原路面特殊部位的预处理**

(1)宜用铣刨机沿行车方向将伸缩缝和井盖后端铣刨 2 ~ 5m,前端铣刨 1 ~ 2m,深度 30 ~ 50mm,再生施工时用新沥青混合料铺筑。

(2)原路面上的突起路标应清除。

(3)采用隔热板保护桥梁伸缩缝。

**3)铺筑试验路段**

就地热再生正式施工前应铺筑试验路,从施工工艺、质量控制、施工管理、施工安全等各个方面进行检验。就地热再生试验路段的长度不宜小于 200m。

### 2.8.2 再生作业

**1)清扫路面,画导向线**

就地热再生沥青路面施工前,应清扫路面,避免杂物混入混合料内。在路面再生宽度以外画导向线,也可以将路面边缘线作为导向线,保证再生施工边缘顺直美观。

**2)路面加热**

(1)原路面必须充分加热。不得因加热温度不足造成铣刨时集料破损,影响再生质量,也不得因加热温度过高造成沥青过度老化。

(2)应减小再生列车各设备间距,以尽量减少热量散失,保证再生的质量及减少能源浪费。

(3)原路面加热宽度比铣刨宽度每边宽 100 ~ 200mm 为宜。

**3)路面铣刨**

(1)铣刨深度要均匀,铣刨深度变化时应缓慢渐变。

(2)铣刨面应有较好的粗糙度。

(3)铣刨面温度应高于 70℃。

**4)再生剂喷洒**

(1)再生剂喷洒装置应与再生复拌机行走速度联动并可自动控制,能准确按设计计量喷洒。

(2)再生剂应加热至不影响再生剂质量的最高温度,提高再生剂的流动性和与旧沥青的融合性。

(3)再生剂应均匀喷入旧沥青混合料中。

(4)再生剂用量应准确控制,施工过程中应根据铣刨深度的变化适时调整再生剂的用量。

**5)拌和**

应保证再生沥青混合料拌和均匀。

**6)摊铺**

(1)摊铺应匀速进行,施工速度宜为 1.5 ~ 5m/min。混合料摊铺应均匀,避免出现粗糙、拉毛、裂纹、离析等现象。

(2)应根据再生层厚度调整摊铺熨平板的振捣功率，提高混合料的初始密度，减少热量散失。

(3)再生混合料的摊铺温度宜控制在120～150℃之间。

**7)压实**

(1)就地热再生混合料的碾压应配套使用大吨位的振动双钢轮压路机、轮胎压路机等压实机具。

(2)碾压必须紧跟摊铺进行，使用双钢轮压路机时宜减少喷水，使用轮胎压路机时不宜喷水。

(3)对压路机无法压实的局部部位，应选用小型振动压路机或者振动夯板配合碾压。

(4)如条件允许，可采用温拌技术，降低施工温度。

**8)接缝**

沥青路面的施工必须接缝紧密、连接平顺，不得产生明显的接缝离析。

**9)开放交通**

就地热再生压实完成后，再生层路表温度低于50℃后方可开放交通。

### 2.8.3 施工关键点控制

为了保证就地热再生工程的质量，热再生施工时应严格控制以下工作：

(1)再生剂喷洒计量要准确，这是保证沥青再生质量的关键之一。再生剂对就地热再生工程影响：

①再生剂太多，再生路面会出现泛油和发软。

②再生剂太少，再生效果不理想，旧沥青老化状况不能得到有效改善，路面的耐久性不好，而且还会出现粒料不黏、摊铺离析和压实困难等问题。

旧路面级配和油石比往往不均匀，现场技术人员要多观察，多总结，依据试验室的试验结果现场适当调整。再生沥青混合料颜色不能暗淡(再生剂偏少)，也不能过于光亮(再生剂偏多)，要有适当的光泽。

(2)加热温度要适度。保证沥青混凝土路面就地热再生质量的另一关键因素就是加热的温度，温度对就地热再生工程影响：

①温度太高，会引起沥青老化严重，而且还会降低功效。

②温度太低，再生剂与旧沥青融合困难，起不到再生作用，还会出现铣刨时集料破碎，级配发生变化，混合料出现离析、压实困难，层间连接不良等问题。

沥青混合料就地热再生主要依靠裹在集料表面的沥青膜传导热能，料粒外热内冷，摊铺后散热快，这就要求摊铺时具有较高的温度，一般控制在120～150℃之间为宜。要根据天气、风速等的变化来适当调节施工行进速度，保证路面加热温度，做到既保证再生工程质量又注重生产效率。

(3)再生路面厚度要均匀。再生施工时，特别要注意铣刨的深度，一定要均匀一致。如果铣刨深度时深时浅，不但会影响路面的平整度，而且还会影响再生剂用量的准确性，造成再生沥青混合料的性能不均匀，严重影响再生质量。

(4)保证纵缝质量。加热宽度比铣刨宽度每边宽100~200mm为宜,以保证纵向接缝的温度,从而使纵缝密实无松散。

(5)确保压实质量。由于再生沥青混合料的劲度往往高于新沥青混合料,而且温度下降较快,建议采用较大吨位压路机碾压,尤其是轮胎压路机,最好采用20~30t的轮胎压路机。压路机一定要紧跟摊铺机碾压,以免温度下降过快而影响压实效果。

(6)再生沥青及混合料性能试验。每天应进行再生沥青三大指标试验,并进行马歇尔试验,控制再生混合料施工质量。

(7)摊铺厚度。无论是再生沥青混合料还是新沥青混合料的摊铺,必须保证厚度均匀。由于旧路面情况的变化,再生混合料摊铺厚度较难控制。再生施工时,时刻关注熨平板前再生料量的变化,提前慢慢调整再生料摊铺厚度,切忌摊铺厚度发生突变。

## 2.9 质量管理及验收

### 2.9.1 施工质量管理

(1)沥青路面就地热再生施工过程中的材料质量检查,应符合现行《公路沥青路面施工技术规范》(JTG F40—2004)对热拌沥青混合料路面的有关规定。

(2)沥青路面就地热再生需要添加新沥青混合料时,新沥青混合料的质量应满足设计要求,再生混合料的质量控制,应符合现行《公路沥青路面施工技术规范》(JTG F40—2004)对热拌沥青混合料的有关规定。

(3)沥青路面就地热再生施工过程中的工程质量控制应满足表2-25和表2-26的要求。

**就地热再生混合料施工过程中的工程质量控制标准** 表2-25

| 检查项目 | 检查频度 | 质量要求或允许偏差 | 试验方法 |
|---|---|---|---|
| 再生剂用量 | 随时 | 适时调整,总量控制 | 每天计算 |
| 压实度均值 | 每天1~2次 | 理论最大相对密度的94% | T0924,JTG F40—2004附录E |
| 再生混合料摊铺温度 | 随时 | 普通沥青≥120℃<br>改性沥青≥140℃ | 温度计量测 |

**就地热再生外形尺寸现场质量检查的项目与频度** 表2-26

| 检查项目 | 检查频度 | 质量要求或允许偏差 | 试验方法 |
|---|---|---|---|
| 宽度(mm) | 每100m 1次 | 大于设计宽度 | T0911 |
| 再生厚度(mm) | 随时 | ±5 | T0912 |
| 加铺厚度(mm) | 随时 | ±3 | T0912 |
| 平整度最大间隙(mm) | 随时 | <3 | T0931 |
| 横接缝高差(mm) | 随时 | <3,必须压实 | 3m直尺间隙 |
| 纵接缝高差(mm) | 随时 | <3,必须压实 | 3m直尺间隙 |
| 外观 | 随时 | 表面平整密实,无明显轮迹、裂痕、推挤、油包、离析等缺陷 | 目测 |

### 2.9.2 检查验收

就地热再生工程的检查和验收应满足表 2-27 的要求。

就地热再生工程检查和验收项目与频度 表 2-27

| 检查项目 | 检查频度 | 质量要求或允许偏差 | | 试验方法 |
|---|---|---|---|---|
| 宽度(mm) | 每 1km 20 个断面 | 大于设计宽度 | | T0911 |
| 再生厚度(mm) | 每 1km 5 个点 | -5 | | T0912 |
| 加铺厚度(mm) | 每 1km 5 个点 | ±3 | | T0912 |
| 平整度 IRI(mm) | 全线连续 | 高速、一级公路 | <3.0 | T0933 |
| | | 二级公路 | <4.0 | |
| 外观 | 随时 | 表面平整密实,无明显轮迹、裂痕、推挤、油包、离析等缺陷 | | 目测 |
| 压实度代表值 | 每 1km 5 个点 | 理论最大相对密度的 94% | | T0924 |

## 2.10 工程实例一

### 2.10.1 工程概况

沈阳至大连高速公路(以下简称"沈大高速公路")号称"神州第一路",全长 375km,原路基宽度为 24.5m,设计时速为 120km,于 1984 年开工建设,1988 年竣工通车,为双向四车道。后经改扩建加宽至 42.0m,为双向八车道,全长 348km,并于 2004 年正式投入使用。2004 年改扩建后的主线路面结构见表 2-28。2011 年对部分路段实施就地热再生,再生路段桩号为左幅 K36 +530 ~ K162 +650 及 K21 +480 ~ K163 +670 范围内部分路段维修,车道为第三及第四车道,其中右幅第三车道 K50 +570 ~ K52 +640 及 K59 +880 ~ K60 +430 两个路段为中面层再生路段。

沈大高速公路主线路面结构 表 2-28

| 层位 | 材料名称 | 厚度(cm) |
|---|---|---|
| 上面层 | 沥青玛蹄脂碎石 SMA-16 | 4 |
| 中面层 | 粗粒式沥青混凝土 AC-25I | 6 |
| 下面层 | 粗粒式沥青混凝土 AC-30I | 8 |
| 上基层 | 厂拌水泥稳定碎石 | 18 |
| 下基层 | 厂拌二灰稳定碎石 | 19 |
| 垫层 | 二灰稳定砂砾掺破碎砾石 | 17 |

### 2.10.2 旧路病害调查

通过对沈大高速公路各项路面指标检测数据的分析,弯沉质量等级及路面平整度均处

图 2-8　沈大高速公路车辙病害

于优良等级。全线存在的主要病害为第三、第四车道车辙,如图 2-8 所示。其中右幅第四车道车辙评定等级处于次差的占 18.3%,第三车道车辙评定等级处于次差的占 13.2%,左幅第四车道车辙评定等级处于次差的占 0.3%。

对于车辙深度 2 ~ 3cm 路段采用表面层热再生的方案处理,考虑标线位置以及热再生设备施工的因素,第三车道的处理宽度为 3.95m,第四车道处理宽度为 3.85m,再生厚度为 4cm。

## 2.10.3　材料选择及要求

### 1) 旧料性能分析

(1) 回收沥青指标

为规范沥青回收方法,在沥青提纯过程中通过空白试验确定提纯时间和温度,具体方法为:对离心分离后的沥青溶液测定其沥青的浓度;按照这一浓度配制新 SBS 改性沥青三氯乙烯溶液;测量新 SBS 改性沥青的针入度为 61.3;对配制的新 SBS 改性沥青三氯乙烯溶液进行提纯,不断测量其针入度,直到与原测量标定针入度相当,记录提纯时间和温度,按照这一方法提纯旧沥青,实践证明这一方法可行。

对沈大高速公路使用的旧料进行抽提,测定回收沥青的常规指标见表 2-29,试验按照《公路工程沥青及沥青混合料试验规程》(JTG E20—2011)中有关方法进行。

旧 沥 青 性 能　　表 2-29

| 指　　标 | 针入度(25℃,5s,100g)(0.1mm) | 软化点(℃) | 延度(5℃)(cm) | 运动黏度(135℃)(Pa·s) |
|---|---|---|---|---|
| 1 | 49.7 | 68.5 | 22.1 | 2.204 |
| 2 | 46.5 | 69.7 | 21.4 | 2.317 |
| 3 | 51.3 | 66.5 | 23.4 | 2.201 |
| 平均 | 49.2 | 68.2 | 22.3 | 2.241 |

从表 2-29 回收的旧沥青的指标可以看出,旧沥青的针入度、延度明显变小,沥青老化比较严重,但由于针入度接近 50,运动黏度、软化点指标均符合要求,可以通过就地热再生的方法很好的恢复沥青的性能。

(2) 旧沥青含量

在试验中将抽提的沥青溶液用离心机进行离心分离,去除矿粉,然后再进行旧沥青回收。用离心分离法测定旧沥青混合料中的沥青含量,结果见表 2-30。

旧沥青混合料沥青含量　　表 2-30

| 试 验 批 次 | 旧料总质量(g) | 集料总质量(g) | 沥青含量(%) | 平均值(%) |
|---|---|---|---|---|
| 1 | 1 309.2 | 1 220.1 | 6.81 | 6.77 |
| 2 | 1 460.0 | 1 361.1 | 6.72 | |

在对沥青溶液进行离心分离的过程中，滤纸很难将沥青溶液中的矿粉完全去除干净，但多批次试验结果接近，说明试验的系统误差变异性较小。所测得沥青含量偏高，在沥青混合料配合比设计中确定油石比时应考虑这一因素的影响。

(3)旧矿料筛分结果

旧沥青混合料经抽提后测定其集料级配，如表 2-31 和图 2-9 所示。

**旧沥青混合料矿料级配**　　表 2-31

| 项　目 | 通过下列各筛孔(方孔筛 mm)的质量百分率(%) | | | | | | | | | | |
|---|---|---|---|---|---|---|---|---|---|---|---|
| | 19 | 16 | 13.2 | 9.5 | 4.75 | 2.36 | 1.18 | 0.6 | 0.3 | 0.15 | 0.075 |
| 通过率(%) | 100 | 98.4 | 93.2 | 74.9 | 39.7 | 27.9 | 21.5 | 17.0 | 13.6 | 11.7 | 9.0 |
| | 100 | 99.2 | 92.5 | 69.6 | 36.5 | 26.9 | 21.1 | 16.5 | 13.1 | 11.6 | 9.9 |
| 均值(%) | 100 | 98.8 | 92.9 | 72.2 | 38.1 | 27.4 | 21.3 | 16.8 | 13.3 | 11.7 | 9.5 |
| 规范级配 | 100 | 90~100 | 65~85 | 45~65 | 20~32 | 15~24 | 14~22 | 12~18 | 10~15 | 9~14 | 8~12 |

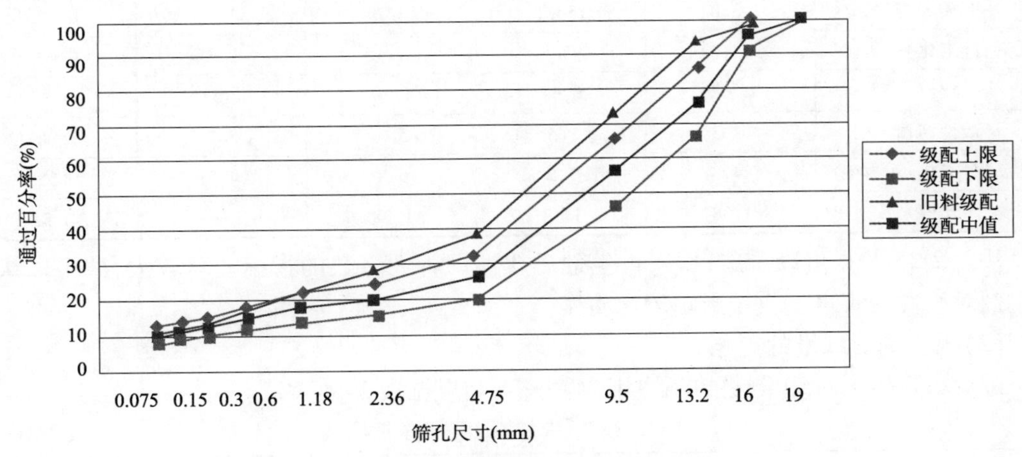


图 2-9　旧沥青混合料矿料级配

使用离心机对沥青溶液进行离心分离的过程中，虽然使用滤纸进行过滤，但是沥青溶液中的矿粉还是很难完全去除干净，故矿粉含量偏低。从表 2-31 和图 2-9 筛分结果看，混合料的粗集料部分偏细，这一方面是由于混合料在拌和、摊铺和碾压过程中粗集料会产生部分细化，另一方面，旧路的铣刨也会对级配造成影响。

(4)旧纤维性能评价

由于纤维在 SMA 混合料中使改性沥青复合材料化，对混合料起到增黏、增韧、增强的作用，同时增强混合料的疲劳耐久性，鉴于纤维在混合料中的重要作用，有必要评价旧纤维的性能。

通过对原有旧混合料进行筛析发现，析出的纤维发生卷曲、缩合，甚至成球状。对基质沥青吸附纤维试验分析表明，新纤维明显体积变大，可以看出，旧纤维的吸油作用明显降低。试验结果见表 2-32。

旧纤维沥青胶泥的技术指标　　表 2-32

| 项　　目 | 针入度(25℃,5s,100g)(0.1mm) | 软化点(℃) | 延度(15℃)(cm) | 黏韧性(N·m) | 韧　　性 | 运动黏度(Pa·s) |
|---|---|---|---|---|---|---|
| 基质沥青 | 78.0 | 46.6 | 154.1 | 3.7 | 1.5 | 0.523 |
| 加旧纤维的沥青 | 69.7 | 54.8 | 15.9 | 4.2 | 2.0 | 1.573 |
| 加新纤维的沥青 | 42.3 | 85.2 | 20.9 | 4.6 | 2.3 | 5.364 |

从表 2-32 试验结果看,加入新纤维与加入等量旧纤维相比,黏韧性、韧性、运动黏度指标明显提高。

**2)再生改性沥青性能**

(1)再生剂对改性沥青性能影响

进行了再生剂对改性沥青性能的影响试验分析,结果见表 2-33。

再生剂对改性剂性能影响技术指标　　表 2-33

| 项　　目 | 针入度(25℃,5s,100g)(0.1mm) | 延度(15℃)(cm) | 黏韧性(N·m) | 韧　　性 | 运动黏度(Pa·s) |
|---|---|---|---|---|---|
| 基质沥青 | 78.0 | 154.1 | 3.7 | 1.5 | 0.523 |
| 基质沥青(老化)+再生剂 | 84.0 | 98.5 | 4.4 | 2.3 | 0.401 |
| 比值 | 1.08 | 0.64 | 1.19 | 1.53 | 0.77 |
| 改性沥青 | 61.3 | 54.5(5℃) | 5.3 | 3.7 | 1.067 |
| 改性沥青(老化)+再生剂 | 84.3 | 61.5(5℃) | 6.8 | 4.3 | 0.555 |
| 比值 | 1.38 | 1.13 | 1.28 | 1.16 | 0.52 |

从表 2-33 数据可以看出,加入再生剂后改性沥青大多数的指标变化较大,故可以认为再生剂对改性沥青再生效果影响较为明显。

(2)再生剂对纤维的影响

进行了再生剂对纤维性能的影响试验分析,结果见表 2-34。

再生剂对纤维性能影响技术指标　　表 2-34

| 项　　目 | 针入度(25℃,5s,100g)(0.1mm) | 延度(15℃)(cm) | 黏韧性(N·m) | 韧　　性 | 运动黏度(Pa·s) |
|---|---|---|---|---|---|
| 基质沥青 | 78.0 | 154.1 | 3.7 | 1.5 | 0.523 |
| 基质沥青(老化)+再生剂 | 84.0 | 98.5 | 4.4 | 2.3 | 0.401 |
| 比值 | 1.08 | 0.64 | 1.19 | 1.53 | 0.77 |
| 基质沥青+纤维 | 42.3 | 20.9 | 4.6 | 2.3 | 5.364 |
| 基质沥青(老化)+纤维+再生剂 | 50.0 | 17.9 | 5.2 | 3.0 | 4.5 |
| 比值 | 1.18 | 0.86 | 1.13 | 1.30 | 0.84 |

从表 2-34 可以看出,加入再生剂后两者差别不大,故可以认为再生剂对纤维基本只体现物理吸附作用。

(3)再生剂最佳用量确定

将老化改性沥青加热,时间不宜过长防止老化沥青的再次老化,加入不同剂量的再生剂,充分搅匀形成再生改性沥青。试验结果见表2-35。

不同再生剂掺量下沥青的针入度及黏度 表2-35

| 再生剂用量(%) | 0 | 4 | 8 | 12 |
|---|---|---|---|---|
| 针入度(25℃,100g,5s)(0.1mm) | 49.7 | 64.0 | 95.3 | 132 |
| 运动黏度(MPa·s) | 2 204 | 1 467 | 991.9 | 458.1 |

从表2-35中数据可以看出,以针入度70(0.1mm)为标准,确定再生沥青中再生剂的掺配率为旧沥青的5%。

(4)再生沥青指标

对抽提所得旧沥青添加5%再生剂,根据再生后沥青的技术指标(表2-36)评价再生效果。

再生沥青的技术指标 表2-36

| 项　目 | 针入度(25℃,5s,100g)(0.1mm) | 软化点(℃) | 延度(5℃)(cm) | 黏韧性(N·m) | 韧　性 | 运动黏度(Pa·s) |
|---|---|---|---|---|---|---|
| 回收旧沥青 | 49.7 | 68.5 | 19.1 | — | — | 2.204 |
| 再生改性沥青 | 73 | 57.3 | 48.4 | 4.6 | 3.1 | 1.181 |
| 技术标准 | 60~80 | ≥55 | ≥30 | — | — | ≤3 |

从表2-36试验结果可以看出,再生后改性沥青的各项指标均能满足《公路沥青路面施工技术规范》(JTG F40—2004)中关于聚合物改性沥青SBS类I-C型的技术要求,可以用于改性路面施工。

**3)新加入改性沥青的指标**

新加入SBS改性沥青性能指标见表2-37。

新加入SBS改性沥青性能指标 表2-37

| 项　目 | 针入度(25℃,5s,100g)(0.1mm) | 软化点(℃) | 延度(5℃)(cm) | 黏韧性(N·m) | 韧　性 | 运动黏度(135℃)(Pa·s) |
|---|---|---|---|---|---|---|
| 改性沥青 | 66.3 | 58.2 | 54.5 | 5.3 | 3.7 | 1.067 |
| 技术标准 | 60~80 | ≥55 | ≥30 | — | — | ≤3 |

**4)新加入矿料的各项性能指标**

新加入矿料的各项性能指标应满足《公路沥青路面施工技术规范》(JTG F40—2004)的要求。

## 2.10.4 就地热再生混合料配合比设计

(1)再生料配合比设计流程,如图2-10所示。

(2)旧沥青含量及新旧料掺配情况。

旧沥青含量:原表面层为SMA-13L结构,经抽提后测得其综合旧沥青含量为5.85%,中面层级配为AC-25I,旧沥青含量为5.0%;旧料占再生料的比例为85%,新料添加为15%,即新料与旧料的比例为15:85。

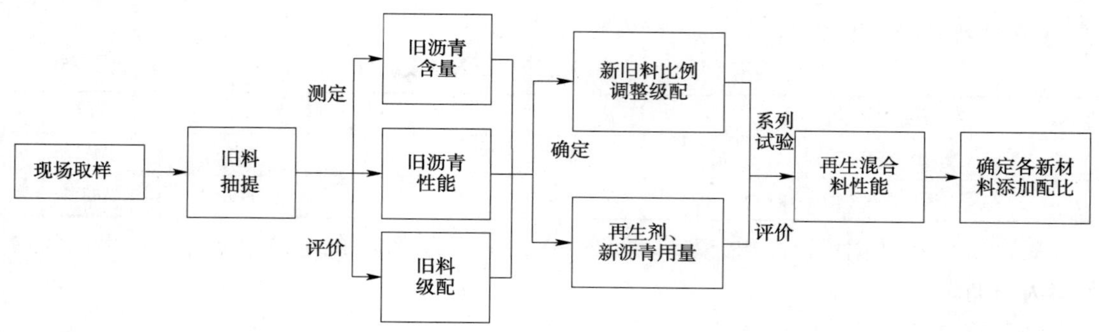


图 2-10　再生料配合比设计流程图

(3)新拌沥青混合料配合比及再生料合成级配见表 2-38、表 2-39 及图 2-11。

**拌和站新拌料配合比**　　表 2-38

| 项　目 | 通过各筛孔(方孔筛 mm)的质量百分率(%) | | | | | | | | | |
|---|---|---|---|---|---|---|---|---|---|---|
| | 16 | 11.4 | 9.5 | 4.75 | 2.36 | 1.18 | 0.6 | 0.3 | 0.15 | 0.075 |
| 实测通过量(%) | 100 | 85.1 | 66.5 | 23.6 | 20.8 | 18.7 | 16.4 | 13.6 | 11.7 | 9.1 |

**85%旧矿料级配及合成级配**　　表 2-39

| 项　目 | 通过下列各筛孔(方孔筛 mm)的质量百分率(%) | | | | | | | | | | |
|---|---|---|---|---|---|---|---|---|---|---|---|
| | 19 | 16 | 13.2 | 9.5 | 4.75 | 2.36 | 1.18 | 0.6 | 0.3 | 0.15 | 0.075 |
| 旧料 | 100 | 98.8 | 92.9 | 72.2 | 38.1 | 27.4 | 21.3 | 16.8 | 13.3 | 11.7 | 9.5 |
| 合成级配 | 100 | 93.9 | 78.8 | 59.9 | 31.6 | 22.7 | 17.7 | 13.9 | 11.0 | 9.7 | 8.0 |
| 规范级配 | 100 | 90~100 | 65~85 | 45~65 | 20~32 | 15~24 | 14~22 | 12~18 | 10~15 | 9~14 | 8~12 |

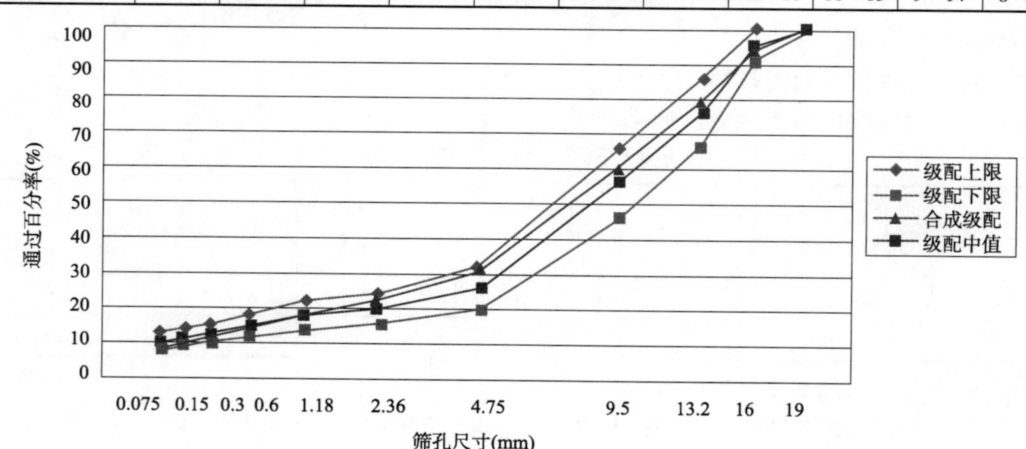


图 2-11　加入新料后合成级配曲线

(4)马歇尔试验结果见表 2-40。

**混合料马歇尔试验结果**　　表 2-40

| 试验项目 | 实测指标 | 技术要求 |
|---|---|---|
| 毛体积相对密度 | 2.453 | — |
| 空隙率(%) | 4.2 | 3.5~4.5 |
| 稳定度(60℃)(kN) | 10.3 | ≥6.0 |
| 流值(mm) | 3.87 | 2~4 |

(5)最佳再生剂掺量及最佳沥青含量。

再生剂最佳掺量为5%，现场施工实际综合掺量为5.98%，最佳沥青含量为6.2%。

(6)对就地热再生混合料性能进行验证，试验结果见表2-41。

**就地热再生混合料验证结果**　　表2-41

| 试验指标 | 技术要求 | 试验结果 | 试验方法 |
|---|---|---|---|
| 60℃车辙试验动稳定度(次/mm) | ≥5 500 | ≥6 000 | T0719 |
| 浸水马歇尔试验残留稳定度(%) | ≥80 | 90.3 | T0709 |
| 冻融劈裂试验的残留强度比(%) | ≥80 | 94.7 | T0729 |
| 最大弯拉破坏应变(με) | ≥3 000 | 4 915 | T0715 |
| 谢伦堡沥青析漏(%) | 0.08 | ≤0.1 | T0732 |
| 肯塔堡飞散损失(%) | 1.12 | ≤15 | T0733 |

注：以上试验按《公路工程沥青及沥青混合料试验规程》(JTG E20—2011)进行。

## 2.10.5　沥青路面就地热再生施工

### 1)人员组成

施工组织机构如图2-12所示。

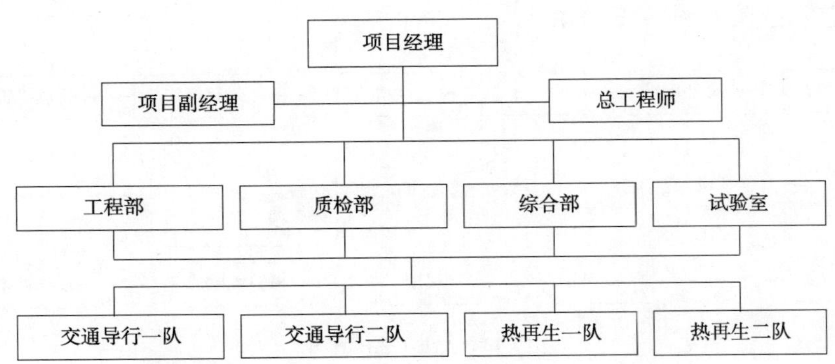


图2-12　项目经理部组织机构图

设项目经理1人，项目副经理1人，总工程师1人，工程部1人，质检部1人，综合部1人，试验室1人，另配备安全员3人，操作手30人，维修工人5人，工人34人，合计79人。

### 2)机械设备

就地热再生设备及配套机具见表2-42。

**就地热再生设备及配套机具一览表**　　表2-42

| 序号 | 设备名称 | 规格型号 | 数量(台) |
|---|---|---|---|
| 1 | 热再生加热机 | SY4500 | 3 |
| 2 | 热再生加热铣刨机 | SY4500 | 1 |
| 3 | 热再生复拌机 | SY4500 | 1 |
| 4 | 福格勒摊铺机 | S1800－2 | 1 |
| 5 | 双钢轮压路机 | YZC13c | 2 |

续上表

| 序 号 | 设备名称 | 规格型号 | 数量(台) |
|---|---|---|---|
| 6 | 轮胎压路机 | XP260 | 1 |
| 7 | 洒水车 | 10t | 1 |
| 8 | 铲车 | 15 | 1 |
| 9 | 小型清扫机 | 山猫 | 1 |
| 10 | 平板夯 | — | 1 |
| 11 | 切割机 | 11kW | 2 |
| 12 | 吹风机 | Ep700 | 2 |
| 13 | 平板车 | 35t | 1 |
| 14 | 小货车 | — | 4 |
| 15 | 管理车辆 | — | 5 |
| 16 | 油罐车 | 10t | 2 |
| 17 | 自卸运输车 | 15t | 4 |
| 18 | 铣刨机 | 维特根 2000 | 1 |

**3)施工过程**

施工工艺示意图如图 2-13 所示。

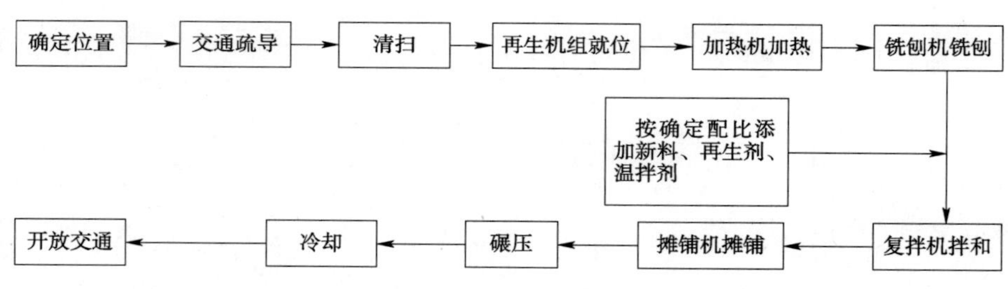


图 2-13 施工工艺示意图

(1)再生准备

①确定位置

结合图纸给定作业区域,现场确定桩号,具体桩号需要依据原路线的管理桩号,为保证施工段落符合设计构想,需对管理桩号的具体长度及位置进行现场复核。

②交通疏导

热再生施工属于养护施工,为保证作业机组及人员安全,在施工前及时与当地交管部门协调办理导行手续,在施工前一天对准备施工段落实施导行,导行期间具体标志摆放位置、数量需依据《公路养护安全作业规程》(JTG H30—2015)要求及交管部门要求进行。

③施工放样及清扫

热再生施工的横坡仍采用原路面横坡,个别横坡不良路段再生时加以改善。在路面再生宽度以外画导向线,也可将路面边缘线作为导向线,保证再生施工边缘顺直美观。同时为防止路面污染物影响再生沥青混凝土质量,必须对原路面进行彻底清扫。

④再生机组就位加热

再生机组在加热前要预先摆放到位，第一台加热机的前加热箱后沿要压线（段落起点）20cm，其余机组要依次相距3～4m摆放，如图2-14所示。加热期间，加热机行进速度根据路面温度、气温、风速等进行综合调试，确定一个最佳行进速度。现场设专人用红外线测温仪对路面加热温度进行复核，确保路面加热到最佳温度。加热的宽度要比再生铣刨的宽度两边各宽20cm。

路面加热温度的控制以再生后改性沥青混合料摊铺温度以不低于140℃为宜。路面加热强度以由弱至强，再由强至弱的顺序进行，既要有足够的热能传导至足够深层，又要避免表层被烧焦，保证加热效率和效果。加热机在完成一个作业段进入另一个作业段期间要关闭加热系统，抬高并收起加热箱，防止在非作业期间造成对非作业段的烘烤，路面加热如图2-15所示。

图2-14 就地热再生机组就位

图2-15 就地热再生旧路面加热

⑤加热铣刨机铣刨

路面加热到所需温度后，加热铣刨机进行路面铣刨，同时添加再生剂。再生剂的添加方式依据试验段标定数据进行。在行进过程中还要不断复核，出现偏差及时调整，保证添加量符合设计要求。

铣刨机在起步阶段要控制好铣刨刀头的位置，以贴近起点边线为宜，同时三组铣刨刀头的下刀点在同一直线上，对没能取直的位置要人工刨除，保证施工线形美观。

铣刨深度在作业期间要时时监控，三个铣刨鼓的铣刨深度要在同一平面上，保证设计再生厚度，铣刨面温度要高于70℃。

⑥加热复拌机添料复拌

待铣刨机行走一段距离后，要用人工对起始位置1.5～2m距离的混合料进行清理，为复拌机刮料板留出足够位置。料车、复拌机及时跟进，在铣刨料的起始位置开始按比例添加新料，复拌机在添料的同时跟进对混合料进行加热、复拌再生，保证再生混合料拌和均匀。刮料板收集路面再生后的混合料，输送到后面的摊铺机料斗内。

（2）摊铺

摊铺机在摊铺时要控制好搅笼里混合料的量，一般以混合料埋没输料螺旋2/3为宜。摊铺机的行进速度与沥青混合料的加热情况和供应情况有关，一般以保证摊铺料的摊铺温度为宜，一般控制在1.5～4m/min之间，同时与复拌机等速行驶。混合料摊铺温度控制在130～150℃之间。

(3)压实

热再生混合料的碾压原则采用“高温、紧跟、匀速、慢压、高频、低幅、先边、后中”的原则。按初压、复压、终压进行,用钢轮和胶轮交替碾压完成。初压用13t双钢轮压路机静压、振压,复压用轮胎压路机碾压,终压用13t的钢轮压路机静压。最终碾压方式及遍数根据试验段试验确定,达到规范要求压实度。

①初压:采取跟进摊铺碾压。静压、振压速度控制在2km/h以内。初压温度不低于130℃。碾压方法为驱动轮在前,向着摊铺方向行驶,先压纵缝,然后由边向中碾压,相邻碾压带必须重叠1/2~1/3轮宽。

②复压:碾压速度控制在3km/h以内。以胶轮压路机进行碾压,以消除裂纹,并追密。胶轮复压时,如产生过深的轮迹、破坏平整度,这表明沥青混合料温度过高,需等待降温。复压不能超过初压的界限。

③终压:终压紧接在复压后进行,光轮静压,直至消除轮迹为止。终压结束路表温度不低于90℃。

在当天碾压后尚未冷却的沥青面层上,不得停放任何机械或车辆,并不可散落矿物和油料,污染沥青面层。

(4)接缝施工

横缝采用加热后的热接缝,横缝碾压方法:先采用45°斜向碾压,再横向碾压,最后纵向碾压,如图2-16所示。

(5)冷却及开放交通

就地热再生压实完成后,再生层路表温度低于50℃后方可开放交通。施工后就地热再生路面如图2-17所示。

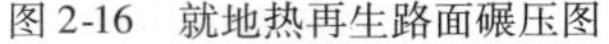

图2-16 就地热再生路面碾压图

图2-17 施工后就地热再生路面

## 2.10.6 质量管理与验收

### 1)施工过程中的质量控制

施工过程中对SMA就地热再生混合料级配、沥青含量及性能进行检测,检测结果见表2-43和表2-44。

SMA 就地再生沥青混合料生产取样筛分试验结果 表 2-43

| 筛孔尺寸(mm) | 筛分级配 | SMA-13 级配范围 |
|---|---|---|
| 19 | 100 | 100 |
| 16 | 92.5~99.2 | 90~100 |
| 13.2 | 65.2~83.2 | 65~85 |
| 9.5 | 46.1~62.8 | 45~65 |
| 4.75 | 23.3~29.6 | 20~32 |
| 2.36 | 15.2~21.6 | 15~24 |
| 1.18 | 15.1~21.0 | 14~22 |
| 0.6 | 12.5~17.6 | 12~18 |
| 0.3 | 10.9~14.2 | 10~15 |
| 0.15 | 9.4~13.7 | 9~14 |
| 0.075 | 8.2~11.3 | 8~12 |
| 沥青含量(%) | 6.0~6.3 | 6.2 |

SMA 就地再生沥青混合料生产取样性能试验结果 表 2-44

| 空隙率(%) | 矿料间隙率(%) | 沥青饱和度(%) | 稳定度(60℃)(kN) | 析漏损失(%) | 飞散损失(%) | 60℃车辙试验动稳定度(次/mm) |
|---|---|---|---|---|---|---|
| 3.73~4.15 | 17.2~18.1 | 76.1~77.3 | 7.3~8.0 | 0.05~0.1 | 6.7~11.2 | 5 823~7 750 |

从表 2-43 和表 2-44 中检测数据看,SMA 沥青混合料质量控制的比较好,性能稳定。

**2)施工后通车运行过程中检测**

2011 年 9 月~2013 年 11 月,对就地热再生试验路进行了 3 次检测,测得各项结果均满足《公路工程质量检验评定标准》(JTG F80/1—2004)和《沥青玛蹄脂碎石混合料设计与施工技术规范》(DB21/T 1403—2006)有关要求。表 2-45 中数据为一组检测数据的平均值。

SMA 就地热再生路面检测结果 表 2-45

| 检测时间(年-月) | 检测指标 | | | | | |
|---|---|---|---|---|---|---|
| | 压实度(%) | 摩擦系数 BPN | 构造深度(mm) | 渗水系数(mL/min) | 车辙深度(mm) | 裂缝率($m^2/km^2$) |
| 2011-09 | 96.7 | 66.7 | 1.2 | 21 | 0 | 0 |
| 2012-06 | 97.3 | 64.3 | 1.1 | 18 | 1.7 | 0.8 |
| 2013-11 | 98.1 | 62.6 | 1.1 | 31 | 4.6 | 1.1 |

从表 2-45 中检测结果看,SMA 就地热再生路面没有出现任何车辙、坑槽等病害,路面技术状况优良。

## 2.11 工程实例二

### 2.11.1 工程概况

国道 G102 线(K643+930~K648+000)于 1986 年第一次修建黑色路面,全宽 9m,一级

图 2-18 施工后路面与原路面对比

公路。1990 年进行 9m + 2 × 3m GBM 加宽，黑色路面全宽 15m，施工后路面与原路面对比如图 2-18 所示。路面结构为：基层 20cm 石灰稳定砾料；面层 3cm + 4cm 上拌下贯沥青路面。1995 ~ 1998 年为处置路面病害对该段进行了全线 3cm 沥青混凝土摊铺补强处理，摊铺宽度为 15m。

### 2.11.2 旧路病害调查

对 G102（K643 + 930 ~ K648 + 000）现场调查，主要检测了横断面坡度、纵向平整度、弯沉值、摩擦系数、路面钻芯取样等项目。通过调查发现，原路主要存在面层网裂、摩擦系数降低、加宽段沉降引起的路面纵向裂缝等病害，如图 2-19 所示。

a)

b)

图 2-19 G102（K643 + 930 ~ K648 + 000）病害

2007 年对 G102（K643 + 930 ~ K648 + 000）进行就地热再生，路线全长 5.07km，路面宽度 15m，热再生施工宽度为 8m，再生路面采用 AC-16 级配类型，厚度为 4cm，施工时采用添加 1cm 厚普通混合料和添加再生剂的施工方案。施工时按两幅施工，宽度各 4m，停车带两幅宽度 3.5m 采用纤维稀浆封层施工 1cm，以顺适行车道再生后增厚的 10mm 路面。

### 2.11.3 配合比设计

#### 1）旧料矿料抽提、筛分

选取代表性试样进行了 10 组抽提、筛分试验，旧沥青含量为 4.8%，矿料筛分平均值见表 2-46。

旧料矿料筛分结果　　表 2-46

| 项目 | 通过下列筛孔（方孔筛 mm）的百分率（%） | | | | | | | | | |
|---|---|---|---|---|---|---|---|---|---|---|
| | 16 | 13.2 | 9.5 | 4.75 | 2.36 | 1.18 | 0.6 | 0.3 | 0.15 | 0.075 |
| RAP | 98.5 | 87.7 | 85.2 | 59.9 | 45.7 | 29.8 | 21.0 | 16.2 | 12.1 | 8.1 |

#### 2）旧沥青及再生沥青

原路中抽提出的旧沥青以及加入 5.0% 再生剂后的再生沥青三大指标试验结果见

表2-47。

旧沥青及再生沥青试验结果 表2-47

| 指 标 | 旧沥青 | | | 再生沥青 | | |
|---|---|---|---|---|---|---|
| | 针入度(25℃,5s,100g)(0.1mm) | 延度(15℃)(cm) | 软化点(℃) | 针入度(25℃,5s,100g)(0.1mm) | 延度(15℃)(cm) | 软化点(℃) |
| G102 | 47 | 31.2 | 54 | 93 | 106 | 44 |

从表2-47中数据看,经过掺加适当剂量再生剂,再生沥青性能可以恢复到使用要求。

### 3)新加集料

根据配合比设计要求,新加入10~15mm碎石,其筛分结果见表2-48。

新加集料筛分结果 表2-48

| 项 目 | 通过下列筛孔(方孔筛mm)的百分率(%) | | | | | | | | | |
|---|---|---|---|---|---|---|---|---|---|---|
| | 16 | 13.2 | 9.5 | 4.75 | 2.36 | 1.18 | 0.6 | 0.3 | 0.15 | 0.075 |
| 10~15mm | 98.7 | 81.8 | 30.1 | 1.9 | 0.5 | — | — | — | — | — |

### 4)矿料级配曲线

本次就地热再生工程表面再生层为4cm AC-16,根据各档材料筛分结果(表2-49),确定矿料级配曲线,如图2-20所示。

各档材料筛分结果 表2-49

| 项 目 | 通过下列筛孔(方孔筛mm)的百分率(%) | | | | | | | | | |
|---|---|---|---|---|---|---|---|---|---|---|
| | 16 | 13.2 | 9.5 | 4.75 | 2.36 | 1.18 | 0.6 | 0.3 | 0.15 | 0.075 |
| RAP | 98.5 | 87.7 | 85.2 | 59.9 | 45.7 | 29.8 | 21.0 | 16.2 | 12.1 | 8.1 |
| 10~15mm | 98.7 | 81.8 | 30.1 | 1.9 | 0.5 | — | — | — | — | — |
| 合成级配 | 98.5 | 86.5 | 74.2 | 48.3 | 36.7 | 23.8 | 16.8 | 13.0 | 9.7 | 6.5 |
| 上限 | 100 | 92 | 80 | 62 | 48 | 36 | 26 | 18 | 14 | 8 |
| 下限 | 90 | 76 | 60 | 34 | 20 | 13 | 9 | 7 | 5 | 4 |

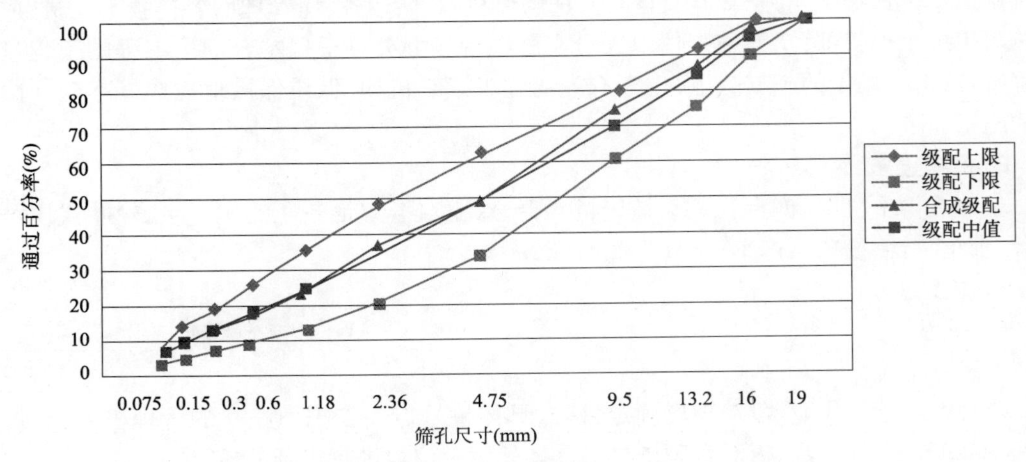


图2-20 矿料级配曲线

通过表2-49和图2-20确定各档材料比例为:RAP掺量为80%,10~15mm碎石掺量为20%。

**5)确定最佳油石比**

以0.3%为间隔变化油石比,并进行马歇尔试验,测定各项技术指标确定最佳油石比。试验结果见表2-50。

**不同油石比情况下马歇尔试验结果** 表2-50

| 油石比(%) | 最大理论相对密度 | 毛体积相对密度 | 空隙率(%) | 沥青饱和度(%) | 矿料间隙率(%) | 稳定度(60℃)(kN) | 流值(mm) |
|---|---|---|---|---|---|---|---|
| 4.4 | 2.531 | 2.395 | 5.7 | 63.7 | 15.8 | 8.51 | 2.87 |
| 4.7 | 2.523 | 2.412 | 4.8 | 69.3 | 15.6 | 9.39 | 3.04 |
| 5.0 | 2.514 | 2.417 | 4.2 | 73.0 | 15.7 | 10.31 | 3.19 |
| 5.3 | 2.503 | 2.414 | 3.9 | 75.5 | 16.1 | 10.42 | 3.28 |
| 5.6 | 2.495 | 2.410 | 3.8 | 77.1 | 16.5 | 9.79 | 3.42 |

通过表2-50中试验数据,确定最佳油石比为5.0%。

**6)配合比验证**

根据上述试验结果,进行配合比验证,结果见表2-51。

**配合比验证试验结果** 表2-51

| 试验指标 | 技术要求 | 试验结果 | 试验方法 |
|---|---|---|---|
| 60℃车辙试验动稳定度(次/mm) | ≥800 | 1 896 | T0719 |
| 浸水马歇尔试验残留稳定度(%) | ≥80 | 90.7 | T0709 |
| 冻融劈裂试验的残留强度比(%) | ≥75 | 82.6 | T0729 |
| 最大弯拉破坏应变(με) | ≥2 000 | 2 450 | T0715 |

## 2.11.4 沥青路面就地热再生施工

**1)人员配制**

施工单位选拔精明强干的项目经理,选聘懂技术、懂业务、懂管理的各类技术人员,成立了热再生施工项目部,全部施工技术人员在施工现场办公。根据本合同段工程的工程量和工程特点,选择精干的施工队伍,建立有效的施工组织机构,保质保量地完成好本合同段工程的施工任务。

**2)机械设备**

就地热再生机组(四台)一套、摊铺机一台、双驱双振双钢轮压路机一台、轮胎式压路机一台、水车一台、设备维修车一台。

**3)施工过程**

(1)再生

①确定位置

结合图纸给定作业区域,现场确定桩号,具体桩号需要依据原路线的管理桩号,为保证施工段落符合设计构想,需对管理桩号的具体长度及位置进行现场复核。

②交通疏导

热再生施工属于养护施工，为保证作业机组及人员安全，在施工前及时与当地交管部门协调办理导行手续，在施工前一天对准备施工段落实施导行，导行期间具体标志摆放位置、数量需依据《公路养护安全作业规程》（JTG H30—2015）要求及交管部门要求进行。

③施工放样与清扫

热再生施工前采用清扫车对原路面进行一遍清扫，然后采用人工清扫一遍，清扫车清扫如图2-21所示。在路面再生宽度以外画导向线，也可将路面边缘线作为导向线，保证再生施工边缘顺直美观。同时为防止路面污染物影响再生沥青混凝土质量，必须对原路面进行彻底清扫。

图2-21　路面清扫

④路面加热

加热机行进速度根据路面状况、天气气温、风速等进行综合调试，选定一个最佳行进速度，路面加热如图2-22所示。加热机操作员可用加热机上的路面温度仪对路面的加热情况进行监控，设专人用红外线测温仪对路面加热温度进行复核，确保路面加热到最佳温度。加热的宽度要比再生铣刨的宽度两边各宽150～200mm。

路面加热温度以再生混合料的温度130～140℃作为控制温度，极端低温不低于120℃。

路面加热强度以由弱至强，再由强至弱的顺序进行，既要有足够的热能传导至足够深层，又要避免表层被烧焦，保证加热效率和效果。

⑤路面铣刨40mm、掺加再生剂

路面加热到所需温度后，加热铣刨机进行路面铣刨，同时添加再生剂，添加量首先以试验确定，计算一定数量的添加剂可以施工多远距离，根据试验情况逐步控制添加量至较精确的程度。根据路面情况适当微调再生剂添加比例。路面铣刨如图2-23所示。

图2-22　路面加热图

图2-23　路面铣刨

⑥添加新料、复拌、集料

在铣刨机后面安排料车往复拌机料斗里添加新拌和料，根据运输里程及新料数量、消耗速度选择适合数量的运输车，并覆盖以保证温度。

复拌机跟进对原路面料进行再次加热并与新料混合拌和，进行复拌再生，收集路面混合后再生料，并输送到后面的摊铺机料斗内。复拌工艺如图2-24所示。

(2)摊铺

摊铺前调整好熨平板,检查各种传感器是否灵敏。所有准备工作就绪后开始摊铺,根据路面的加热情况,确定一个最佳的行进速度;根据混合料的情况,确定好混合料的松铺系数。

摊铺时要控制输料螺旋里混合料的量,一般以混合料埋没输料螺旋2/3为宜。复拌机的速度与路面加热情况和沥青混合料的供应情况有关,机组一般控制在1.5~3.5m/min之间。混合料摊铺温度控制在130~150℃之间,混合料摊铺如图2-25所示。

图2-24 再生料复拌图

图2-25 就地热再生混合料摊铺

(3)压实

热再生碾压均采取跟进碾压方式,以尽快成型,用钢轮和胶轮交替碾压完成。按初压、复压、终压程序进行。初压用12t双钢轮压路机静压一遍,复压用12t双钢轮压路机振压2~3遍并用20t的轮胎压路机碾压2~3遍,终压用12t的钢轮压路机静压。就地热再生碾压如图2-26所示。

图2-26 就地热再生混合料的碾压

①初压:采取跟进摊铺碾压。静压一遍,速度控制在2km/h以内。

碾压方法为驱动轮在前,向着摊铺方向行驶,先压纵缝,然后由路边向路中碾压,相邻碾压带必须重叠1/2~1/3轮宽。

②复压:碾压速度控制在3km/h内。

以钢轮、胶轮进行碾压,以消除裂纹,并追密。胶轮复压时,如产生过深的轮迹、破坏平整度,这表明沥青混合料温度过高,需等待降温。复压不能超过初压的界限。

③终压:终压紧接在复压后进行,光轮静压2~4遍,直至消除轮迹为止。

在当天碾压未冷却的沥青面层上,不得停放任何机械或车辆,并不可散落矿物和油料,污染沥青面层。

(4)接缝施工

横缝采用加热后的热接缝,横缝碾压方法:先采用45°斜向碾压,再横向碾压,最后纵向碾压。

(5)冷却及开放交通

就地热再生压实完成后，再生层路表温度低于 50℃ 后方可开放交通。施工前后就地热再生路面如图 2-27 所示。

图 2-27　施工前后就地热再生路面

## 2.11.5　质量管理与验收

### 1) 施工过程中的质量控制

施工过程中对 AC-16 就地热再生混合料级配、沥青含量及性能进行检测，检测结果见表 2-52、表 2-53。

**AC-16 就地再生沥青混合料生产取样筛分试验结果**　　表 2-52

| 筛孔尺寸（mm） | 筛分级配（%） | AC-16 级配范围（%） |
|---|---|---|
| 19 | 100 | 100 |
| 16 | 91.7 ~ 99.6 | 90 ~ 100 |
| 13.2 | 75.2 ~ 91.6 | 76 ~ 92 |
| 9.5 | 63.3 ~ 78.9 | 60 ~ 80 |
| 4.75 | 34.8 ~ 60.6 | 34 ~ 62 |
| 2.36 | 22.1 ~ 48.3 | 20 ~ 48 |
| 1.18 | 13.9 ~ 36.0 | 13 ~ 36 |
| 0.6 | 11.5 ~ 25.5 | 9 ~ 26 |
| 0.3 | 6.9 ~ 17.2 | 7 ~ 18 |
| 0.15 | 5.6 ~ 14.1 | 5 ~ 14 |
| 0.075 | 4.3 ~ 8.3 | 4 ~ 8 |
| 油石比（%） | 4.8 ~ 5.2 | 5.0 |

**AC-16 就地再生沥青混合料生产取样性能试验结果**　　表 2-53

| 项　目 | 技术指标 | | | | | |
|---|---|---|---|---|---|---|
| | 空隙率（%） | 矿料间隙率（%） | 沥青饱和度（%） | 稳定度（60℃）（kN） | 浸水马歇尔残留稳定度（%） | 60℃车辙试验动稳定度（次/mm） |
| 检测值 | 3.8 ~ 4.3 | 14.3 ~ 15.8 | 68.4 ~ 77.5 | 8.3 ~ 11.0 | 81.8 ~ 92.4 | 1 087 ~ 1 669 |
| 要求值 | 4 | ≥13.5 | 65 ~ 75 | ≥8 | ≥80 | ≥800 |

从表2-52和表2-53中检测结果看,AC-16就地热再生路面混合料性能稳定,满足要求。

**2)施工后质量检测**

就地热再生施工后,进行了压实度、抗滑性能等检测。表2-54中数据为一组检测数据的平均值。

**AC-16就地热再生路面检测结果** 表2-54

| 项目 | 检测指标 | | | | | |
| --- | --- | --- | --- | --- | --- | --- |
| | 压实度(%) | 摩擦系数 BPN | 构造深度(mm) | 渗水系数(mL/min) | 车辙深度(mm) | 裂缝率($m^2/km^2$) |
| 检测值 | 96.4 | 52 | 0.67 | 21 | 0 | 0 |
| 要求值 | ≥93 | ≥45 | ≥0.55 | ≤300 | — | — |

从表2-54中检测结果看,铺筑完成后的AC-16就地热再生路面路面技术状况优良。

# 第3章 就地冷再生

## 3.1 定义及特点

### 3.1.1 定义

就地冷再生采用专门的就地冷再生设备，对沥青路面进行现场冷铣刨，破碎和筛分（必要时），掺入一定数量的新集料、结合料（包括水泥、乳化沥青、泡沫沥青）、水等，经过自然环境温度拌和、摊铺、碾压等工序，一次性实现旧沥青路面的再生技术。根据需要加铺磨耗层或者加铺黏结层和部分结构层。可以显著改善路面的结构承载能力，它包括沥青层就地冷再生和全深式就地冷再生两种方式。用于处理车辙，与荷载有关的块裂、温缩裂缝等病害。

### 3.1.2 技术特点

就地冷再生技术具有以下优点：

(1)100%利用旧路面材料；

(2)不需要旧路面材料运输；

(3)适用范围广；

(4)能耗低；

(5)污染小，经济环保；

(6)生产效率高；

(7)改善旧路不规整横向断面。

就地冷再生的缺点：

(1)施工需要大型的专用设备；

(2)造价较昂贵。

## 3.2 适用条件

### 3.2.1 水泥稳定就地冷再生

公路大修改建时，原路路基整体稳定，路面结构强度良好或者下承层复合回弹模量满足设计要求时，应采用水泥稳定就地冷再生。

水泥稳定就地冷再生可适用于中轻交通一、二级公路底基层，三级及以下公路，城市出口路的基层或底基层。

经现场勘察测定，存在下列条件之一时，不宜采用水泥稳定就地冷再生基层：

(1)在预估的再生深度范围内，存在过多超粒径颗粒(最大粒径超过100mm的砂砾、碎石或铁渣等)的道路。

(2)存在大段翻浆及沉陷、车辙等严重变形的道路。

(3)原路整个路面结构层厚度(含垫层)小于400mm的道路。

(4)重载交通，地下水位较高的道路。

(5)有机质含量超过2%或硫酸盐含量超过0.25%的道路材料。

### 3.2.2 乳化沥青或泡沫沥青就地冷再生

公路沥青路面维修时，原路路基整体稳定，基层未出现结构性破坏，路面结构强度良好时，应采用乳化沥青或泡沫沥青就地冷再生。

乳化沥青或泡沫沥青就地冷再生可用于中轻交通的一级公路柔性基层、二级公路下面层或柔性基层，用于二级公路下面层必须加铺大于30mm的面层。

经现场勘察测定，存在下列条件之一时，不宜采用乳化沥青或泡沫沥青就地冷再生：

(1)再生前原路基层出现结构性破损或强度不能满足行车要求。

(2)原路面层采用沥青贯入式结构。

(3)原路沥青面层厚度小于70mm，无机结合料稳定基层厚度小于300mm。

(4)重载交通，地下水位较高的道路。

## 3.3 再生设备选型及配套

沥青路面就地冷再生施工过程中，应配备的设备：

(1)就地冷再生机。

(2)压路机。

(3)摊铺机(或平地机)。

(4)沥青罐车。

(5)水泥浆车(必要时)。

(6)水罐车等。

施工时，这些设备按照顺序一字排开，共同完成就地冷再生施工。为了满足再生工程需要，就地冷再生机应满足：

(1)工作装置的切削深度满足再生要求且可精确控制。

(2)工作宽度不应小于2m。

(3)喷洒计量精确可调，并与切削深度、施工速度、材料密度等联动。

(4)喷嘴在工作宽度范围内均匀分布，各喷嘴可独立开启与关闭。

(5)使用泡沫沥青时，还应具备泡沫沥青发生装置。

根据就地冷再生机功能的不同、再生剂的不同，再生施工机组的组成也略有不同，主要包括如下几个方面：

**1）水罐车+（沥青罐车）+冷再生机+（平地机）+压路机**

图3-1为一个典型的就地冷再生施工队列。在这样的施工队列中，冷再生机具备铣刨、添加再生剂、拌和三个功能。再生后的混合料通过平地机进行摊铺。再生机的工作装置主要包括铣刨转子、罩壳、沥青管路与计量装置、外加水路管与计量装置、发泡水管路与计量装置。当再生机工作时，铣刨转子对路面进行铣刨作业。与此同时，开口在罩壳顶部内壁上的沥青管、水管向铣刨材料上喷洒乳化沥青（或泡沫沥青）和水，铣刨转子在铣刨路面的同时也将罩壳内的材料搅拌均匀。

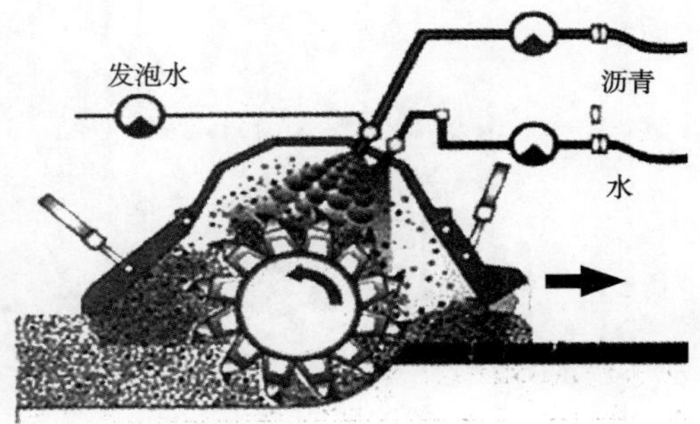


图3-1 水罐车+沥青罐车+冷再生机施工机组

**2）水罐车+（沥青罐车）+冷再生机+拾料机+压路机**

在此施工队列中，冷再生机也是具备铣刨、添加再生剂、拌和三个功能。再生后的混合料被堆成料垅，后面需要跟上拾料机和摊铺机进行摊铺。

**3）水罐车+（沥青罐车）+再生机+压路机**

这样的施工队列中，再生机不仅具备铣刨、添加再生剂、拌和功能，而且还带有摊铺槽，因此具备摊铺功能，如图3-2所示。

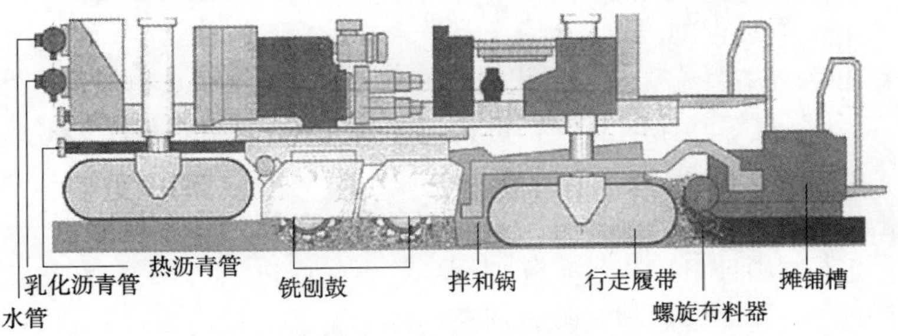


图3-2 某型号就地冷再生机结构示意图与施工队列

4)铣刨机 + 再生机 + 水罐车 +(沥青罐车)+ 压路机

有的就地冷再生机并没有铣刨功能,而只具有添加再生结合料和拌和功能。这样的就地冷再生机实际上是一个移动的厂拌冷再生设备,如图 3-3 所示,它的前面需要配备铣刨机对路面进行铣刨。

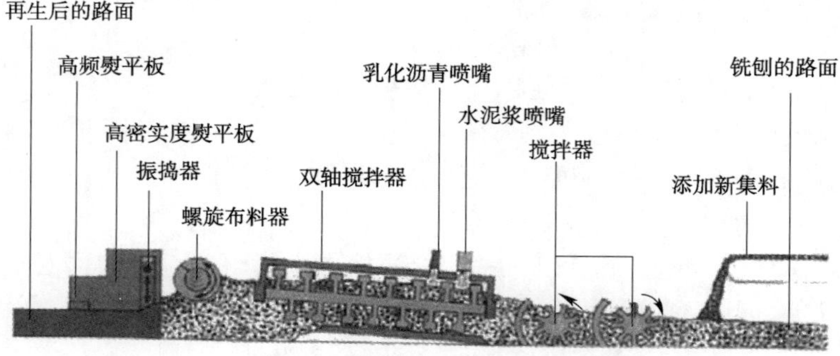


图 3-3　不具备铣刨功能的就地冷再生机

此外,目前国内外有的地方使用水泥、石灰等进行全深式就地冷再生时,采用类似于无机结合料稳定基层路拌法施工的工艺,工艺流程:

(1)进行路面铣刨。

(2)撒布水泥、石灰。

(3)现场路拌。

(4)进行压实。

这种工艺对于再生设备的要求低,在二级及二级以下公路使用水泥、石灰作为再生结合料的就地冷再生是基本可行的。

施工前应对再生机主要施工机械和设备进行调试、检查、标定,出具标定报告,并得到业主、监理认可。对压路机等其他配套设备进行调试、检查,确保良好工作状态。冷再生的标定主要包括如下几个方面:

(1)冷再生机沥青喷洒计量读数与实际喷洒量关系的标定。

(2)冷再生机水喷洒计量读数与实际喷洒量关系的标定。

(3)冷再生机铣刨深度读数与实际铣刨深度读数关系的标定。

所有机械设备的供应与操作均要保证将材料就地再生至规定的深度,一次性修筑新的层面,完全满足规范要求。所使用的设备要有足够的生产能力并处于良好的运转状态。现场不得使用废旧的、保养不善的或者部分损坏的设备。

## 3.4 冷再生用乳化沥青研发

在实际使用过程中,决定乳化沥青的配方的因素主要有原材料性质、加工工艺设备和生产条件、气候条件等。

### 3.4.1 原材料

乳化沥青在道路工程中已成为越来越重要的筑路及养护用材料,其质量的好坏对道路质量的影响极其显著。而本书研制开发的乳化沥青组成材料如沥青材料、乳化剂、改性剂、添加剂的选择和配伍性则成为决定乳化沥青路用性能的重要因素。

**1) 基质沥青**

沥青材料是制造乳化沥青的主要材料,它决定着乳化沥青的主要性能,目前应用最多的为性能优良的石油沥青。石油沥青是天然原油加工的重质产品,是黑色或棕褐色的黏稠状或固体状物,具有明显的树脂特征。石油沥青由芳香分、饱和分、沥青质、胶质等组成,其胶体结构类型与化学组成随原油品种及加工工艺的不同而有很大差别,乳化难易程度也随之不同。

考虑到道路工程使用技术要求及乳化难易程度这两方面的因素,溶—凝胶结构型沥青适宜用作乳化沥青原材料,其四大组分的最佳比例为:饱和分 5% ~15%,芳香分 30% ~35%,胶质 30% ~35%,沥青质 5% ~15%。我国原油多为含量较多的中间基或石蜡基原油,故沥青中含蜡量较高。沥青中含蜡量高,将降低沥青的延度,降低沥青对矿料的黏附能力,增加温度敏感性。由于含蜡量高使沥青在低温时的体积收缩较大,用含蜡沥青修筑的路面低温开裂情况比使用少蜡沥青严重。另外,含蜡沥青可乳化性较差,增加了沥青乳化的难度。在选择沥青时应选择无蜡或少蜡沥青。

通过试验比选,开发乳化沥青采用辽河 90 号道路石油沥青作为基质沥青,按照《公路工程沥青及沥青混合料试验规程》(JTG E20—2011)相关试验方法进行试验,其技术指标见表 3-1。

**辽河 90 号道路石油沥青性能** 表 3-1

| 试验项目 | | 试验结果 | 技术要求 |
|---|---|---|---|
| 针入度(25℃,100g,5s)(0.1mm) | | 91 | 80 ~100 |
| 延度(5cm/min,10℃)(cm) | | 50 | ≥30 |
| 延度(5cm/min,15℃)(cm) | | 178 | ≥100 |
| 软化点(环球法)(℃) | | 47.3 | ≥45 |
| 闪点(COC)(℃) | | 252 | ≥245 |
| 含蜡量(蒸馏法)(%) | | 1.92 | ≤12.2 |
| 密度(15℃)(g/cm³) | | 1.002 5 | 实测记录 |
| 溶解度(三氯乙烯)(%) | | 99.87 | ≥99.0 |
| 薄膜加热试验(163℃,5h) | 质量损失(%) | -0.6 | ≤1.0 |
| | 针入度比(%) | 73.2 | ≥57 |
| | 延度(10℃)(cm) | 23 | ≥8 |
| | 延度(15℃)(cm) | 89 | ≥20 |

从表 3-1 试验结果看,基质沥青各项指标满足规范要求。

**2)乳化剂**

沥青乳化剂分子是表面活性剂的一种类型,它是能吸附在沥青颗粒与水的界面,从而显著降低沥青颗粒与水界面的自由能,使其构成均匀而稳定的乳浊液的一种表面活性物质。沥青乳化剂分子结构是不对称的,由亲油的非极性基和亲水的极性基组成,其分子结构模型如图 3-4 所示。

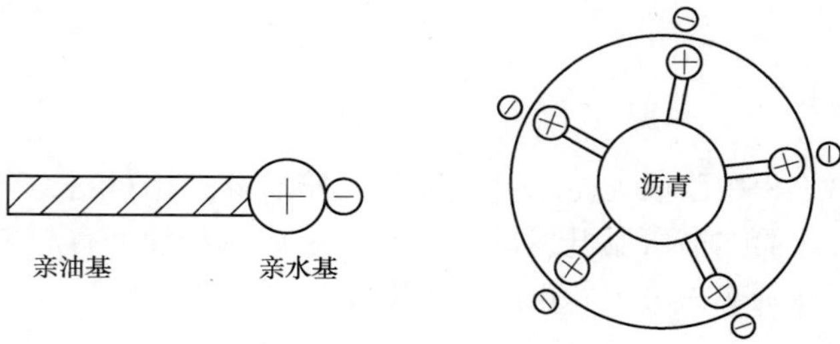


图 3-4 阳离子乳化沥青微粒结构示意图

鉴于阳离子乳化剂制备的乳化沥青对集料的适应性强,与集料具有较好的黏附性,且乳液的稳定性也比较好,对使用环境的要求不高,故本书选用阳离子乳化剂。试验选用的乳化剂类型见表 3-2。

**试验选用的乳化剂类型** 表 3-2

| 公司名称 | 代号 | 离子类型 | 破乳速度 |
|---|---|---|---|
| A | Ⅰ | 阳离子 | 慢裂 |
|  | Ⅱ | 阳离子 | 慢裂 |
|  | Ⅲ | 阳离子 | 慢裂 |
| B | Ⅰ | 阳离子 | 慢裂 |
|  | Ⅱ | 阳离子 | 慢裂 |
| C | Ⅰ | 阳离子 | 慢裂 |
|  | Ⅱ | 阳离子 | 慢裂 |

**3)稳定剂**

乳化沥青的储存稳定性决定着其放置时间的长短,为了使乳液的储存稳定性达到一定的标准,除了在乳化过程中严格控制乳化工艺外,还可通过掺加适量的稳定剂加以改善。常用的稳定剂分为无机稳定剂和有机稳定剂两种类型。无机稳定剂可以增大水相密度,缩小沥青相与水相的密度差,加强乳液微粒周围的双电层效应,增大心电位,增加沥青微粒之间的排斥力,降低沥青微粒间相互凝聚的速度,以此改善沥青乳液的稳定性。常用的无机稳定剂有氯化铅、氯化钙等。有机稳定剂可提高水相黏度,在乳液微粒表面形成致密的界面膜。界面膜由定向排列的乳化剂分子组成,其强度越大,微粒相互碰撞时越难以聚结,乳液也就越稳定。常用的有机稳定剂有聚乙烯醇、羧甲基纤维素钠和淀粉等。

## 3.4.2 乳化沥青加工工艺

乳化沥青生产工艺主要包括生产配方、温度控制、油水比例控制等。

将特殊的乳化剂溶于一定量的水，然后加入稳定剂，调节pH值至需要值制成皂液，最后将皂液加热到50～70℃；将沥青加热至130～150℃，分别按油水比50:50、60:40、70:30加入到上述乳化剂溶液中，经胶体磨高速剪切2～4min得到固含量分别为50%、60%、70%的沥青乳液，搅拌均匀消泡后制成乳化沥青。

### 3.4.3 乳化沥青性能指标

根据前面选定的不同厂家、不同类型乳化剂制成乳化沥青，经过大量室内试验，最终确定采用A公司Ⅱ型乳化剂（比例为1.5%～2.0%）、90号道路石油沥青、有机稳定剂和无机稳定剂复配的稳定剂生产乳化沥青，技术指标见表3-3。

乳化沥青技术指标要求 表3-3

<table>
<tr><th colspan="2">试验项目</th><th>技术要求</th><th>试验方法</th></tr>
<tr><td colspan="2">破乳速度</td><td>慢裂</td><td>T0658</td></tr>
<tr><td colspan="2">粒子电荷</td><td>阳离子（+）</td><td>T0653</td></tr>
<tr><td colspan="2">筛上残留量（1.18mm筛）（%）</td><td>≤0.1</td><td>T0652</td></tr>
<tr><td rowspan="2">黏度</td><td>恩格拉黏度计$E_{25}$</td><td>3～28</td><td>T0622</td></tr>
<tr><td>25℃赛波特黏度$V_s$（s）</td><td>20～100</td><td>T0623</td></tr>
<tr><td rowspan="4">蒸发残留物性质</td><td>残留分含量（%）</td><td>≥62</td><td>T0651</td></tr>
<tr><td>溶解度（%）</td><td>≥97.5</td><td>T0607</td></tr>
<tr><td>针入度（25℃，5s，100g）（0.1mm）</td><td>50～100</td><td>T0604</td></tr>
<tr><td>延度（15℃）（cm）</td><td>≥44</td><td>T0605</td></tr>
<tr><td colspan="2">与粗、细集料拌和试验</td><td>均匀</td><td>T0659</td></tr>
<tr><td rowspan="2">储存稳定性（%）</td><td>1d</td><td>≤1</td><td rowspan="2">T0655</td></tr>
<tr><td>5d</td><td>≤5</td></tr>
</table>

注：表中试验方法按照《公路工程沥青及沥青混合料试验规程》（JTG E20—2011）进行。恩格拉黏度与赛波特黏度指标任选其一检测。

## 3.5 原路面调查及分析

### 3.5.1 一般规定

沥青路面就地冷再生工程实施前，应对原路面历史信息、技术状况、交通量、工程经济等方面的内容进行调查和综合分析，为就地冷再生设计提供依据。原路面调查的内容应完整，并进行系统分析和准确评价。

### 3.5.2 原路面历史信息调查和分析

收集原路面设计资料、竣工资料等，包括原路面的结构、材料、施工工艺、各结构层配合比和质检测试结果等方面的资料。

### 3.5.3 原路面状况调查与评价

原路面状况调查内容包括：

(1)路面结构强度 PSSI。

(2)路面状况指数 PCI。

(3)路面平整度 RQI。

(4)下承层承载能力。

(5)原路面结构厚度。

检测频率和要求应符合现行《公路技术状况评定标准》(JTG H20—2007)的相关规定。对原路面材料进行取样，取样方法应按照辽宁省《沥青路面就地冷再生施工技术规范》(DB21/T 2233—2014)附录 A(规范性附录)进行。

通过对原路面状况调查、回收沥青路面材料(RAP)的取样、试验和路面病害成因分析，为就地冷再生设计提供依据。应对沿线构造物进行检查，确定桥涵铺装层到路面顶面高度，以便纵坡顺接。原路若排水不畅，再生前应改善其排水条件。当原路面路肩保留时，需考虑再生路面排水设施。

### 3.5.4 交通量调查

进行交通调查，为再生路面结构设计和材料设计提供依据。调查内容应包括交通量大小、轴载情况等。

通过交通量调查，为就地冷再生工程的交通组织方案提供依据。

### 3.5.5 现场承载板试验

根据工程所在地的气候情况，现场承载板试验宜在一年中最不利季节进行。

采用现场承载板试验测定再生层底部下承层顶面的复合回弹模量，为确定路面结构设计参数提供依据。承载板试验应按照《公路路基路面现场测试规程》(JTG E60—2008)中 T0943 进行。

对每一均匀路段，每车道应不少于两个测点，同一均匀路段中若某一测点的数值高于(或低于)平均值的 30%，应增加测点数量，同时对数值过低点附近的路段应仔细调查，确定是否存在路基沉陷等下部结构层损坏问题。

### 3.5.6 技术经济分析

对可能采用的不同路面维修方法，进行综合技术经济对比分析，分析各种方法使用年限的综合成本，包括路面维修成本、路面残值等。

## 3.6 材料要求

### 3.6.1 一般规定

乳化沥青应避免储存超过 14d，否则将影响乳化沥青质量，水泥必须注意防水。

原材料试验应符合现行《公路工程沥青及沥青混合料试验规程》(JTG E20—2011)和《公路工程集料试验规程》(JTG E42—2005)等规范。

### 3.6.2 回收沥青路面材料

就地冷再生施工前,应对回收沥青路面材料(RAP)进行评价,主要包括回收沥青路面材料(RAP)级配、含水率、沥青含量和性质等。回收沥青路面材料(RAP)检测项目与质量要求见表3-4。用于室内配合比设计的回收沥青路面材料(RAP)应没有结成的块状和杂物。

**RAP检测项目与质量要求** 表3-4

| 材料 | 检测项目 | 技术要求 | 试验方法 |
|---|---|---|---|
| RAP | 含水率(%) | 实测 | 辽宁省《沥青路面就地冷再生施工技术规范》(DB21/T 2233—2014)附录A(规范性附录) |
| | RAP级配 | 实测 | |
| | 沥青含量(%) | 实测 | |
| | 砂当量(%) | ≥55 | |
| | 塑性指数 | 实测 | 《公路土工试验规程》(JTG E40—2007) |
| RAP中的粗集料 | 针片状颗粒含量(%) | 实测 | 抽提,《公路工程集料试验规程》(JTG E42—2005) |
| | 压碎值(%) | 实测 | |
| RAP中的细集料 | 棱角性 | 实测 | |

### 3.6.3 道路石油沥青

就地冷再生混合料用以制作乳化沥青、泡沫沥青使用的道路石油沥青应符合现行《公路沥青路面施工技术规范》(JTG F40—2004)的规定。制备乳化沥青和泡沫沥青以90号道路石油沥青为准,乳化剂采用慢裂型。

### 3.6.4 乳化沥青

乳化沥青应在常温下使用,其温度不应高于60℃,乳化沥青试验规范的要求见表3-3。

### 3.6.5 泡沫沥青

就地冷再生使用的泡沫沥青应由专用机械设备的发泡装置用热沥青和水发泡而成。技术要求应满足表3-5的要求。

**泡沫沥青的技术要求** 表3-5

| 项目 | 技术要求 | 试验方法 |
|---|---|---|
| 膨胀率(倍) | ≥10 | 《公路沥青路面再生技术规范》(JTG F41—2008)附录E(规范性附录) |
| 半衰期(s) | ≥8 | |

### 3.6.6 水泥

水泥作为再生结合料或者活性添加剂时,可以采用以下几种类型水泥:

(1)普通硅酸盐水泥。

(2)矿渣硅酸盐水泥。

(3)火山灰硅酸盐水泥。

(4)缓凝水泥。

水泥等级可为32.5或42.5,水泥的初凝时间应在3h以上,终凝时间宜在6h以上,不应使用快硬水泥、早强水泥。再生使用的水泥还应满足以下要求:

(1)疏松干燥。

(2)无聚团结块。

(3)不受潮变质。

水泥其他的质量技术指标还应符合现行《公路水泥混凝土路面施工技术规范》(JTG F30—2014)的要求。

### 3.6.7 集料

就地冷再生新加入的粗细集料、填料质量应符合现行《公路沥青路面施工技术规范》(JTG F40—2004)的要求。

### 3.6.8 水

制作乳化沥青、泡沫沥青用水以及冷再生用水均宜为可饮用水。

## 3.7 结构组合设计

(1)旧路大修、改建时,采用水泥稳定就地冷再生用于基层或底基层,应按半刚性理论进行结构设计。

(2)旧路大中修时,采用乳化沥青或泡沫沥青就地冷再生材料用于路面下面层或柔性基层,应按路面加铺罩面或柔性理论进行结构设计。

(3)初步确定道路结构组合方案。根据原路面设计强度和路况调查中得到的路面损坏情况,预估冷再生结构层厚度,并检测就地冷再生结构层下承层的复合回弹模量,试算后确定再生层的厚度。

(4)就地冷再生层的再生和压实厚度,使用乳化沥青、泡沫沥青时不宜大于16cm,且不宜小于8cm;使用水泥时不宜大于25cm,且不宜小于15cm。

(5)就地冷再生层设计参数应以工程材料实测值为准,当缺乏条件无法取得实测值时,应按照《沥青路面就地冷再生施工技术规范》(DB21/T 2233—2014)附录B(规范性附录)进行取值。

(6)按设计弯沉值验算结构层厚度。

(7)进行技术经济比较,最终确定采用的路面结构方案。

## 3.8 就地冷再生混合料设计

### 3.8.1 一般规定

(1)在对回收沥青路面材料(RAP)充分调查基础上,根据工程要求、公路等级、使用层位、气候条件、交通情况等因素，选用符合要求的材料，进行再生混合料设计。

(2)就地冷再生以回收沥青路面材料(RAP)级配与新矿料的合成级配作为级配设计依据。回收沥青路面材料(RAP)应通过冷再生机破碎旧路面后现场进行取料。

(3)不同结构路段、不同强度路段应独立进行结构组合设计和混合料配合比设计。

(4)乳化沥青或泡沫沥青冷再生在设计和施工时应根据需要加入水泥作为活性填料，不宜超过2%。

### 3.8.2 乳化沥青冷再生混合料设计

使用乳化沥青作为再生结合料的就地冷再生，应按照《沥青路面就地冷再生施工技术规范》(DB21/T 2233—2014)附录C(规范性附录)进行混合料设计。

乳化沥青冷再生混合料设计级配范围宜满足表3-6的要求。

**乳化沥青冷再生混合料工程设计级配范围** 表3-6

| 筛孔尺寸(mm) | 各筛孔通过率(%) | | | |
|---|---|---|---|---|
| | 粗粒式 | 中粒式 | 细粒式A | 细粒式B |
| 37.5 | 100 | | | |
| 31.5 | 90~100 | | | |
| 26.5 | 85~100 | 100 | | |
| 19.0 | 75~95 | 90~100 | | |
| 16.0 | 68~85 | 85~95 | 100 | |
| 13.2 | 58~80 | 75~90 | 90~100 | 100 |
| 9.5 | 40~70 | 60~80 | 60~80 | 90~100 |
| 4.75 | 25~60 | 40~65 | 45~75 | 60~80 |
| 2.36 | 15~45 | 25~50 | 25~55 | 35~65 |
| 1.18 | 10~33 | 15~38 | 15~40 | 15~40 |
| 0.6 | 6~25 | 9~28 | 8~30 | 8~30 |
| 0.3 | 3~20 | 5~21 | 6~25 | 6~25 |
| 0.15 | 2~11 | 2~13 | 4~15 | 4~15 |
| 0.075 | 1~7 | 2~8 | 2~9 | 2~10 |

乳化沥青冷再生混合料设计指标应满足表3-7的要求。

**乳化沥青冷再生混合料设计技术要求** 表3-7

| 试验项目 | | 技术要求 |
|---|---|---|
| 空隙率(%) | | 6~12 |
| 劈裂试验(15℃) | 劈裂强度(MPa) | ≥0.5 |
| | 干湿劈裂强度比(%) | ≥75 |
| 马歇尔稳定度试验(40℃) | 稳定度(kN) | ≥6.0 |
| | 浸水残留稳定度(%) | ≥75 |
| 冻融劈裂强度比(%) | | ≥70 |
| 60℃车辙试验 | 动稳定度(次/mm) | ≥1 500 |

注：任选劈裂试验和马歇尔稳定度试验之一作为设计要求，推荐使用劈裂试验。

乳化沥青冷再生混合料中,乳化沥青添加量折合成纯沥青后占混合料其余部分干质量的百分比宜为1.5%~3.5%。

### 3.8.3 泡沫沥青冷再生混合料设计

使用泡沫沥青作为再生结合料的就地冷再生,应按照《沥青路面就地冷再生施工技术规范》(DB21/T 2233—2014)附录C(规范性附录)进行混合料设计。

泡沫沥青冷再生混合料设计级配范围,宜满足表3-8的要求。

泡沫沥青冷再生混合料工程设计级配范围 表3-8

| 筛孔尺寸(mm) | 各筛孔通过率(%) | | |
|---|---|---|---|
| | 粗粒式 | 中粒式 | 细粒式 |
| 37.5 | 100 | | |
| 31.5 | 90~100 | | |
| 26.5 | 85~100 | 100 | |
| 19.0 | 80~95 | 90~100 | |
| 16.0 | 70~90 | 80~95 | 100 |
| 13.2 | 60~85 | 68~90 | 90~100 |
| 9.5 | 45~75 | 55~80 | 60~90 |
| 4.75 | 35~65 | 35~65 | 45~75 |
| 2.36 | 28~52 | 28~55 | 28~55 |
| 1.18 | 17~40 | 17~40 | 17~40 |
| 0.6 | 13~34 | 13~34 | 13~34 |
| 0.3 | 10~30 | 10~30 | 10~30 |
| 0.15 | 8~24 | 8~24 | 8~24 |
| 0.075 | 6~20 | 6~20 | 6~20 |

泡沫沥青冷再生混合料设计指标应满足表3-9的要求。

泡沫沥青冷再生混合料设计技术要求 表3-9

| 试验项目 | | 技术要求 |
|---|---|---|
| 劈裂试验(15℃) | 劈裂强度(MPa) | ≥0.5 |
| | 干湿劈裂强度比(%) | ≥75.0 |
| 马歇尔稳定度试验(40℃) | 稳定度(kN) | ≥6.0 |
| | 浸水残留稳定度(%) | ≥75.0 |
| 冻融劈裂强度比(%) | | ≥70.0 |
| 60℃车辙试验 | 动稳定度(次/mm) | ≥1 500 |

注:任选劈裂试验和马歇尔稳定度试验之一作为设计要求,推荐使用劈裂试验。

泡沫沥青冷再生混合料中,泡沫沥青添加量折合成纯沥青后占混合料其余部分干质量的百分比宜为1.5%~3.5%。

### 3.8.4 水泥稳定冷再生混合料设计

使用水泥作为再生结合料的水泥稳定就地冷再生混合料，通过试验确定必需的水泥剂量和混合料的最佳含水率。在需要改善混合料的物理力学性质或级配时，还应确定掺加新料的规格和比例。应按照《沥青路面就地冷再生施工技术规范》(DB21/T 2233—2014)附录D(规范性附录)进行混合料设计。

(1)用于一级公路基层时，再生混合料级配宜满足表 3-10 中 1 号级配范围要求。

(2)用于底基层时，再生混合料级配宜满足表 3-10 中 2 号级配范围要求。

(3)用于二级及二级以下公路时，再生混合料级配宜满足表 3-10 中 3 号级配要求。

**水泥稳定冷再生混合料级配范围** 表 3-10

| 筛孔尺寸(mm) | 通过各筛孔(方孔筛 mm)的质量百分率(%) | | |
|---|---|---|---|
| | 1 号级配 | 2 号级配 | 3 号级配 |
| 37.5 | | 100 | 90 ~ 100 |
| 31.5 | 100 | 90 ~ 100 | — |
| 26.5 | 90 ~ 100 | — | 66 ~ 100 |
| 19.0 | 72 ~ 89 | — | 54 ~ 100 |
| 16.0 | — | — | — |
| 13.2 | — | 80 ~ 100 | — |
| 9.5 | 45 ~ 66 | 70 ~ 100 | 39 ~ 100 |
| 4.75 | 29 ~ 50 | 50 ~ 100 | 28 ~ 84 |
| 2.36 | 18 ~ 38 | 38 ~ 90 | 20 ~ 70 |
| 1.18 | 12 ~ 29 | — | 14 ~ 57 |
| 0.6 | 8 ~ 22 | 17 ~ 70 | 8 ~ 47 |
| 0.3 | 5 ~ 18 | 5 ~ 50 | — |
| 0.15 | — | — | — |
| 0.075 | 0 ~ 7 | 0 ~ 30 | 0 ~ 30 |

水泥稳定就地冷再生层用做底基层时，铣刨料单个颗粒的最大粒径不应超过 53mm，水泥稳定就地冷再生层用做基层时，单个颗粒的最大粒径不应超过 37.5mm。

水泥稳定冷再生混合料性能应满足表 3-11 技术要求。

**无机结合料稳定冷再生混合料技术要求** 表 3-11

| 项目 | | 公路等级 | |
|---|---|---|---|
| | | 一级公路 | 二级及二级以下公路、城市出口路 |
| 7d 无侧限抗压强度(MPa) | 基层 | ≥3.0 | ≥2.5 |
| | 底基层 | ≥1.5 | ≥1.5 |
| 压实度(%) | 基层 | ≥98 | ≥97 |
| | 底基层 | ≥97 | ≥96 |

水泥稳定就地冷再生混合料用做基层或底基层时，水泥剂量可采用 4% ~5%，一般不宜

超过5.5%。

## 3.9 沥青路面就地冷再生施工

### 3.9.1 一般规定

(1)沥青路面就地冷再生使用必须满足本书规定的适用条件,用于上面层时应采用稀浆封层、碎石封层、微表处等做上封层。

(2)沥青路面就地冷再生时,再生层的下承层应完好,并满足所处结构层的强度要求。

(3)水泥就地冷再生施工前,沥青旧路面具备回收条件的必须回收利用。

(4)就地冷再生施工一般应在封闭交通情况下进行,确实无法完全封闭需边通车边施工时,应做好交通疏导,在施工路幅和通车路幅之间采取隔离措施。

### 3.9.2 施工准备

(1)施工前必须铺筑试验路段,长度不宜小于200m。通过试验路应确定以下内容:

①验证现场材料的级配和实际生产配合比。

②冷再生材料的最大干密度、最佳含水率和添加的水量。

③乳化沥青破乳时间、泡沫沥青和水泥剂量。

④再生层压实厚度及松铺系数。

⑤不同压实组合下的压实度。

⑥冷再生混合料的性能指标。

⑦再生机的铣刨深度及铣刨速度、各种施工机械的效率及组合方式是否匹配、冷再生施工的效率及作业段的长度等。

(2)就地冷再生机应满足以下要求:

①工作装置的切割深度可精确控制,误差不宜超过10mm。

②工作宽度不应小于2.0m。

③喷洒剂量精确可调,并与切割深度、施工速度、材料密度等联动。

④喷嘴在工作宽度范围内均匀分布,各喷嘴可独立开启与关闭。

⑤应能根据要求调整横坡,适当调整再生料的级配。

⑥使用泡沫沥青时,还应具备泡沫沥青加工和使用装置。

(3)水泥稳定就地冷再生结构层施工时,应遵守下列规定:

①清除原路面的杂物,根据再生厚度、宽度、干密度等计算每平方米新集料、水泥等用量,均匀撒布,有条件的应优先采用泥浆制浆车添加水泥。

②应严格控制基层厚度和高程,其路拱横坡应与面层基本一致。

③冷再生结构层碾压工序应在水泥初凝前完成。

对原路的翻浆、沉陷、严重变形等病害应处理到土基,然后再进行其他工序。对原路的车辙、波浪、坑槽等病害进行处理,按照配合比设计要求加铺需要添加的碎石等集料,必要时采用符合级配要求的碎石、砂砾进行找补,确保平整度达到要求。

清除原道路表面(包括不需要再生的相邻行车道和路肩)的石块、垃圾、杂草等杂物和积水,并清理边线,确保表面层无污染。再生路段上存在的井盖等类似结构物应先行处治。

### 3.9.3 施工放样

(1)在正式施工之前,应在道路的两侧放置一系列的标桩(杆)作为基线,用来恢复道路的中心线。

(2)标桩(杆)的间距,曲线距离不应超过12.5m,直线距离不应超过25.0m。

(3)再生前后路线纵坡保持一致。

### 3.9.4 准备水泥和新集料

(1)计算水泥和新集料用量,人工摆放和撒布水泥,应根据水泥剂量,计算每平方米水泥稳定层需要的水泥用量,并确定每袋水泥摆放的纵横间距。然后用石灰在旧路上画方格确定。使用水泥稀浆车时,应计算水泥浆的喷入量。

(2)根据再生路面室内试验结果,确定每平方米新集料的添加量。根据每车料的质量或体积,计算每车料的堆放距离。

### 3.9.5 布料

(1)新加集料装车时,应控制每车料的数量基本相等。

(2)在同一料场供料的路段内,由远到近将集料按计算卸置于旧路面的中间。卸料距离应严格掌握,避免有的路段料不足或过多,并均匀地撒布在旧路面上。

(3)按计算出的每袋水泥的纵横间距,在旧路上做好安放标记。应将水泥在施工前直接送到撒布路段,卸在做标记的地点,并检查有无遗漏和多余。

(4)添加的碎石等外掺料和水泥应撒布均匀,注意使每袋水泥的撒布面积相等,无漏撒或过分集中现象。

### 3.9.6 再生

(1)综合考虑施工季节、气候条件、再生作业宽度、施工机械和运输车辆的效率和数量、操作熟练程度、水泥终凝时间等因素,综合确定每个作业段的长度。

(2)根据室内配合比设计确定乳化沥青、泡沫沥青、水泥用量和添加的新集料用量以及就地冷再生机组类型,确定乳化沥青、泡沫沥青、水泥用量和新集料添加方式,并应保证计量准确。

(3)施工起点处将各所需施工机具顺次首尾连接,连接相应路段。冷再生施工设备包括:冷再生机组、水罐车、乳化沥青罐车(使用泡沫沥青时为热沥青罐车),水泥稀浆车(有条件时)、冷再生机、平地机、拾料机(必要时)、压路机。使用水泥稀浆车时,应检查水泥稀浆车内水泥和水是否充足。

(4)启动施工设备,按照设定再生深度对路面进行铣刨、拌和。再生机组必须缓慢均匀、连续地进行再生作业,不得随意更变速度或者中途停顿,再生施工速度以试验路测定为准,宜为2~4m/min。

(5)单幅再生至一个作业段终点后,将再生机和罐车倒至施工起点,进行第二幅施工,直至完成全幅作业面的再生。

(6)纵向接缝的位置应避开快、慢车道上车辆行驶的轮迹。纵向接缝处相邻两幅作业面间的重叠量不宜小于100mm。

(7)再生过程中应注意再生厚度、横坡与再生机组的配合。加强横坡和边线高程的控制,以免偏拱,造成今后使用出现路面积水。

### 3.9.7 摊铺与整平

摊铺出的混合料不能出现明显离析、波浪、裂缝、拖痕,如出现问题,应分析原因、予以消除。

使用平地机进行作业时,应符合下列规定:

(1)用轻型钢轮压路机紧跟再生机组初压2~3遍。

(2)完成一个作业段的初压后,用平地机整平1遍。

(3)再次用轻型钢轮压路机在初平的路段碾压1遍,对发现的局部轮迹、凹陷进行人工修补。

(4)用平地机进行整形,达到规定的坡度和路拱,整形后的再生层表面应无明显的再生机轮迹和集料离析现象。

在施工过程中,对混合料的级配、再生深度、水(或水泥稀浆)的喷入量有任何疑问时,应停止施工,等问题解决后再继续施工。

每段再生结束后,应检查铣刨机的刀架、刀头,发现损坏立即更换。

### 3.9.8 压实

(1)根据再生层厚度、压实度等的需要,配备足够数量、吨位的钢轮压路机、轮胎压路机,一般至少配备以下压实设备,12t以上双钢轮振动压路机1台,18t以上单钢轮振动压路机1台,25t以上轮胎压路机1台。按照试验路段确定的压实工艺进行碾压,保证压实后的再生层符合压实度和平整度的要求。

(2)沥青路面就地冷再生施工必须采用流水作业法,使各工序紧密连接,尽量缩短从拌和到碾压完成之间的延迟时间,碾压过程分为初压、复压和终压。

(3)直线和不设超高的平曲线,应由两侧路肩向路中心碾压,设超高的平曲线路段,应由内侧路肩向外侧路肩碾压,应重叠1/2轮宽,后轮必须超过两端接缝处,后轮压完路面全宽时,即为1遍。

(4)初压采用单钢轮振动压路机碾压2~3遍,再生混合料的含水率应比最佳含水率大1%~2%。再生层表面应始终保持湿润,如水分蒸发太快,应及时补充洒水。初压速度宜为1.5~3km/h。

(5)乳化沥青或泡沫沥青就地冷再生复压采用胶轮压路机,应以慢而均匀的速度碾压,水泥就地冷再生采用钢轮或胶轮压路机复压,碾压次数通常由混合料性能、压实厚度、压路机类型及环境状况等决定,需要5~8遍。复压速度宜为2~4km/h。

(6)终压采用双钢轮压路机碾压1~2遍,可以采用静压或振动模式,以消除轮迹和获得一定的压实度,只有当振动不会对路面造成损坏的情况,才可以使用振动模式。终压速度宜为2~4km/h。若复压后没有轮迹或压实度满足要求,无需终压。

(7)碾压过程中出现"弹簧"、松散、起皮等现象时,应及时翻开重新拌和(加适量的水泥)或用其他方法处理,使其达到质量要求。

(8)压路机碾压时可喷少量的水雾,以防止压路机轮黏结再生混合料。碾压时不得随意制动、掉头。

(9)严禁压路机在刚完成碾压或正在碾压的路段上掉头、急制动及停放,再生层在碾压后,至少2h内不允许任何车辆通行,以保证足够的养生,避免车辆行驶造成再生层表面松散。

### 3.9.9 接缝处理

良好的接缝对再生层的最终性能有重要影响。再生施工时,应考虑两种接缝:与道路中心线平行的纵向接缝和与道路中心线垂直的横向接缝。

**1)纵向接缝**

(1)道路宽度小于7m,纵向重叠较多时,不宜半幅施工,应考虑全幅施工,减少重叠量,提高施工效率。

(2)相邻两个再生幅面应具有一定的搭接宽度,不宜小于100mm。通常,再生层越厚,搭接宽度越大;材料最大粒径越大,搭接宽度越大。搭接处的厚度要严格控制,以免出现高差,造成碾压无法消除的接缝。当采用水泥类稳定剂且相邻两次作业间隔2h以上时,搭接宽度应增加。

(3)注意半幅摊铺的再生层横坡。

**2)横向接缝**

(1)应对所形成的横向接缝认真处理,施工中应尽量减少停机的现象。

(2)在接缝处采用压路机横向由老路面向新铺路逐步往返碾压,横缝碾压结束后再进行纵向碾压。

(3)停机超过水泥初凝时间,再生机再次施工时,必须将整个再生机后退至距再生过的路段1.5m的距离,并重新撒布水泥。

### 3.9.10 养生及开放交通

(1)使用乳化沥青、泡沫沥青的就地冷再生、养生和开放交通应满足以下规定:

冷再生层在加铺上层结构前必须进行养生,养生时间不宜小于7d。当满足冷再生层可取出完整的芯样时,提前结束养生。

在封闭交通的情况下养生时,可进行自然养生,一般无需采取措施,养生时间不宜少于14d。在开放交通的条件下养生时,再生层在完成压实至少2d后方可开放交通,但应严格限制重载车辆通行,行车速度应控制在40km/h以内,并严禁车辆在再生层上掉头和急制动。为避免车轮对表层的破坏,可在再生层上均匀喷洒慢裂乳化沥青,喷洒用量宜为0.2~0.4kg/$m^2$。

(2)使用水泥结合料的就地冷再生,养生和开放交通应满足下列要求:

①碾压完成并经过压实度检验合格后的路段,应立即进行养生。养生宜可采用覆盖及洒水的方法进行养生。

②养生时间不宜小于7d,整个养生期内再生层表面应保持潮湿状态。养生期内禁止洒水车辆以外的其他车辆通过。

③后续施工前应将再生层清扫干净。

a. 如果再生层上为无机结合料稳定材料层，应洒少量水湿润表面。

b. 如果其上为沥青层，应立即实施透层和封层。

c. 如果其上是混凝土层，应尽快铺设，避免再生层暴晒开裂。

养生完成后，在保证就地冷再生质量前提下，铺筑上层。在铺筑上层沥青层时，应喷洒黏层油、透层油或做好封层，必须保证层间黏结良好。

## 3.10 施工质量控制及验收

### 3.10.1 施工质量控制

施工过程的材料质量控制和检查的项目、频度应满足表3-12的要求。

就地冷再生施工前材料的检查　　表3-12

| 材　料 | 检查项目 | 要求值 | 检查频率 |
|---|---|---|---|
| 乳化沥青 | 规范规定的项目 | 符合设计要求 | 每批来料检查1次 |
| 泡沫沥青 | 规范规定的项目 | 符合设计要求 | 每批来料检查1次 |
| 矿料 | 规范规定的项目 | 符合设计要求 | 每批来料检查1次 |
| 水泥 | 规范规定的项目 | 符合设计要求 | 每批来料检查1次 |
| RAP | RAP级配 | 实测 | 每天1次 |

使用乳化沥青、泡沫沥青时，施工过程的质量控制项目、频度和质量标准应符合表3-13的规定。

乳化沥青和泡沫沥青施工过程的质量控制检查项目、频度和要求　　表3-13

<table>
<tr><th colspan="2">检查项目</th><th>质量要求</th><th>检查频率</th><th>检验方法</th></tr>
<tr><td rowspan="2">乳化沥青再生</td><td>压实度<br>(%)</td><td>≥90(一级公路)<br>≥88(二级及二级以下公路)</td><td rowspan="2">每车道每200m<br>检查一次</td><td rowspan="2">基于理论最大密度T0924(钻芯法)或T0921(灌砂法)</td></tr>
<tr><td>空隙率<br>(%)</td><td>≤10(一级公路)<br>≤12(二级及二级以下公路)</td></tr>
<tr><td>泡沫沥青<br>再生</td><td>压实度<br>(%)</td><td>≥98(一级公路)<br>≥97(二级及二级以下公路)</td><td>每车道<br>每200m<br>检查一次</td><td>基于重型击实标准密度T0924(钻芯法)或T0921(灌砂法)</td></tr>
<tr><td colspan="2">劈裂强度(15℃)(MPa)</td><td>符合设计要求</td><td rowspan="4">每工作日1次</td><td>T0716</td></tr>
<tr><td colspan="2">干湿劈裂强度比(15℃)(%)</td><td>符合设计要求</td><td>T0716</td></tr>
<tr><td colspan="2">稳定度(40℃)(kN)</td><td>符合设计要求</td><td>T0709</td></tr>
<tr><td colspan="2">残留稳定度(%)</td><td>符合设计要求</td><td>T0709</td></tr>
<tr><td colspan="2">冻融劈裂强度比(%)</td><td>≥70</td><td>每3个工作日1次</td><td>T0729</td></tr>
<tr><td colspan="2">含水率(%)</td><td>符合设计要求</td><td>发现异常随时试验</td><td>T0801</td></tr>
<tr><td colspan="2">沥青含量、矿料级配</td><td>符合设计要求</td><td>发现异常随时试验</td><td>抽提、筛分</td></tr>
</table>

使用水泥作为再生结合料的就地冷再生，施工过程的质量控制项目、频度等应满足表3-14的要求。

**水泥就地冷再生质量控制的检查项目、频度和要求** 表3-14

| 检查项目 | | 质量要求 | 检验频率 | 检验方法 |
|---|---|---|---|---|
| 压实度（%） | 一级公路 | ≥98 | 每200m每车道测2处 | 《沥青路面养护工程质量检验评定规范》（DB21/T 2026） |
| | 二级及二级以下公路 | ≥97 | | |
| 抗压强度（MPa） | | 符合设计要求 | 每车道每千米6个或9个试件 | T0805 |
| 劈裂强度（15℃）（MPa） | | 符合设计要求 | 每工作日1次 | T0716 |
| 含水率（%） | | 符合设计要求 | 发现异常时随时试验 | T0801 |
| 级配 | | 符合设计要求 | 每车道每千米测1点 | T0302 |
| 水泥剂量（%） | | 不小于设计值-0.5% | 每车道每千米测1点 | T0809 |

就地冷再生施工过程的外形尺寸检查项目、频度等应满足表3-15的要求。

**就地冷再生施工过程的外观尺寸检验项目、频度和要求** 表3-15

| 检查项目 | | 质量要求 | 检查频率 | 检验方法 |
|---|---|---|---|---|
| 平整度最大间隙（mm） | 基层 | ≤8（一级公路）<br>≤10（二级及二级以下） | 3m直尺：每200m测2处×10尺 | T0931 |
| | 底基层 | ≤12（一级公路）<br>≤15（二级及二级以下） | | |
| 纵断面高程（mm） | | ±10 | 每200m 4个点 | T0911 |
| 厚度（mm） | 均值 | -10 | 每车道10m 1处 | 插入测量 |
| | 单个值 | -20 | | |
| 宽度（mm） | | 不小于设计宽度，边缘整齐，顺适 | 尺量：每200m测4个断面 | T0911 |
| 横坡（%） | | ±0.3 | 尺量：每200m测4处 | T0911 |
| 外观 | | 表面平整、密实，无明显压路机轮迹 | 随时 | 目测 |

注：当再生层用作三级及三级以下公路时，纵断面高程控制要求可适当放宽。

### 3.10.2 施工验收

就地冷再生工程完工后，应将全线以1～3km作为一个评定路段，按照表3-16的要求进行质量检查和验收。

**就地冷再生检查验收项目、频度和要求** 表3-16

| 检查项目 | | 质量要求 | 检查频率 | 检查方法 |
|---|---|---|---|---|
| 平整度最大间隙（mm） | 基层 | ≤8（一级公路）<br>≤10（二级及二级以下） | 3m直尺：每200m测2处×10尺 | T0931 |
| | 底基层 | ≤12（一级公路）<br>≤15（二级及二级以下） | | |
| 纵断面高程（mm） | | ±10 | 每200m 4个点 | T0911 |

续上表

| 检查项目 | | | 质量要求 | 检查频率 | 检查方法 |
|---|---|---|---|---|---|
| 厚度(mm) | 基层 | 代表值 | -10(二级及二级以下公路) | 取芯:每车道每200m 1点 | T0912 |
| | | 极值 | -20(二级及二级以下公路) | | |
| | 底基层 | 代表值 | -10(一级公路)<br>-12(二级及二级以下公路) | | |
| | | 极值 | -20(一级公路)<br>-25(二级及二级以下公路) | | |
| 宽度(mm) | | | 不小于设计宽度,边缘线整齐,顺适 | 尺量:每200m测4个断面 | T0911 |
| 横坡(%) | | | ±0.3 | 尺量:每200m测4个断面 | T0911 |
| 外观 | | | 表面平整密实,无浮石、弹簧现象,无明显压路机轮迹 | 随时 | 目测 |
| 压实度(%) | 乳化沥青 | | ≥90(一级公路)<br>≥88(二级及二级以下公路) | 每车道每200m检查1次 | 基于理论最大密度T0924(钻芯法)或T0921(灌砂法) |
| | 泡沫沥青 | | ≥98(一级公路)<br>≥97(二级及二级以下公路) | 每车道每200m检查1次 | 基于重型击实标准密度T0924(钻芯法)或T0921(灌砂法) |
| | 水泥 | | ≥98(一级公路)<br>≥97(二级及二级以下公路) | 每车道每200m检查1次 | 《沥青路面养护工程质量检验评定规范》(DB21/T 2026) |

## 3.11 工程实例一

### 3.11.1 工程概况

营大线就地冷再生工程,起于营大立交东引线,终点为大石桥南黑大线路中心,道路等级为一级,全长20.4km,其中桥和引道长1.53km,沥青路面全长18.87km,路基宽28m,路面宽22m,设计时速80km。乳化沥青就地冷再生试验路实施于2004年,桩号K0+700~K15+500,是辽宁省第一条就地冷再生试验路。实测弯沉为80~130(1/100 mm),车辙、裂缝严重,平整度较差,日交通量10 000余台次,折合标准车辆近4 000轴次。

原路面结构:上面层厚3cm,材料为AC-13,下面层厚4cm,材料为AC-20,基层厚20cm,材料为二灰镁渣。

再生路面方案:把原路面表面10cm左右进行乳化沥青就地冷再生,然后加铺双面层,具体结构是上面层厚4cm,材料为SMA16,下面层厚6cm,材料为AC-20,上基层厚15cm,材料为添加0.5cm矿粉+2.5cm碎石+4.5%乳化沥青+1%水泥+水(2.5%~4%)。再生后路面结构如图3-5所示。

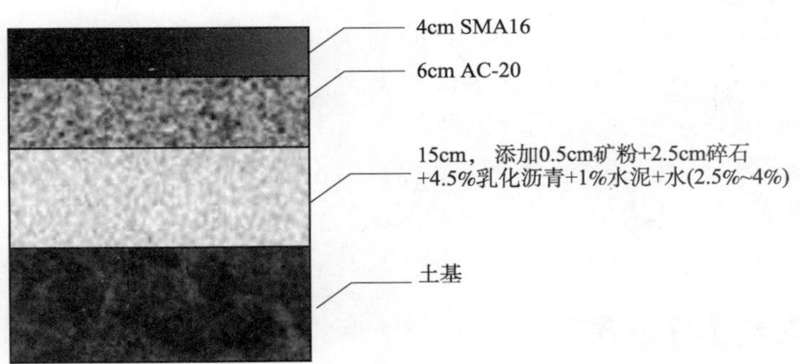


图3-5 营大线再生后路面结构

## 3.11.2 旧路病害调查

公路的路况调查结果显示,存在的主要问题:

(1)右半幅路面病害很小,个别路段出现轻微裂纹,路面平整度较差,路面基本完好。从挖验结果显示,沥青路面厚14cm,基层二灰镁渣强度较高。

(2)左半幅沥青路面厚10cm,多处有翻浆、坑槽、裂纹等,基层松散,不成板体,土基含水率为19.5%,部分路面低于人行道外绿地,两侧没有边沟,排水困难。路面破损情况如图3-6所示。

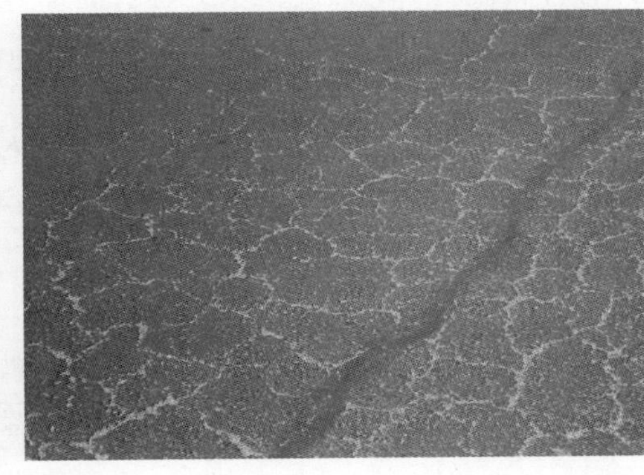

图3-6 路面破损状况

钻取的芯样照片如图3-7所示。

图3-7 钻取芯样

从钻芯取样来看,大部分路段能够取出完整芯样。但个别路段在现场很难取出完整的芯样,说明局部路段基层已经出现了损坏。

(3)测量结果显示,原路的横坡度平均为1%,最小纵坡为0%,已不能满足路面排水要求。

(4)路面现有实测弯沉为80~130(1/100mm)。

(5)现有路面南北两侧存在较大高差。

①高差小于5cm的占全线的68.5%。

②高差大于5cm、小于10cm的占全线的22.7%。

③高差大于10cm、小于15cm的占全线的7.6%。

④高差大于15cm、小于20cm的占全线的1.1%。

(6)日交通量10 000余台次,折合标准轴载近4 000轴次。

从路面技术状况分析,上行车道(右侧)总体路况好于下行车道(左侧),强度PSSI为100(55.77),破损状况PCI为98.53(63.14),综合评定值PQI为97.31(84.78),上行车道均为优,下行车道明显较差。

### 3.11.3 材料选择及要求

**1)原路旧料的颗粒组成分析**

通过对铣刨破碎后的原路面材料进行筛分试验,以确定再生材料的级配是否满足要求。旧料的筛分结果见表3-17,表中数据为选取10组代表性试样筛分结果平均值。

**营大路原路旧料筛分结果** 表3-17

| 项目 | 通过各筛孔(方孔筛mm)的质量百分率(%) | | | | | | | | | | | | |
|---|---|---|---|---|---|---|---|---|---|---|---|---|---|
| | 31.5 | 26.5 | 19 | 16 | 13.2 | 9.5 | 4.75 | 2.36 | 1.18 | 0.6 | 0.3 | 0.15 | 0.075 |
| RAP | 100 | 100 | 97.5 | 91.5 | 84.4 | 64.5 | 41.7 | 30.2 | 21.2 | 14.3 | 8.6 | 4.5 | 2.1 |

从对旧料的筛分结果可以看出,旧料中0.3mm以上粒料的含量明显偏细,不能满足乳化沥青碎石混合料的级配要求,因此,需加入部分级配良好的新集料,为了获得额外的再生料早期强度,使再生料中的水分尽快降低,需加入部分水泥。

**2)水泥试验**

试验所用水泥为工源32.5级矿渣硅酸盐水泥,试验结果见表3-18。

**水泥指标试验检测结果** 表3-18

| 试验项目 | | 检测结果 | 规范要求 |
|---|---|---|---|
| 细度(%) | | 2.4 | <10 |
| 标准稠度用水量(%) | | 24.7 | 实测结果 |
| 安定性 | | 合格 | 必须合格 |
| 凝结时间 | 初凝(min) | 122 | ≥45 |
| | 终凝(min) | 258 | ≤600 |
| 强度 | 3d抗折(MPa) | 3.6 | >2.5 |
| | 3d抗压(MPa) | 16.2 | >10.0 |
| | 28d抗折(MPa) | 7.1 | >5.5 |
| | 28d抗压(MPa) | 44.3 | >32.5 |
| 密度(g/cm$^3$) | | 3.168 | — |

**3)碎石试验**

碎石粒径为10~30mm,产地为大石桥大青山。碎石筛分结果见表3-19,碎石各项指标试验检测结果见表3-20。

**碎石筛分结果** 表3-19

| 项目 | 通过各筛孔(方孔筛mm)的质量百分率(%) | | | | | | | | |
|---|---|---|---|---|---|---|---|---|---|
| | 31.5 | 26.5 | 19.0 | 16.0 | 13.2 | 9.5 | 4.75 | 2.36 | 1.18 |
| 10~30mm | 94.6 | 91.8 | 14.4 | 3.3 | 1.2 | 0.7 | — | — | — |

**碎石各项指标试验检测结果** 表 3-20

| 试验项目 | 检测值 | 规范要求 |
|---|---|---|
| <0.075mm 颗粒含量(%) | 0.5 | <1.0 |
| 针片状含量(%) | 7.3 | <15.0 |
| 压碎值(%) | 13.6 | <28.0 |
| 密度($g/cm^3$) | 2.742 | — |

从表 3-19 的试验检测结果可知,碎石的各项试验结果符合相关规范要求。

**4)乳化沥青试验**

乳化沥青为慢裂慢凝型阳离子乳化沥青。其各项试验检测结果见表 3-21。

**乳化沥青试验检测结果** 表 3-21

| 试验项目 | | 检测结果 | 规范要求 |
|---|---|---|---|
| 筛上剩余量(%) | | 0.05 | ≤0.1 |
| 电荷 | | + | 带正电(+) |
| 破乳速度试验 | | 慢裂 | 慢裂 |
| 标准黏度 $C_{25,3}$(s) | | 18.6 | 3~28 |
| 蒸发残留物含量(%) | | 63.1 | ≥62 |
| 蒸发残留物 | 针入度(25℃,5s,100g)(0.1mm) | 73 | 50~100 |
| | 残留物延度比(25℃)(%) | 98.7 | ≥80 |
| | 溶解度(三氯乙烯)(%) | 99.6 | ≥97.5 |
| 储存稳定性(%) | 1d | 0.5 | ≤1 |
| | 5d | 1.7 | ≤5 |
| 裹附面积 | | 2/3 | ≥2/3 |
| 储存稳定度(-5℃) | | 无粗颗粒或结块 | 无粗颗粒或结块 |
| 密度($g/cm^3$) | | 1.007 | — |

从表 3-21 检测结果可见,乳化沥青的各项技术指标满足相关规范要求。

**5)水**

再生试验用水为饮用水。

## 3.11.4 就地冷再生混合料配合比设计

**1)再生料的级配设计**

再生料级配设计组成如表 3-22 及图 3-8 所示。

**再生料级配设计组成** 表 3-22

| 项目 | 通过各筛孔(方孔筛 mm)的质量百分率(%) | | | | | | | | | | | | |
|---|---|---|---|---|---|---|---|---|---|---|---|---|---|
| | 31.5 | 26.5 | 19 | 16 | 13.2 | 9.5 | 4.75 | 2.36 | 1.18 | 0.6 | 0.3 | 0.15 | 0.075 |
| RAP | 100 | 100 | 97.5 | 91.5 | 84.4 | 64.5 | 41.7 | 30.2 | 21.2 | 14.3 | 8.6 | 4.5 | 2.1 |
| 碎石 | 94.6 | 91.8 | 14.4 | 3.3 | 1.2 | 0.7 | 0 | 0 | 0 | 0 | 0 | 0 | 0 |
| 水泥 | 100 | 100 | 100 | 100 | 100 | 100 | 100 | 100 | 100 | 100 | 100 | 100 | 100 |
| 合成级配 | 99.1 | 98.7 | 84.2 | 77.5 | 71.2 | 54.6 | 35.6 | 26.1 | 18.6 | 12.9 | 8.1 | 4.7 | 2.7 |
| 级配上限 | 100 | 100 | 95 | 85 | 80 | 70 | 60 | 45 | 33 | 25 | 20 | 11 | 7 |
| 级配下限 | 90 | 85 | 75 | 68 | 58 | 40 | 25 | 15 | 10 | 6 | 3 | 2 | 1 |
| 级配中值 | 95 | 92.5 | 85 | 76.5 | 69 | 55 | 42.5 | 30 | 21.5 | 15.5 | 4 | 6.5 | 4 |

通过表3-21和图3-8综合确定级配：旧料：碎石：水泥 =83：16：1。

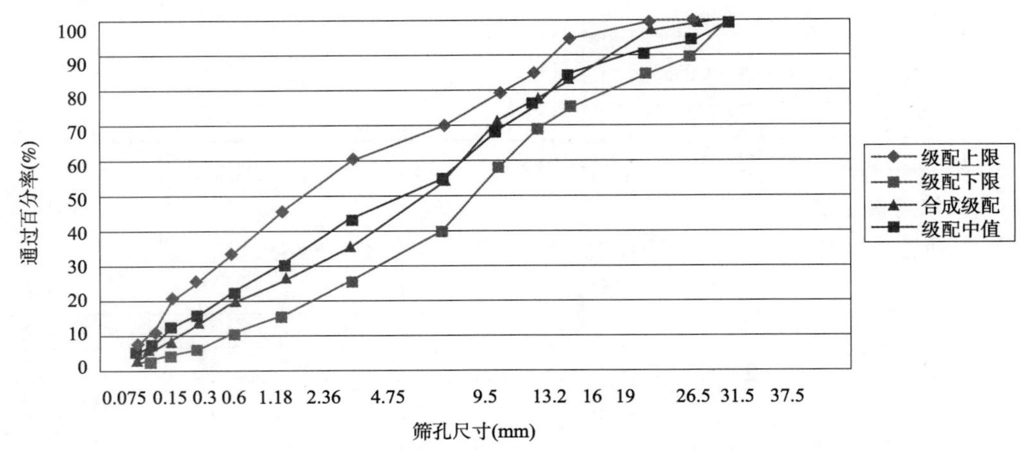


图3-8 再生料级配曲线

2）再生料性能试验

制备马歇尔试件，检测各项性能指标，最终确定乳化沥青用量为5.5%，最佳外掺水量为2%。验证试验结果见表3-23。

**再生料的各项试验检测结果** 表3-23

| 指 标 | 空隙率（%） | 稳定度（40℃）（kN） | 劈裂强度（15℃）（MPa） | 干湿劈裂强度比（15℃）（%） | 冻融劈裂强度比（%） |
|---|---|---|---|---|---|
| 试验结果 | 10.4 | 7.1 | 0.61 | 78.4 | 75.5 |
| 技术要求 | 6～12 | ≥6 | ≥0.5 | ≥75 | ≥70 |
| 指标 | 最大弯拉破坏应变（με） | 60℃车辙试验动稳定度（次/mm） | 抗压回弹模量（MPa） 20℃ | 抗压回弹模量（MPa） 15℃ | 浸水马歇尔残留稳定度（40℃）（kN） |
| 试验结果 | 1 876 | 2 124 | 1 109 | 1 213 | 80.4 |
| 技术要求 | — | ≥1 500 | — | — | ≥75 |

3）各档材料比例

通过配合比设计，最终确定各档材料比例见表3-24。

**营大路就地冷再生配合比** 表3-24

| 项 目 | 再 生 料 | 10～30mm | 水 泥 | 乳化沥青用量 | 外 掺 水 量 |
|---|---|---|---|---|---|
| 比例（%） | 83 | 16 | 1 | 5.5 | 2 |

## 3.11.5 沥青路面就地冷再生施工

1）方案选择

为了使所选择的试验路段能够比较全面、真实地反映原路面结构状况，拟定K10+500～K15+500的左半幅为冷再生的试验路段。

经过挖探旧路面（处理翻浆段除外），结合国内外冷再生经验，并兼顾结构层不利的中央分隔带，拟定试验路的结构形式为：再生旧路为12cm，新填集料为4cm，沥青剂量为3.0%，水泥剂量为1.0%。

根据试验结果,选定慢裂慢凝型阳离子乳化沥青作为再生料的黏结料,选定32.5级水泥作为再生料的添加剂,选定10~30mm石灰岩碎石作为再生料的填料。

**2)人工、材料、设备使用情况**

(1)人员配备情况见表3-25。

**人员配备情况** 表3-25

| | 人员 | 人员数量(人) | 工作职责 |
|---|---|---|---|
| 施工现场 | 项目经理 | 1 | 现场的全面工作 |
| | 施工队长 | 1 | 现场施工、技术 |
| | 质检员、试验员 | 1 | 现场的质量及工地试验室 |
| | 测量员、收料员 | 1 | 施工放样及高程测量,负责现场材料的收取及布置 |
| | 施工员 | 1 | 领工 |
| | 安全员 | 1 | 交通管制、施工安全 |
| | 采购员 | 1 | 材料、备件的购买、维修及保管 |
| | 管理员 | 1 | 负责设备、材料保管 |
| | 机械手 | 8 | 再生机1人、压路机2人、洒水车2人、沥青车2人、平地机1人 |
| | 力工 | 20 | 铣刨、清扫、布集料、布水泥、拌和、整平等 |

(2)各种施工设备配备情况见表3-26。

**各种施工设备配备情况** 表3-26

| 序号 | 机械名称 | 数量(台) |
|---|---|---|
| 1 | WR2500冷再生机组 | 1 |
| 2 | 平地机 | 1 |
| 3 | 13t双钢轮压路机 | 2 |
| 4 | 水车 | 3 |
| 5 | 30t轮胎压路机 | 1 |
| 6 | 乳化沥青罐车 | 2 |
| 7 | 装载机 | 1 |

**3)试验路的实施**

(1)施工工艺

针对施工方案,参照技术规范,编制施工工艺流程如图3-9所示。再生施工过程中应注意用水量、再生厚度、乳化沥青用量大小,根据情况及时调整。

(2)再生前的准备

①清扫和处理原路面

a.如果原路面的高程在设计线范围内,施工前将原路面清扫干净,避免有杂质混入混合料中,影响冷再生基层质量。

b.如果原路面高于设计高程50mm以上,可将高出部分铣刨后填入低处,再进行再生施工。

②施工放样

根据计算的添料用量,计算出在该路段内松铺厚度,并放出路线中线和边缘线及每幅作业宽度的边线高程。根据经验乳化沥青材料作为稳定层再生时,其膨胀量一般为10%,这是由再生后空隙率增加造成的，这部分应进行考虑。

再生前，对现有道路进行预整形，纵横坡需要调整的应通过外加新集料修整。

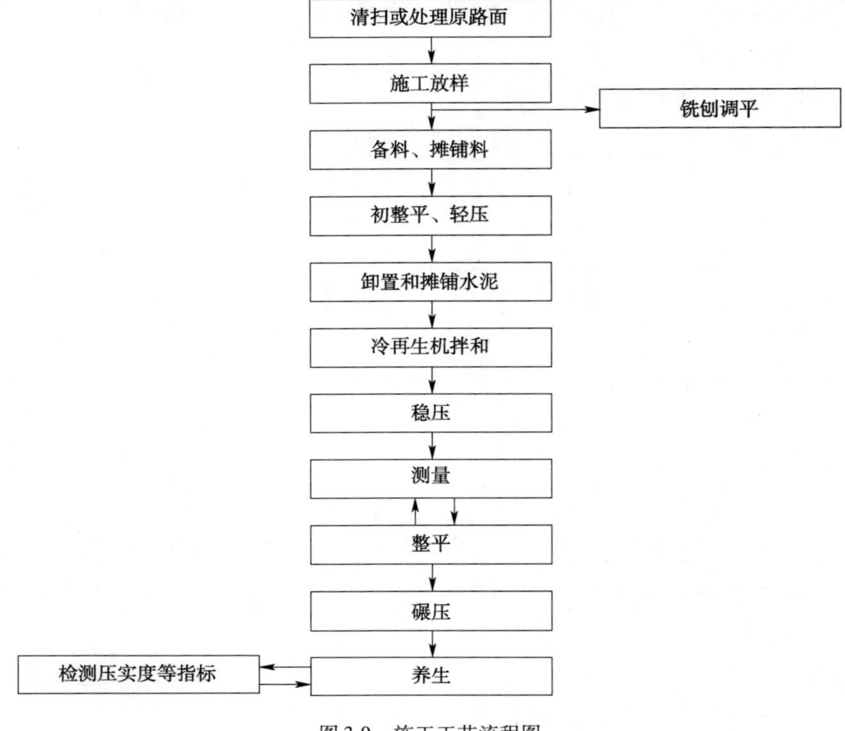


图 3-9 施工工艺流程图

③外加新材料

集料和水泥均可以铺撒在路面上。外加的集料可以校正表面形状、改善再生材料的级配、增加再生后路面的厚度。

④试验路段铺筑

再生试验段的初始再生路段应做 200 ~ 500m 的试验段，以便确定现有路面材料的特性：

a. 再生材料的级配。

b. 乳化沥青、水泥、水的用量。

c. 压实机具组合及压实工艺。

d. 松铺系数。

e. 旧路的膨胀系数。

f. 理想的一次作业长度。

(3) 整平

当完成两幅再生并全部稳压后，用平地机进行整平。第一遍目的是清除第一幅、第二幅右侧共三排轮迹。第二遍主要是为了把刮刀前的再生料均匀摊开，并兼顾再生层的横纵向坡度。最后再进行全作业段的找平。

(4) 压实

混合料摊铺后，当发现再生混合料颜色开始由棕变黑，应按照以下碾压工艺进行：

①采用13t双钢轮压路机初压稳压1~2遍,注意不能开振动且不能有混合料黏轮现象。

②13t双钢轮压路机振压1~2遍。

③25t轮胎轮压路机再碾压2~3遍。

④13t双钢轮压路机振压2遍。

⑤13t双钢轮压路机静压收光1遍。

碾压顺序为由低高程处向高高程处,先轻压后重压,先稳压后振压,先钢轮再胶轮再钢轮。应重叠1/2轮宽,初压速度宜为1.5~3km/h,复压和终压速度宜为2~4km/h。

(5)测量

根据设计图纸,精确测量各桩号高程和横坡度。平地机按测量高程控制点整平及横坡度成型,并及时测量反复进行控制。

(6)接缝和重叠

施工过程中应尽量减少停机,避免出现横缝,对形成的横缝应进行认真处理。纵缝要有约100mm的重叠宽度,以保证相邻作业面间纵缝的连续性,同时避免相邻作业面间存在没有得到再生的夹带。

(7)养生及封闭交通

做好早期养生,一般7d左右,以已能取出完整的芯样为准。试验路施工期间已完段落封闭交通。开放交通初期,应设专人指挥,车速不得超过20km/h,并不得紧急制动或调头。有损坏时应立即修补。

(8)质量检测

完工后,应进行质量方面的检测,项目应满足规范规定的相应标准。

**4)施工中及完工后的检测结果**

(1)施工过程再生料级配抽检

施工过程再生料级配抽检试验结果见表3-27。

**再生料级配抽检结果** 表3-27

| 筛孔尺寸(mm) | 筛分级配(%) | 级配范围要求(%) |
|---|---|---|
| 37.5 | 100 | 100 |
| 31.5 | 89.7~98.4 | 90~100 |
| 26.5 | 82.5~98.7 | 85~100 |
| 19 | 76.2~96.8 | 75~95 |
| 16 | 66.4~83.2 | 68~85 |
| 13.2 | 57.2~81.2 | 58~80 |
| 9.5 | 42.3~71.4 | 40~70 |
| 4.75 | 23.3~59.1 | 25~60 |
| 2.36 | 15.8~46.5 | 15~45 |
| 1.18 | 11.2~31.0 | 10~33 |
| 0.6 | 6.5~27.1 | 6~25 |
| 0.3 | 2.7~18.2 | 3~20 |
| 0.15 | 2.4~10.7 | 2~11 |
| 0.075 | 1.3~6.6 | 1~7 |

表3-27再生层矿料级配检测结果基本满足要求。

(2)再生料抽检指标检测

抽检各桩号再生料的各项指标试验检测结果见表3-28。

各桩号再生料各项指标试验检测结果 表3-28

| 施工段落 | 纯沥青含量(%) | 水泥剂量(%) | 再生厚度(cm) | 实际厚度(cm) | 理论密度($g/cm^3$) | 实际密度($g/cm^3$) | 空隙率(%) | 沥青饱和度(%) | 稳定度(40℃)(kN) | 流值(mm) |
|---|---|---|---|---|---|---|---|---|---|---|
| K15+500~K14+500 | 2.75 | 1 | 15 | 16 | 2.517 | 2.212 | 12.1 | 32.4 | 6.8 | 2.94 |
| K14+500~K13+500 | 2.5 | 1 | 15 | 15.5 | 2.525 | 2.225 | 11.9 | 30.8 | 7.4 | 3.13 |
| K13+500~K13+000 | 3 | 0 | 10 | 11 | 2.503 | 2.169 | 12.3 | 33.6 | 6.57 | 3.14 |
| K13+000~K12+700 | 2.2 | 1 | 12 | 13 | 2.536 | 2.133 | 15.9 | 22.1 | 12.07 | 3.20 |
| K12+700~K12+520 | 2.75 | 1 | 12 | 13 | 2.530 | 2.176 | 14.0 | 34.3 | 6.3 | 2.35 |
| K12+460~K12+000 | 2.75 | 0.5 | 12 | 13 | 2.514 | 2.148 | 14.6 | 27.9 | 12.41 | 2.97 |
| K12+000~K11+750 | 2.5 | 1 | 12 | 12.5 | 2.526 | 2.104 | 16.7 | 23.2 | 7.4 | 2.64 |
| K11+750~K11+500 | 2.5 | 1.5 | 12 | 13.5 | 2.526 | 2.104 | 16.7 | 23.2 | 7.4 | 2.64 |
| K11+500~K11+000 | 2.75 | 0 | 15 | 15 | 2.511 | 2.034 | 19.0 | 22.0 | 4.58 | 3.42 |
| K11+000~K10+800 | 2.75 | 1 | 10 | 10 | 2.516 | 2.093 | 16.8 | 24.7 | 6.33 | 3.26 |
| K10+800~K10+500 | 2.75 | 1 | 10 | 10.5 | 2.516 | 2.077 | 17.4 | 23.9 | 6.98 | 3.72 |

(3)弯沉检测结果(平均值)

再生前后路面弯沉检测结果对比见表3-29。

再生前后弯沉指标对比 表3-29

| 快车道 | | | | 行车道 | | 停车道 | |
|---|---|---|---|---|---|---|---|
| 黄线 | | 快车道 | | | | | |
| 再生前 | 再生后 | 再生前 | 再生后 | 再生前 | 再生后 | 再生前 | 再生后 |
| 110 | 60 | 96 | 48 | 97 | 45 | 103 | 49 |

## 3.12 工程实例二

图3-10 就地冷再生路面

### 3.12.1 工程概况

京哈线沟北公路就地冷再生工程,2008年施工,桩号K548+340~K568+130公路等级为一级,设计行车速度80km/h,路面宽度26m;路基宽度30m,双向两车道。采用泡沫沥青冷再生方式。再生层位于基层,原路设计弯沉值0.66mm。目前路面情况如图3-10所示。路面具体结构见表3-30。

新旧路面结构对照表 表3-30

| 原路面设计结构 | | 再生路段路面结构 | |
|---|---|---|---|
| 厚度(cm) | 材料 | 厚度(cm) | 材料 |
| 3 | 沥青混凝土 | 4 | AC-13型5%SBS改性沥青混合料 |
| 4 | 沥青碎石 | 12 | 泡沫沥青柔性冷再生 |
| 15 | 水泥稳定路拌 | 15 | 水泥稳定路拌 |
| 35 | 砂砾 | 35 | 砂砾 |

## 3.12.2 材料与就地冷再生混合料配合比设计

本路段旧料采用铣刨机铣刨得到的代表性试样，发泡沥青采用辽河90号道路石油沥青，水泥为32.5级复合硅酸盐水泥。

### 1)原材料

(1)旧料筛分

旧料筛分采用水洗法，结果见表3-31。数据为三组平行试验平均值。

旧料(RAP)筛分结果 表3-31

| 项目 | 通过下列筛孔(mm)的质量百分率(%) | | | | | | | | | | | |
|---|---|---|---|---|---|---|---|---|---|---|---|---|
| | 26.5 | 19 | 16 | 13.2 | 9.5 | 4.75 | 2.36 | 1.18 | 0.6 | 0.3 | 0.15 | 0.075 |
| RAP | 100 | 95.2 | 88.4 | 72.7 | 61.9 | 41.8 | 30.2 | 17.7 | 12.6 | 7.5 | 6.0 | 4.0 |

从表3-31中试验数据看，细料偏少，需要加入石屑和矿粉调整级配。

(2)石屑、矿粉、水泥

石屑和矿粉其他指标满足《公路沥青路面施工技术规范》(JTG F40—2004)的要求，水泥其他指标满足《公路水泥混凝土路面施工技术细则》(JTG/T F30—2014)的要求，筛分采用水洗法，结果见表3-32。数据为三组平行试验平均值。

石屑筛分结果 表3-32

| 项目 | 通过下列筛孔(mm)的质量百分率(%) | | | | | | | |
|---|---|---|---|---|---|---|---|---|
| | 9.5 | 4.75 | 2.36 | 1.18 | 0.6 | 0.3 | 0.15 | 0.075 |
| 石屑 | 100 | 99.3 | 81.6 | 65.7 | 52.0 | 38.9 | 35.1 | 32.8 |
| 矿粉 | | | | | 100 | 99.4 | 89.3 | 82.5 |
| 水泥 | | | | | 100 | 100 | 100 | 98.8 |

(3)沥青发泡试验

①试验方法及装置

基质沥青采用辽河90号道路石油沥青，沥青加热温度采用160℃、170℃和180℃，发泡水用量采用2%、3%和4%(质量分数)。发泡水温度为室温。为确保试验的准确性，每次发泡试验平行进行三次。

试验采用维特根(Wirtgen)发泡装置，型号WLB 10S。辅助设备有直径为275mm，容积为20L的钢桶、量尺和精度不低于0.1s的秒表，如图3-11所示。

图3-11 维特根WLB 10S沥青发泡设备

②发泡试验技术指标和试验结果

泡沫沥青发泡试验的技术控制指标为膨胀率和半衰期。膨胀率是指在沥青发泡状态下测量的最大体积与未发泡状态下的体积之比，膨胀率越大，拌制的泡沫混合料质量越好，一般膨胀率不小于10倍。半衰期是指泡沫沥青最大体积缩小到该体积一半所用的时间，半衰期越长，说明泡沫越不容易衰减，可以与集料有较长时间的接触和拌和，以保证泡沫沥青混合料的质量，一般半衰期不小于8s。相关的试验数据见表3-33和图3-12。

**发泡温度和发泡用水量与膨胀率和半衰期相关试验数据** 表3-33

| 发泡温度(℃) | 150 | | | 160 | | | 170 | | | 180 | | |
|---|---|---|---|---|---|---|---|---|---|---|---|---|
| 用水量(%) | 1 | 2 | 3 | 1 | 2 | 3 | 1 | 2 | 3 | 1 | 2 | 3 |
| 膨胀率(倍) | 4 | 8 | 12 | 6 | 15 | 20 | 4 | 9 | 14 | 5 | 9 | 14 |
| 半衰期(s) | 44 | 30 | 25 | 31 | 19 | 17 | 41 | 32 | 24 | 37 | 28 | 21 |

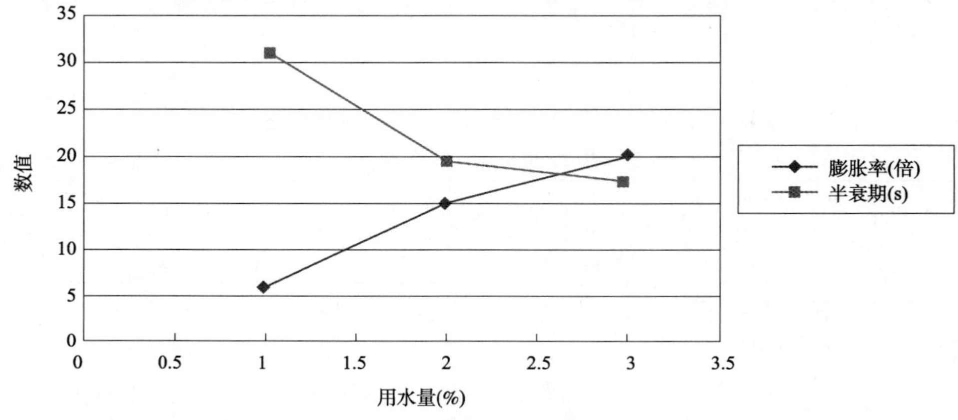


图3-12 发泡温度为160℃时膨胀率、半衰期与用水量的相关曲线

从表3-33发泡温度和发泡用水量与膨胀率和半衰期的相关试验数据可知，当发泡温度为160℃时，基质沥青的发泡效果最好。由图3-12发泡温度为160℃时膨胀率和半衰期与用水量的相关曲线可知，当发泡用水量取2.5%时膨胀率为18倍、半衰期为17.5s，都满足规范的要求。90号道路石油沥青最佳发泡条件见表3-34。

**90号基质沥青最佳发泡特性** 表3-34

| 沥　青 | 发泡温度(℃) | 发泡用水量(%) | 膨胀率(倍) | 半衰期(s) |
|---|---|---|---|---|
| 90号 | 160 | 2.5 | 18 | 17.5 |

### 2)泡沫沥青就地冷再生配合比设计

原材料筛分见表3-35，矿料级配曲线如图3-13所示。

**各组成材料筛分结果** 表3-35

| 材　料 | 通过下列筛孔(mm)的质量百分率(%) | | | | | | | | | | |
|---|---|---|---|---|---|---|---|---|---|---|---|
| | 19 | 16 | 13.2 | 9.5 | 4.75 | 2.36 | 1.18 | 0.6 | 0.3 | 0.15 | 0.075 |
| RAP | 95.2 | 88.4 | 72.7 | 61.9 | 41.8 | 30.2 | 17.7 | 12.6 | 7.5 | 6.0 | 4.0 |
| 石屑 | 100 | 100 | 100 | 100 | 99.3 | 81.6 | 65.7 | 52 | 38.9 | 35.1 | 32.8 |
| 矿粉 | 100 | 100 | 100 | 100 | 100 | 100 | 100 | 100 | 99.4 | 89.3 | 82.5 |
| 水泥 | 100 | 100 | 100 | 100 | 100 | 100 | 100 | 100 | 100 | 100 | 98.8 |

根据表3-35和图3-13，确定各组成材料掺配比例为：旧料：石屑：矿粉：水泥=87：7.5：4：1.5。

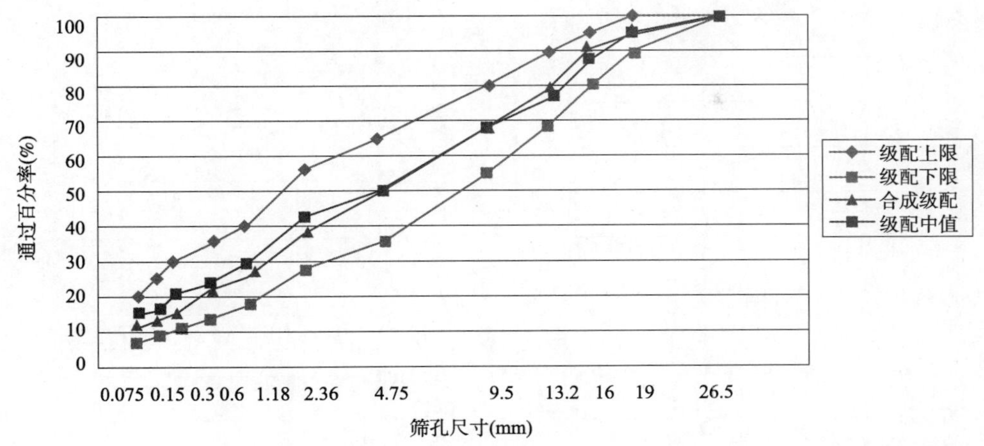


图3-13 矿料级配曲线

### 3）最佳含水率确定

将旧沥青路面铣刨料、石屑、矿粉、水泥按照设计的掺加比例混合，通过重型击实试验确定最佳含水率，试验结果如图3-14所示。通过击实试验确定混合料的最佳含水率为6.0%。

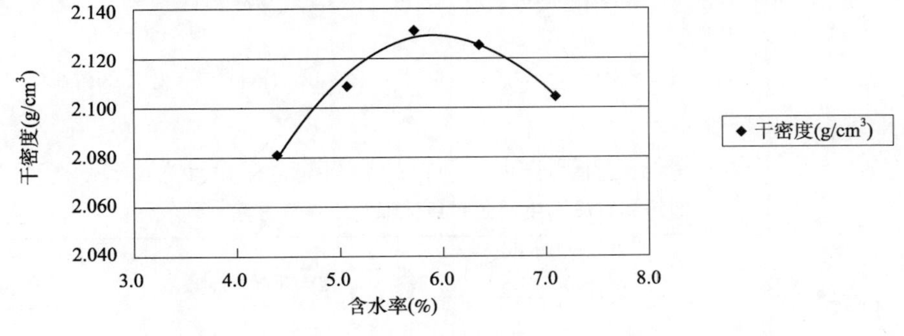


图3-14 击实曲线

### 4）确定最佳泡沫沥青用量

按照合成级配中沥青路面铣刨料、石屑、矿粉、水泥的掺加比例，将各组分混合拌匀，再根据重型击实试验确定的最佳含水率计算出用水量，将用水量加入到混合集料中进行拌和，然后按照四个油石比加入泡沫沥青：2.0%、2.5%、3.0%、3.5%，进行拌和。按《公路沥青路面再生技术规范》（JTG F41—2008）中试件成型方法，测试15℃劈裂试验、浸水24h后的15℃劈裂强度、冻融劈裂强度比。测试结果见表3-36及图3-15～图3-18。

**不同泡沫沥青油石比下混合料技术指标** 表3-36

| 试验项目 | | 泡沫沥青油石比(%) | | | | 技术要求 |
|---|---|---|---|---|---|---|
| | | 2.0 | 2.5 | 3.0 | 3.5 | |
| 15℃劈裂试验 | 劈裂强度(MPa) | 0.74 | 0.68 | 0.65 | 0.67 | ≥0.50 |
| | 浸水24h劈裂强度(MPa) | 0.60 | 0.63 | 0.57 | 0.52 | — |
| | 干湿劈裂比(%) | 81 | 92 | 88 | 78 | ≥75 |
| 冻融劈裂强度比TSR(%) | | 82 | 85 | 79 | 76 | ≥70 |

综合考虑干劈裂强度、浸水24h劈裂强度、冻融劈裂等试验结果，确定最佳泡沫沥青油石比为2.7%。

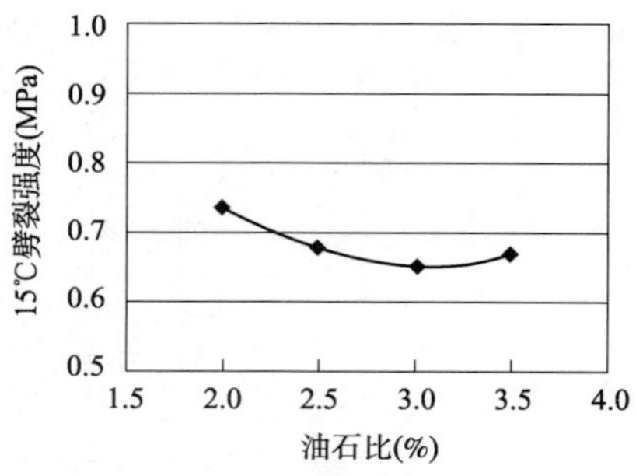


图3-15 15℃劈裂强度试验

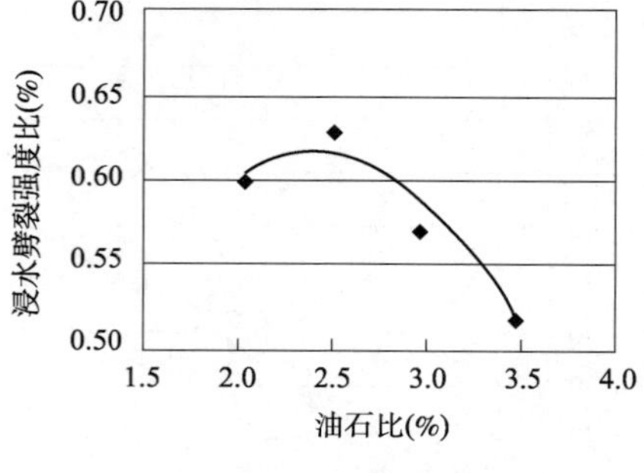


图3-16 浸水24h后15℃劈裂强度试验

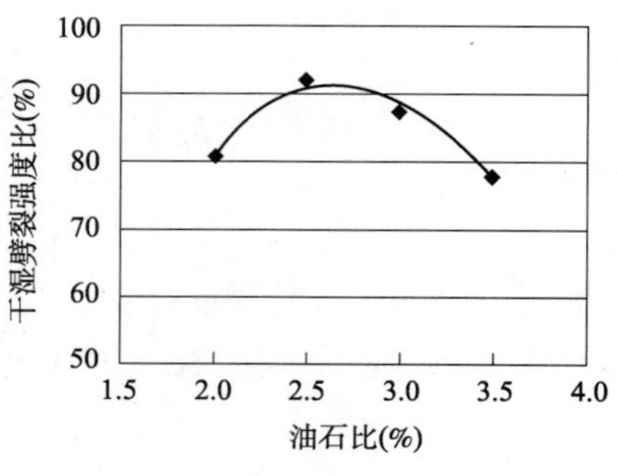


图3-17 干湿劈裂强度比

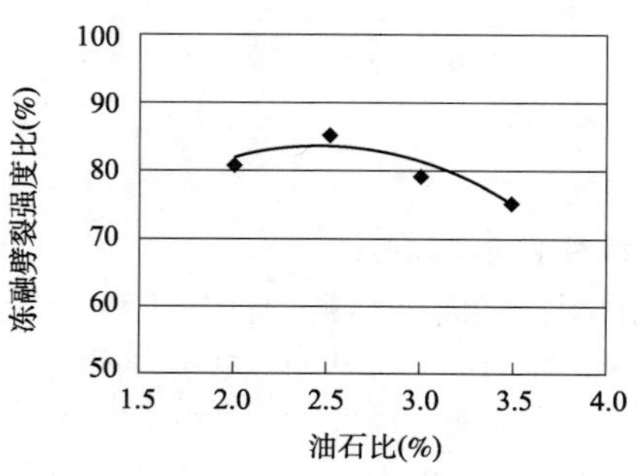


图3-18 冻融劈裂强度比TSR试验

**5)目标配合比设计结论**

通过室内试验，推荐该路段泡沫沥青再生项目的目标配合比设计方案，见表3-37。

**泡沫沥青冷再生混合料目标配合比推荐方案** 表3-37

| 沥青发泡条件 | | 矿料掺配比例（%） | | | | 泡沫沥青油石比（%） | 最佳含水率（%） |
|---|---|---|---|---|---|---|---|
| 温度（℃） | 用水量（%） | 旧料 | 石屑 | 矿粉 | 水泥 | | |
| 160 | 2.5 | 87 | 7.5 | 4 | 1.5 | 2.7 | 6.0 |

## 3.12.3 泡沫沥青就地冷再生施工

根据目标配合比设计方案，在实际生产过程中适当调整后进行施工。施工工艺严格按照图3-9有关要求进行。施工结束后进行质量检测，指标满足使用要求。

## 3.12.4 通车运行后质量检测

**1)路面技术状况**

从现场调查来看，经过近四年的交通荷载作用，出现了一定的病害，主要病害形式为块状裂缝、纵缝、横缝、坑槽、车辙，其中右侧病害多于左侧，这是由于右侧重载车辆较多。路面状况如图3-19所示。

从钻芯取样来看，均能取出完整的芯样，说明基层状况良好。钻芯取样情况如图3-20所示。

从路面技术状况分析，PSSI 为 81.2（良），PCI 为 91.78（优），RQI 为 89.49（良），整体状况为良。

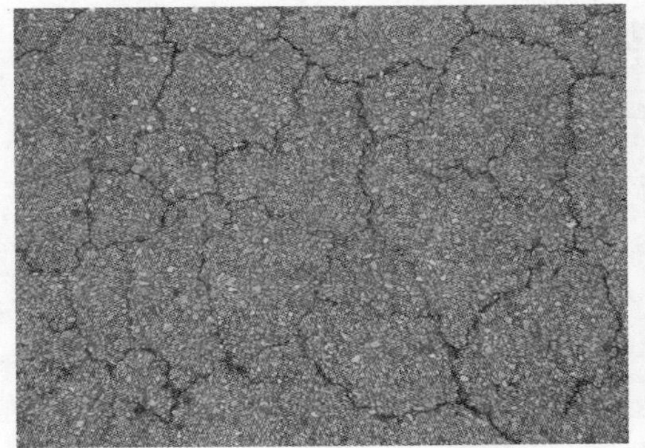

图 3-19　再生路段路面状况

图 3-20　钻取芯样

2）芯样状况及厚度对比分析

从泡沫沥青就地冷再生路段钻取的芯样状况看，整体良好，芯样厚度见表 3-38。

芯 样 状 况　　表 3-38

| 桩　号 | 取芯位置 | 芯样厚度（cm） | 设计厚度（cm） |
|---|---|---|---|
| K553 +000 | 右幅行车道 | 10.3 | 12 |
| K554 +350 | 左幅行车道 | 10.7 | 12 |
| K557 +100 | 右幅行车道 | 11.1 | 12 |
| K558 +210 | 左幅行车道 | 10.9 | 12 |
| K562 +000 | 右幅行车道 | 10.8 | 12 |
| K564 +000 | 左幅行车道 | 11.4 | 12 |

从表 3-38 钻芯取样后的路面情况看，厚度偏薄。局部出现的横向裂缝主要由下面的无机结合料稳定基层反射裂缝产生，网裂及块状裂缝源于疲劳开裂及基层破损。

3）压实度检测

对泡沫沥青就地冷再生路段钻取芯样进行压实度指标检测，试验结果见表 3-39。

压实度检测结果 表3-39

| 桩号 | 钻芯取样测得的密度($g/cm^3$) | 击实试验得到的实际标准密度($g/cm^3$) | 压实度(%) |
|---|---|---|---|
| K553+000 | 2.198 | 2.234 | 98.4 |
| K554+350 | 2.187 | 2.234 | 97.9 |
| K557+100 | 2.195 | 2.234 | 98.3 |
| K558+210 | 2.201 | 2.234 | 98.5 |
| K562+000 | 2.182 | 2.234 | 97.7 |
| K564+000 | 2.190 | 2.234 | 98.0 |

从表3-39钻取芯样检测压实度结果看,能够满足技术要求。

## 3.13 工程实例三

### 3.13.1 工程概况

小小线(辽阳段K132+250~K133+250)原有旧路面宽度为7m。通过现场开挖原路面结构为45cm天然砂砾+6cm沥青贯入式,其中,粒径大于5cm的砂砾约占混合料的15%。再生路面结构,对原有路面进行水泥就地冷再生后再与左侧向外拓宽的2m新基层组成新的道路基层,上铺5cm的中粒式沥青混凝土。

### 3.13.2 材料与就地冷再生混合料配合比设计

**1)材料选择**

本段试验路所用材料完全利用原有路面的45cm天然砂砾+6cm沥青贯入路面材料进行路面基层的再生。所用水泥为冠欢牌32.5级矿渣硅酸盐水泥,水为饮用水。

**2)原材料试验**

室内试验表明,路面原有材料的颗粒组成在规定的范围内,因此,可直接利用旧料进行就地冷再生,无需再添加新的集料。水泥的试验结果也满足规范要求,施工时可用该种水泥作结合料,具体结果如表3-40、表3-41和图3-21所示。

矿料筛分结果(%) 表3-40

| 筛孔尺寸(mm) | 37.5 | 26.5 | 19 | 9.5 | 4.75 | 2.36 | 1.18 | 0.6 | 0.075 |
|---|---|---|---|---|---|---|---|---|---|
| 旧料 | 100 | 82.3 | 80.2 | 57.6 | 36.4 | 23.1 | 15.6 | 7.2 | 0 |
| 合成级配 | 100 | 76.3 | 64 | 55 | 38.2 | 29.5 | 23.7 | 17.5 | 0.40 |
| 级配上限 | 100 | 100 | 100 | 100 | 84 | 70 | 57 | 47 | 30 |
| 级配下限 | 90 | 66 | 54 | 39 | 28 | 20 | 14 | 8 | 0 |
| 级配中值 | 100 | 83 | 77 | 69.5 | 56 | 45 | 35.5 | 27.5 | 15 |

水泥试验结果 表3-41

| 实试验项目 | | 检测结果 | 规范要求 |
|---|---|---|---|
| 细度(%) | | 4.9 | <10 |
| 标准稠度用水量 | | 27.6 | 实测结果 |
| 安定性 | | 合格 | 必须合格 |
| 凝结时间 | 初凝(min) | 255 | ≥3h |
| | 终凝(min) | 325 | ≤10h |
| 强度 | 3d抗折(MPa) | 2.6 | >2.5 |
| | 3d抗压(MPa) | 11.2 | >10.0 |

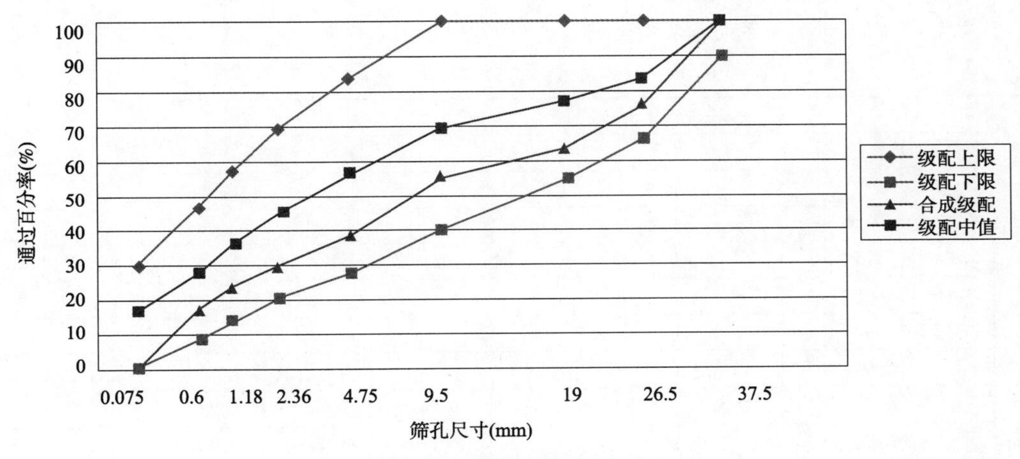


图3-21 冷再生级配曲线

### 3)混合料试验

再生层初步拟定为半刚性再生基层,采用水泥为结合料。试验表明,当水泥剂量为4%时,再生料的无侧限抗压强度不合格;当水泥剂量为5%、6%、7%时,再生料的各项指标均满足要求。但从保证程度、经济角度考虑,采用5%的水泥更为合理,混合料技术指标的实测结果见表3-42。

再生料室内设计试验结果 表3-42

| 水泥剂量(%) | 最佳含水率(%) | 最大干密度($g/cm^3$) | 抗压强度(MPa) | 标准差 | 变异系数(%) |
|---|---|---|---|---|---|
| 4.0 | 7.5 | 2.25 | 2.7 | 0.25 | 9.3 |
| 5.0 | 7.7 | 2.28 | 3.2 | 0.21 | 6.6 |
| 6.0 | 7.8 | 2.29 | 3.4 | 0.23 | 6.8 |
| 7.0 | 8.0 | 2.27 | 3.7 | 0.22 | 5.9 |

为保证基层的连续性、整体性,本次再生宽度为7m旧路+2m新建基层,即9m。设计部门在旧路面顶面下挖20cm处测得复合回弹模量$E_t=70$MPa。通过计算表明,如果对原路再生20cm,再生层表面的弯沉就可达到99.5(0.01mm),满足设计要求。

### 3.13.3 沥青路面就地冷再生施工

**1)试验路施工技术参数**

根据试验室的试验结果,并结合现场实际情况及国内外再生经验,实际施工中的再生厚度、水泥剂量等技术参数见表3-43。

施工技术参数 表3-43

| 施工段落 | 再生厚度(cm) | 水泥剂量(%) | 用水量(%) | 施工日期 |
|---|---|---|---|---|
| K132+250~K133+250 | 20 | 5 | 7.5~8.0 | 7-3~7-8 |

**2)人工、材料、设备使用情况**

(1)人员配备情况见表3-44。

人员配备情况 表3-44

| | 人员 | 人员数量(人) | 工作职责 |
|---|---|---|---|
| 施工现场 | 项目经理 | 1 | 现场的全面工作 |
| | 施工队长、总工 | 1 | 现场施工、技术 |
| | 质检员、试验员 | 1 | 现场的质量及工地试验室 |
| | 测量员、收料员 | 1 | 施工放样及高程测量,负责现场材料的收取及布置 |
| | 核算兼内业 | 1 | 内业资料的填报及整理、物品的购买 |
| | 施工员 | 1 | 领工 |
| | 安全员 | 1 | 交通管制、施工安全 |
| | 采购员 | 1 | 材料、备件的购买、维修及保管 |
| | 管理员 | 1 | 负责设备、材料保管 |
| | 机械手 | 9 | 再生机1人、压路机3人、洒水车2人、沥青车2人、铣刨机1人 |
| | 力工 | 33 | 铣刨、清扫、布集料、布水泥、拌和、整平等 |
| 后勤 | 伙食管理员 | 1 | 兼驻地安全、防火 |
| | 厨师 | 1 | |

(2)各种施工设备配备情况见表3-45。

各种施工设备配备情况 表3-45

| 设备 | 再生机(台) | 压路机(台) | 平地机(台) | 洒水车(台) | 其他 |
|---|---|---|---|---|---|
| 数量 | 1 | 2 | 2 | 2 | |

**3)试验路的施工**

(1)施工工艺

针对施工方案,参照技术规范,特编制施工工艺流程如图3-22所示。

(2)再生前的准备

再生前应做好所有准备工作,以使再生施工过程中不至于因此而中断,避免造成路面上潜在的薄弱区域。

①清扫和处理原路面

a.如果原路面的高程在设计线范围内,施工前将原路面清扫干净,避免有杂质混入混合料中，影响冷再生基层质量。

b. 如果存在高出原路面设计高程50mm以上的拥包、波浪等部位铣刨后填入低处，再进行再生施工。

c. 低于原路面设计高程的可将高出部分铣刨后填入低处，或通过外加新集料加以修整。

d. 对于翻浆路段，事先进行处理。

②再生幅数的确定

根据道路再生的总宽度，合理划分出每幅再生的宽度。再划分再生幅数的同时，要保证相邻两幅再生层搭接至少200mm。

③根据水泥的初、终凝时间以及天气变化，确定一次再生路段的长度。确定一次再生长度时，要充分考虑各种因素，包括原路面状况、选用的材料性质以及天气变化情况，以保证在水泥初凝前完成再生层的碾压工作。

④检查再生机组，保证其处于良好工作状态。

⑤提前封闭交通，设置好安全导帽、批示牌、限速牌等交通标志。

⑥检查再生机操作人员是否已掌握所有技术数据，并已输入计算机。

(3)水泥洒布

根据再生层的厚度和预定的干密度及水泥剂量，计算每平方米再生层需要的水泥用量，并确定水泥摆放的纵横间距。通过人工将水泥均匀地撒布在原路面上。为了防止水泥的损失，可先于再生机之前40～60m撒布水泥。

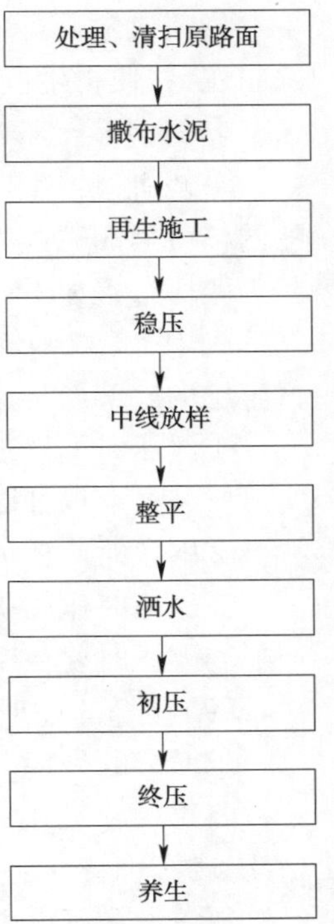

图3-22 施工工艺流程图

(4)再生料铣刨、破碎、拌和

根据事先确定的再生机的工作宽度和再生幅数，进行再生施工。施工中为了避免出现局部再生死角，操作员要随时观察再生机的行驶轨迹，保证再生前后两幅的搭接，同时，行驶线形要保持顺直。并要定期检查水罐车内的剩余水量，保证水的供应充足，并做到及时补给。一般来说，应根据水罐车的装载量，考虑再生的一次工作长度，尽量避免中途加水，以保证施工的连续性，拌和均匀的再生料如图3-23所示。

图3-23 拌和均匀的再生料

(5)稳压

每幅再生完成约为半个工作长度时，用13t双钢轮压路机于再生机后面对再生层进行低速稳压一遍(压路机往返一次为一遍)，使再生料初步密实。

稳压时间要根据施工天气、施工速度决定。以迟于再生机半个工作长度为宜。

(6)中线放样

当完成两幅再生后，测量人员要进行中线放样，即订出中桩，以使平地机能够由路边缘向路中间进行刮平，尽可能地使再生基层的横坡度满足路面设计要求。

(7)整平

当完成两幅再生并全部稳压后，用平地机对第一幅和第二幅进行整平，整平的目的是消除轮迹，并使再生层的横向、纵向坡度尽量满足要求，同时把刮刀前的再生料均匀地摊开。

(8)碾压

平地机对再生层的前两幅进行找平后，在含水率为最佳含水率时，对其进行碾压(剩余的两幅待第四幅再生完、与第三幅一同找平后进行碾压)。

碾压过程如下：

先用13t双钢轮压路机在全宽内进行碾压4～5遍，目的是将浮料压实，并将压实功传至再生层的底部。再用双钢轮压路机碾压2～3遍；碾压时应注意以下事项：

①碾压时如发现局部混合料有松散或开裂时，应挖除并换补新料，整平后继续碾压密实。修补处应保证路面平整。

②碾压时应根据天气及再生料含水量的实际情况，随时洒水。

③碾压时压路机的轮迹要重叠1/2轮。

④碾压时要从路的边缘向路中间进行碾压，在碾压过程中要保持压路机匀速前进。

(9)接缝的处理

①横缝的处理

因每次施工开始和终止而形成的横穿作业面的横向接缝是不连续的。每次停机，即使是几分钟，也将形成一个严重影响再生材料均匀性的横缝。因此，施工过程中，应尽量减少停机现象。在不可避免的情况下，应对所形成的横缝进行认真处理。

在临时停机后重新开始施工时，整个再生机组应倒退1.5～2m的距离到达再生过的材料上，以保证开始施工后所有材料均得到处理。上一作业段压实时，要预留5～8m不进行碾压，待下一段碾压时一并压实。

由于再生机开始工作时要使转子全部下切到再生层的底部来打碎再生料，前进速度为0km/h，造成翻松的再生料不均匀，为此，需人工进行翻拌均匀后再压实成型。

②纵缝的处理

为了避免相邻作业面间存在未再生的夹带，以保证纵缝处再生料的连续性，纵缝处要有一定的搭接，可根据作业幅数确定搭接宽度，一般为200mm。

图3-24 再生后的基层

(10)养生及交通管制

再生层完成后，用洒水车经常洒水进行养生，养生期为7d，以防止再生层表面失水干燥。每天洒水的次数应视天气而定。在整个养生期间应始终保持再生层表面潮湿。养生期间应封闭交通，否则，可限速开放交通(车速不得超过30km/h)，再生后的基层如图3-24所示。

(11)试验路各项指标检测结果

现场取再生料进行水泥剂量的测定、再生料筛分及无侧限抗压强度试验。具体数据见表3-46、表3-47和图3-25。

现场材料筛分曲线(%) 表 3-46

| 筛孔尺寸(mm) | 37.5 | 26.5 | 19 | 9.5 | 4.75 | 2.36 | 1.18 | 0.6 | 0.075 |
|---|---|---|---|---|---|---|---|---|---|
| 合成级配 | 100 | 74.1 | 62.4 | 56.2 | 41.7 | 32.5 | 27.1 | 17.4 | 5.10 |
| 级配上限 | 100 | 100 | 100 | 100 | 84 | 70 | 57 | 47 | 30 |
| 级配下限 | 90 | 66 | 54 | 39 | 28 | 20 | 14 | 8 | 0 |
| 级配中值 | 100 | 83 | 77 | 69.5 | 56 | 45 | 35.5 | 27.5 | 15 |

再生料的检测结果 表 3-47

| 水泥剂量(%) | 抗压强度(MPa) | 标准差(MPa) | 偏差系数(%) | 压实度(%) | 弯沉(0.01mm) | | | |
|---|---|---|---|---|---|---|---|---|
| | | | | | 旧路 | | 再生层 | |
| | | | | | 左车道 | 右车道 | 左车道 | 右车道 |
| 5.6 | 3.5 | 0.22 | 6.3 | 98.2 | 129 | 111 | 94 | 91.5 |

从表 3-46 和表 3-47 试验结果看,再生料满足级配要求,无侧限抗压强度、压实度、弯沉合格。

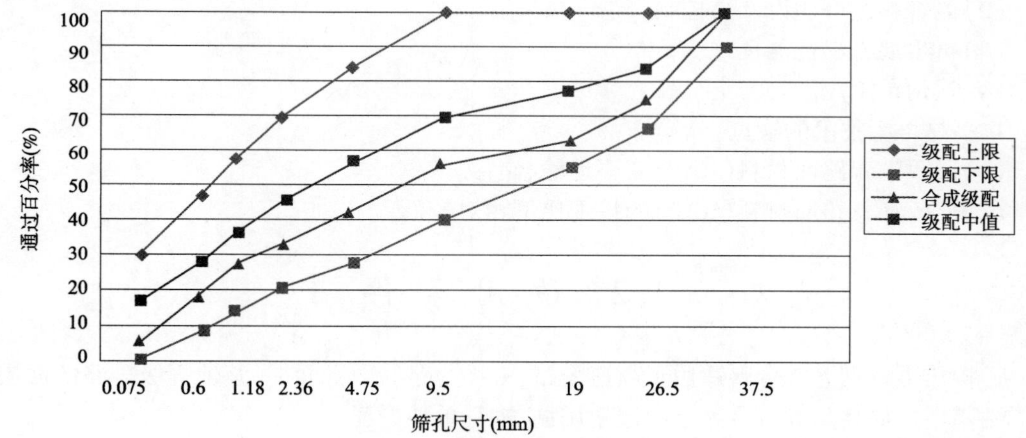


图 3-25 再生料现场级配曲线

# 第4章　厂拌热再生

## 4.1　定义及特点

厂拌热再生是将回收沥青路面材料(RAP)运至沥青拌和厂(场、站),经破碎、筛分,以一定的比例与新集料、新沥青、再生剂等拌制成热拌再生混合料铺筑路面的技术。可以用来修复多数路面缺陷,如变形和裂缝等病害。

厂拌热再生技术的优点:

(1)可充分利用旧沥青材料。

(2)混合料配合比设计易控制。

(3)再生混合料性能良好。

(4)适用范围广。

厂拌热再生技术的缺点:

(1)回收沥青路面材料(RAP)需要运输、储存。

(2)回收沥青路面材料(RAP)的掺配比例相对较低。

## 4.2　适用条件

厂拌热再生沥青混合料适用于高速公路、一级公路的中下面层,其他等级公路的面层或者柔性基层。如在高等级公路上面层使用,应进行单独论证。

再生沥青混合料路面的下承层必须符合下列要求:

(1)满足设计要求的强度和刚度。

(2)有良好的稳定性。

(3)平整、密实,拱度与面层一致。

再生沥青路面施工前应对下承层的质量进行检查,对于高低不平、松散、坑槽、局部龟裂和软弱等病害,应在铺筑面层前整修完毕。下承层顶面应撒布封层或黏层,保证与面层的有效连接。

## 4.3　再生设备选型及配套

为了实现厂拌热再生,在工程实践中需要配备可添加回收沥青路面材料(RAP)的沥青混合料拌和设备。厂拌热再生设备主要有:

(1)间歇式厂拌热再生设备。

(2)连续式厂拌热再生设备。

连续式再生设备主要分为单滚筒、双滚筒和三滚筒3种。与间歇式设备相比,连续式拌和设备的拌制流程大为简化,生产效率大幅度提高,在欧美等发达国家已广泛应用。但在我国应用不多,主要原因有:

(1)我国目前使用的材料来源较复杂,变异性大。

(2)拌和厂大多为露天料场,材料含水率受天气影响大。

(3)回收沥青路面材料(RAP)自身存在变异性大的特点,采用连续式拌和设备混合料稳定性难以保证。

在国内,广东冠粤路桥引进连续式拌和设备后,增加了一套"集料预分级处理系统",对集料进行二次筛分,以克服工程材料来源和质量不稳定问题。本书在进行沥青混合料再生生产时,推荐使用间歇式拌和设备。

间歇式厂拌热再生设备就是在普通间歇式沥青拌和设备的基础上配备一系列辅助装置,可用于沥青路面回收再生利用。间歇式混合料再生设备在国外是一种较为成熟的设备,其拌和的混合料基本可以用于各种沥青路面的结构层。间歇式拌和设备计量精度高,适合我国国情。对国内厂拌热再生设备的应用进行了初步的统计,统计结果见表4-1。

**厂拌热再生设备应用状况一览表** 表4-1

| 单　　位 | 生产厂家 | 拌和形式 | 旧料加热方式 | 设备型号 |
|---|---|---|---|---|
| 北京市政 | 日工、新潟 | — | — | — |
| 上海 | 西筑—边宁荷夫 | 间歇式 | 第二烘干筒 | MGAR150 |
| | 无锡雪桃 | 间歇式 | 第二烘干筒 | — |
| 西安市政 | LINTEC | 间歇式 | 第二烘干筒 | HRC100 |
| 武汉 | 徐州劲拓 | 间歇式 | 第二烘干筒 | ARM-2000 |
| 杭州市政 | 南方路机 | 间歇式 | 第二烘干筒 | RLB1000 |
| 广州 | ASTEC | 连续式 | 双滚筒 | RDB-9640 |
| 威海 | 无锡雪桃 | 间歇式 | 第二烘干筒 | PRD2000 |
| 辽宁 | 福建铁拓 | 间歇式 | 第二烘干筒 | RLBZ800 |

表4-1常用的几种间歇式厂拌热再生设备的主要区别在于:

(1)回收沥青路面材料(RAP)是否加热。

(2)回收沥青路面材料(RAP)加热位置。

(3)加热温度控制的方式。

### 4.3.1 常用的间歇式再生设备

常用的间歇式再生拌和设备,主要是在原来拌和设备基础上,增加回收沥青路面材料(RAP)计量系统、加热系统、传送系统。常用的设备示意图如图4-1所示。

方法一:回收沥青路面材料(RAP)不需要加热,而是调高新集料烘干温度,通过热交换方式对RAP加热。RAP从热料提升机底部进入拌和设备,和新集料一起二次筛分,然后存储在热料仓中。间歇式拌和楼的排气系统可以排出回收料中的水分,因此在整个生产过程中不会有排放问题。为了避免回收料中沥青堵塞筛网,回收料掺量不能太高。

方法二:这种再生方法要求拌和楼增加一个热料斗。外加集料筛分加热后,连同回收沥青路面材料(RAP)一同加入提升机的受料斗中。拌和后的材料存储在第五热料斗中,不再过筛。这种方法可以提高回收料的掺配比例。

方法三:回收沥青路面材料(RAP)先筛分好通过皮带传送机送入称量料斗,回收沥青路面材料(RAP)与高温的新集料在刚刚拌制时会产生蒸汽。所以,在计量仓中需要配备功率强大的排汽装置。

方法四:回收沥青路面材料(RAP)添加系统将回收沥青路面材料(RAP)通过计量秤后,定量存储在回收沥青路面材料(RAP)仓中,然后将称量好的回收沥青路面材料(RAP)引入拌和仓中。这种方法通过延长拌和时间来控制水蒸汽的排放速度。

方法五:首先,将回收沥青路面材料(RAP)单独加热、存储,单独称量后送入拌和仓。

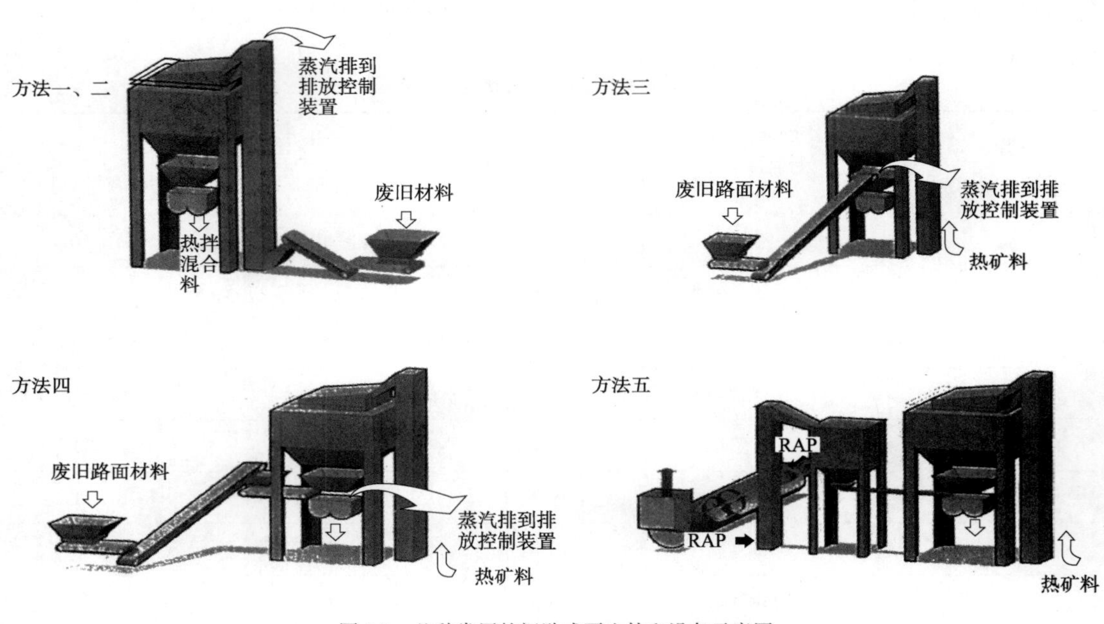


图4-1　几种常用的间歇式再生拌和设备示意图

根据回收料的不同添加方法,再生设备改造时需注意以下几个方面:

(1)回收沥青路面材料(RAP)加料仓和传送系统。为了避免回收料黏结造成堆积,加料仓应细而陡,下部开口较大。传送系统有时需要配备大功率电动机。如有必要,在加料仓上安装振动装置。

(2)回收沥青路面材料(RAP)加热筒。可对火焰器做加长改造或将火焰加热器设计成L形的改造,还有的在火焰前增设防护网,其目的均是为了避免回收沥青路面材料(RAP)与火焰的直接接触。

(3)由于添加的新集料相对不多,在再生过程中石料烘干筒是过热的,一般加热温度在

210℃左右,所以需要对其进行改进。在火焰前必须有适当的防范网。每一次生产结束后,应该有一段冷却期,防止滚筒温度过高。

(4)随着回收沥青路面材料(RAP)掺配比例的不断提高,混合料拌和过程中废气排量大幅增加,含有轻质油的烟气容易将布袋除尘器堵塞,造成产能下降甚至造成安全隐患。通过改造干燥筒排气系统,避免高温石料产生的高温废气损坏除尘设备。可采用几种不同的方法降低废气的温度:

①重新设计烘干筒的槽板。

②加长通道。

③加入冷空气或水雾。

(5)为了避免高温,筛网的轴承处应采用特殊的润滑剂。

(6)根据热料仓的尺寸和集料的存储时间,热料仓外面应加装隔热层,防止集料温度下降。

(7)计量仓的加料通道应该尽量陡,宽度恒定,并配有防止粉尘溢出的气门,通道的斜槽入口应使集料落入计量仓中间。

(8)为避免水蒸汽和粉尘聚积,计量仓和拌和仓的排气能力很重要。这些蒸汽可以由回收料加入口或计量仓与拌和仓的排气道排出。可以将拌和仓、计量仓与干燥仓的排气通道相连来排出这些蒸汽。

### 4.3.2 推荐的间歇式再生设备

本书推荐厂拌热再生设备应外挂回收沥青路面材料(RAP)加热滚筒,如图4-2所示,加热温度在120~140℃之间,生产工艺流程如图4-3所示。

图4-2 厂拌热再生拌和设备

如果条件允许,建议回收沥青路面材料(RAP)先与再生剂作用。具体工艺是:

(1)回收沥青路面材料(RAP)在回收料加热筒中先加热至120~140℃,在热融状态下,先与再生剂作用5~10s,然后与新料拌和,干拌时间一般比普通热拌沥青混合料(HMA)延长5~10s。然后加入沥青和矿粉,总拌和时间比普通热拌沥青混合料(HMA)延长15s左右。

(2)回收沥青路面材料(RAP)经过加热与再生剂作用拌和、输送的同时,新矿料和新沥青也进行拌和,而后两者再混合拌和,并保证有充足的拌和时间。

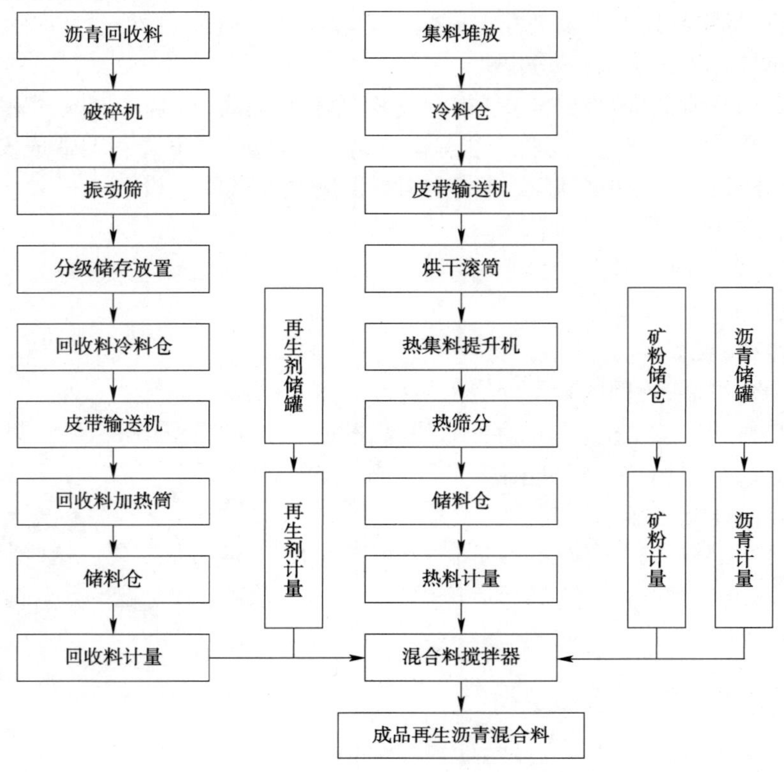


图4-3 厂拌热再生设备生产工艺流程

## 4.4 材料要求

### 4.4.1 回收沥青路面材料

(1)回收沥青路面材料(RAP)可以利用冷铣刨机铣刨获得,也可采用深翻/破碎、机械挖除、人工挖除等方式得到。

(2)回收沥青路面材料(RAP)最大粒径应小于再生沥青混合料最大公称粒径,并根据需要筛分成几档。

(3)回收沥青路面材料(RAP)应干燥、洁净,不得混入基层废料。

(4)不同来源、不同沥青含量、不同矿料级配的回收沥青路面材料(RAP)应分开堆放,不得混杂,保证材料品质均匀。

(5)回收沥青路面材料(RAP)堆放应注意以下几点:

①回收沥青路面材料(RAP)堆放在硬地面上,场地平整、坚实、排水良好,确保铲运工具在进行作业时不致混入杂质。

②经过预处理的回收沥青路面材料(RAP)用装载机将其运至堆放场均匀放置,转运和放置过程中应避免回收沥青路面材料(RAP)离析。

③回收沥青路面材料(RAP)应尽快使用,避免长时间堆放,特别是料仓中的回收沥青路

面材料(RAP)。

④使用回收沥青路面材料(RAP)时应从料堆的一端开始在全高范围内铲料。

厂拌热再生经过预处理的回收沥青路面材料(RAP)应按照表4-2的技术指标要求进行检测。

**回收沥青路面材料(RAP)检测项目** 表4-2

| 材 料 | 检测项目 | 试验方法 |
|---|---|---|
| RAP | 含水率(%) | 按照辽宁省《沥青路面厂拌热再生技术指南》(DB21/T 1847—2010)附录B(规范性附录) |
| | RAP中矿料级配 | 《公路工程集料试验规程》(JTG E42—2005) |
| | 沥青含量(%) | 《公路工程沥青及沥青混合料试验规程》(JTG E20—2011) |
| | 针入度(25℃,5s,100g)(0.1mm) | |
| RAP中的沥青 | 延度(15℃/5℃)(cm) | |
| | 软化点(℃) | |
| | 粘度(60℃/135℃)(Pa·s) | |
| RAP中的粗集料 | 针片状颗粒含量(%) | 《公路工程集料试验规程》(JTG E42—2005) |
| | 压碎值(%) | |
| RAP中的细集料 | 棱角性(s) | |
| | 砂当量(%) | |

回收沥青路面材料(RAP)取样与试验方法见《沥青路面厂拌热再生技术指南》(DB21/T 1847—2010)附录A(规范性附录)。

### 4.4.2 再生剂

在回收沥青路面材料(RAP)中应掺加再生剂。再生剂的选用应综合考虑沥青的老化及性能变化程度,回收沥青路面材料(RAP)的使用年限、掺配比例,再生剂与沥青胶结料的配伍性,再生沥青混合料的用途等因素。再生剂具体技术要求见本书第2.4节,其用量则应通过室内试验确定。

再生剂性能应具有以下特点:

(1)具有良好的与沥青配伍性。

(2)具有良好的流变性能。

(3)具有溶解和分散沥青质的能力。

(4)具有一定的耐热性和耐候性。

再生剂应储存在有盖的容器中,防止水、灰尘等混入。使用过程中要适当加热和搅拌。

### 4.4.3 沥青胶结料

影响沥青胶结料强度指标和指标选定的因素:

(1)公路等级。

(2)气候条件。

(3)交通条件。
(4)路面类型。
(5)层位及受力特点。
(6)施工方法。
(7)当地的使用经验。

无论是新加入沥青胶结料还是经过再生剂性能恢复的回收沥青路面材料(RAP)中的再生沥青指标,均应按照以下标准控制:

基质沥青技术指标应符合《公路沥青路面施工技术规范》(JTG F40—2004)表4.2.1-2要求。

SBS改性沥青技术指标应符合《公路沥青路面施工技术规范》(JTG F40—2004)表4.6.2中SBS类I-C要求。

### 4.4.4 矿料

新加入的矿料应符合《公路沥青路面施工技术规范》(JTG F40—2004)中对粗集料、细集料、填料的要求。细集料宜采用专用制砂机制造的机制砂,并选用优质石灰岩生产。当采用天然砂为河砂时,其用量不宜超过集料总量的8%。机制砂的规格应符合表4-3的规定。

再生沥青混合料用机制砂规格 表4-3

| 公称粒径(mm) | 通过下列筛孔(方孔筛mm)的质量百分率(%) | | | | | | | |
|---|---|---|---|---|---|---|---|---|
| | 9.5 | 4.75 | 2.36 | 1.18 | 0.6 | 0.3 | 0.15 | 0.075 |
| 2.5~5 | 100 | 90~100 | 0~10 | 0~5 | — | — | — | — |
| 1.2~2.5 | | 100 | 85~100 | 0~15 | 0~5 | — | — | — |
| 0~1.2 | | | 100 | 80~100 | 50~80 | 20~50 | 5~30 | 0~10 |

回收沥青路面材料(RAP)中旧矿料指标应符合表4-4的规定。

RAP中旧矿料指标要求 表4-4

| 项　目 | RAP粗集料 | | RAP细集料 | |
|---|---|---|---|---|
| | 压碎值(%) | 针片状颗粒含量(%) | 棱角性(s) | 砂当量(%) |
| 质量要求 | ≤28 | ≤18 | ≥30 | ≥60 |

## 4.5 厂拌热再生沥青混合料配合比设计

### 4.5.1 一般要求

厂拌热再生配合比设计应在对回收沥青路面材料(RAP)进行充分调查分析基础上,考虑以下因素,选择适合的回收沥青路面材料(RAP)及其掺配比例,综合确定再生沥青混合料的级配范围,应考虑以下因素:

(1)工程要求。

(2)公路等级。

(3)使用层位。

(4)气候条件。

(5)交通、工程经济等情况。

配合比设计包括以下三个阶段:

(1)目标配合比设计阶段。

(2)生产配合比设计阶段。

(3)生产配合比检验阶段。

厂拌热再生沥青混合料目标配合比设计应按照图4-4所示流程进行。宜采用真空法测定再生沥青混合料的最大理论相对密度。厂拌热再生混合料应以回收沥青路面材料(RAP)中的旧矿料与新矿料合成级配作为设计级配的依据。

应严格测定新旧集料(粗集料、细集料)的毛体积相对密度、表观相对密度以及级配组成。新旧矿料级配筛分均要采用《公路工程集料试验规程》(JTG E42—2005)规定的水洗法进行。

### 4.5.2 设计标准

在进行厂拌热再生沥青路面设计时,工程设计级配范围应根据再生沥青混合料的用途、结合本书规定的矿料级配范围进行,对不同的路面功能层使用不同的混合料类型。推荐的再生沥青混合料的级配类型见表4-5,按粒径的大小分为粗粒式、中粒式和细粒式,由于各地所用材料以及旧料来源不同,使用过程中应适当进行调整。

**再生沥青混合料矿料级配推荐范围** 表4-5

| 级配类型 | 通过下列筛孔(mm)的质量百分率(%) | | | | | | | | | | | | |
|---|---|---|---|---|---|---|---|---|---|---|---|---|---|
| | 31.5 | 26.5 | 19 | 16 | 13.2 | 9.5 | 4.75 | 2.36 | 1.18 | 0.6 | 0.3 | 0.15 | 0.075 |
| 粗粒式 AC-25 | 100 | 90~100 | 75~90 | 65~83 | 57~76 | 45~65 | 24~52 | 16~42 | 12~33 | 8~24 | 5~17 | 4~13 | 3~7 |
| 中粒式 AC-20 | | 100 | 90~100 | 78~92 | 62~80 | 50~72 | 26~56 | 16~44 | 12~33 | 8~24 | 5~17 | 4~13 | 3~7 |
| 中粒式 AC-16 | | | 100 | 90~100 | 76~92 | 60~80 | 34~62 | 20~48 | 13~36 | 9~26 | 7~18 | 5~14 | 4~8 |
| 细粒式 AC-13 | | | | 100 | 90~100 | 68~85 | 38~68 | 24~50 | 15~38 | 10~28 | 7~20 | 5~15 | 4~8 |
| 细粒式 AC-10 | | | | | 100 | 90~100 | 45~75 | 30~58 | 20~44 | 13~32 | 9~23 | 6~16 | 4~8 |

也可根据道路等级、预期交通量、气候条件、混合料所处的功能层等因素选择其他类型的混合料,应符合《公路沥青路面施工技术规范》(JTG F40—2004)表5.3.2-3~表5.3.2-7规定。

厂拌热再生沥青混合料配合比设计应采用马歇尔设计法,其混合料技术要求应符合表4-6的规定,并应具有良好的路用性能。采用其他设计方法时应参照马歇尔设计方法进行设计检验,满足要求方可使用。

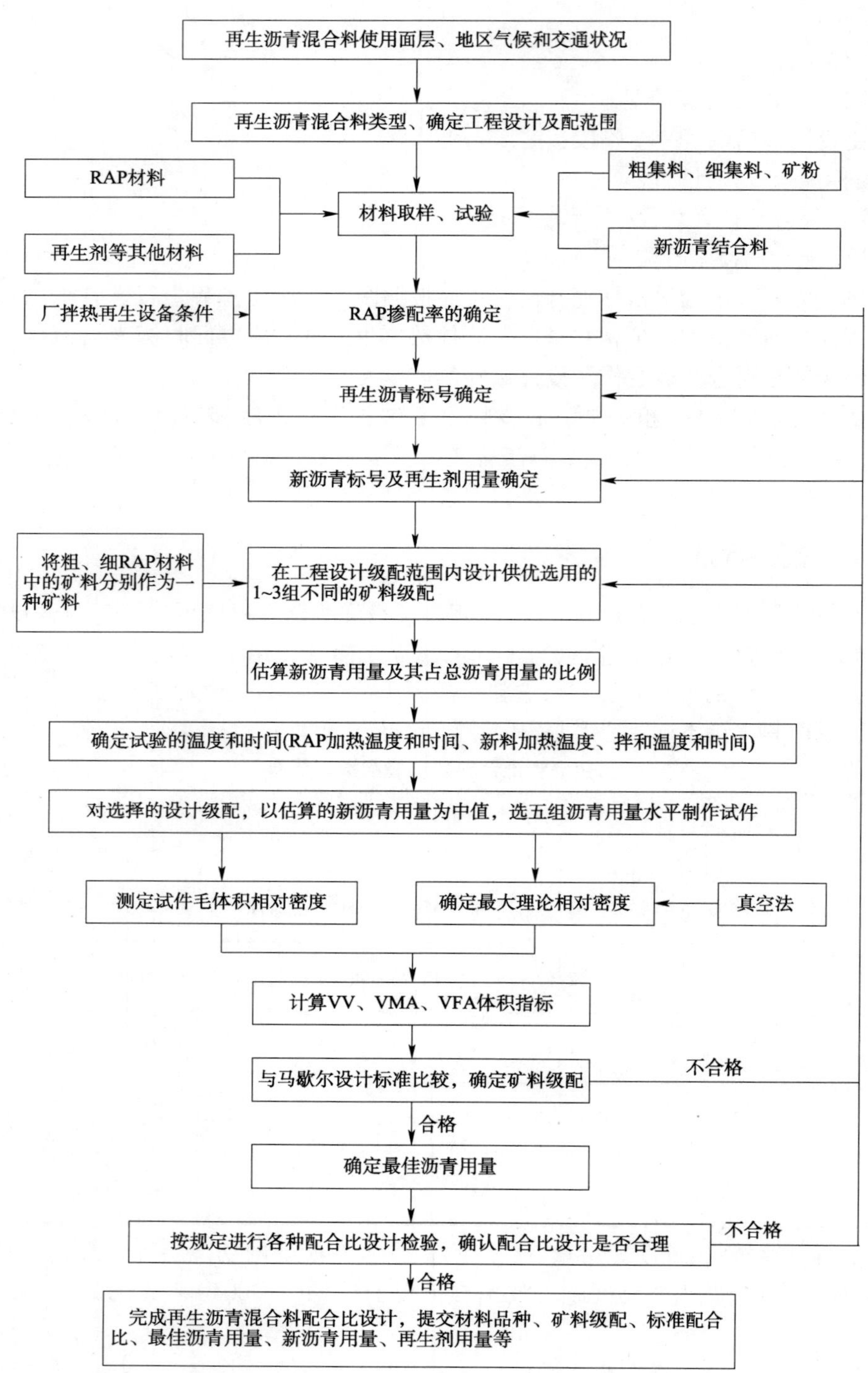


图 4-4　厂拌热再生沥青混合料目标配合比设计流程图

再生沥青混合料马歇尔试验技术标准 表4-6

| 试验指标 | 技术标准 | | | |
|---|---|---|---|---|
| 击实次数(双面)(次) | 75 | | | |
| 试件尺寸(mm) | $\phi$101.6mm×63.5mm | | | |
| 空隙率(%) | 3~5 | | | |
| 稳定度(60℃)(kN) | ≥8 | | | |
| 流 值(mm) | 2~4 | | | |
| 矿料间隙率(%) | 相应于以下公称最大粒径(mm)的最小VMA及VFA技术要求(%) | | | |
| | 19 | 16 | 13.2 | 9.5 |
| | ≥13 | ≥13.5 | ≥14 | ≥15 |
| 沥青饱和度(%) | 65~75 | | | 75~80 |

室内马歇尔试验的温度控制应符合表4-7的规定。

再生沥青混合料室内马歇尔试验温度控制 表4-7

| 项 目 | 温 度 (℃) | |
|---|---|---|
| | 基质沥青 | 改性沥青 |
| 矿料加热温度 | 170 | 180 |
| 旧料加热温度 | 135 | 135 |
| 沥青加热温度 | 150 | 165 |
| 再生剂温度 | 120 | 120 |
| 击实成型温度 | 140 | 160 |

再生沥青混合料的配合比确定后,应进行混合料使用性能检验。各项性能指标应符合表4-8的规定。

再生沥青混合料配合比设计及验证要求 表4-8

| 试验指标 | 技术要求 | | 试验方法 |
|---|---|---|---|
| | 基质沥青 | 改性沥青 | |
| 60℃车辙试验动稳定度(次/mm) | ≥800 | ≥2 400 | T0719 |
| -10℃低温弯曲试验破坏应变(με) | ≥2 000 | ≥2 500 | T0728 |
| 浸水马歇尔试验残留稳定度(%) | ≥80 | ≥85 | T0790 |
| 冻融劈裂试验的残留强度比(%) | ≥75 | ≥80 | T0729 |

### 4.5.3 再生混合料配合比设计

厂拌热再生沥青混合料配合比设计应采用马歇尔设计法,其体积指标计算方法应按《沥青路面厂拌热再生技术指南》(DB21/T 1847—2010)附录D(规范性附录)执行。

**1)回收沥青路面材料(RAP)性能测定**

(1)回收沥青路面材料(RAP)中矿料级配组成及矿料的表观相对密度、毛体积相对密度、压碎值、针片状颗粒含量、棱角性、砂当量。

(2)回收沥青路面材料(RAP)中旧沥青含量。

(3)回收沥青路面材料(RAP)中回收旧沥青的针入度、延度、软化点、黏度等指标。

(4)回收沥青路面材料(RAP)的最大理论相对密度。

(5)回收沥青路面材料(RAP)的含水率。

**2）回收沥青路面材料（RAP）最佳掺配比例测定方法**

（1）对回收沥青路面材料（RAP）性能进行分析、评价。

（2）根据再生沥青混合料使用要求，选择不同的回收沥青路面材料（RAP）掺配比例进行新旧矿料合成级配调整，保证合成级配基本一致，并满足工程设计级配要求。

（3）通过马歇尔试验以及高低温、抗水损害等试验验证，得到掺加不同回收沥青路面材料（RAP）的再生沥青混合料性能。

（4）对照本书关于厂拌热再生沥青混合料的技术要求，兼顾再生沥青混合料高低温、抗水损害等路用性能，选定回收沥青路面材料（RAP）最佳掺配比例。

**3）室内试验确定再生剂用量流程**

（1）回收沥青路面材料（RAP）中旧沥青的方法应采用《公路工程沥青及沥青混合料试验规程》（JTG E20—2011）中 T0726—1993 阿布森法或者 T0727—1993 旋转蒸发器法等。

（2）测定回收旧沥青的针入度、延度、软化点、黏度等指标。

（3）向回收旧沥青中掺加不同比例的再生剂，并测定再生沥青的性能。

（4）分析评价出再生沥青各项指标均满足本书规定，通过技术经济比较后获得的再生剂掺配比例，此比例为再生剂用量。

（5）在实际生产时，通过施工工艺添加再生剂后，再生沥青混合料的性能也要满足本书有关要求。

**4）目标配合比设计主要流程**

（1）回收沥青路面材料（RAP）性能分析与评价，重点是沥青含量和矿料级配。

（2）确定再生剂的品种和用量，并进行再生剂相关性能试验。

（3）新加材料试验，包括矿料的表观相对密度、毛体积相对密度、矿料级配以及沥青胶结料性能等。

（4）进行目标配合比矿料级配设计。

（5）调整好级配后，进行马歇尔击实试验，确定混合料最佳沥青用量。

（6）通过动稳定度、低温弯曲试验破坏应变等指标验证再生沥青混合料的性能。

**5）生产配合比设计主要流程**

（1）根据实际使用的级配类型、合成级配结果，确定各档回收沥青路面材料（RAP）的掺配比例。

（2）按照目标配合比确定的冷料仓比例上料，同时将石料加热到正常生产时所需的温度，通过热料仓筛分后，从各热料仓取料进行毛体积相对密度、表观相对密度以及筛分试验。

（3）回收沥青路面材料（RAP）级配组成参考室内抽提筛分结果。

（4）进行生产配合比矿料级配设计。

（5）参照目标配合比设计结果，调整好级配后，以目标配合比确定的 OAC ±0.3% 进行马歇尔击实试验，确定混合料生产配合比的最佳沥青用量。

（6）通过动稳定度、低温弯曲试验破坏应变等指标验证再生沥青混合料的性能。

**6）生产配合比验证应完成的工作**

（1）铺筑试验段，应进行马歇尔试验，钻取芯样测定压实度、空隙率大小，确定生产用标准配合比，并应进行高低温性能和抗水损害性能检验。

(2)通过试验路段总结,得到各档料进料速度、拌和时间、混合料级配、油石比、再生沥青混合料的松铺系数、合理的机械组合及碾压次数等。

**7)厂拌热再生沥青混合料配合比设计报告**

(1)回收沥青路面材料(RAP)的试验结果。

(2)回收沥青路面材料(RAP)掺量的确定。

(3)再生剂用量确定。

(4)新加材料品种选择与试验结果。

(5)矿料级配。

(6)最佳沥青用量。

(7)马歇尔试验及各项体积指标结果。

(8)配合比设计检验结果。

(9)试验路压实度、现场空隙率等。

(10)试验路施工参数(拌和温度和时间、松铺系数、碾压机械组合和碾压次数)。

## 4.6　施工工艺

### 4.6.1　拌和

(1)用于拌和再生沥青混合料的间歇式拌和设备应符合下面规定:

①新旧料都应有配料装置、精确计量装置以及烘干加热装置。

②回收沥青路面材料(RAP)加热时不得直接与火焰接触,防止加剧沥青老化 。

③再生沥青混合料拌和设备应配备有再生剂储存、加热和准确计量装置。

④回收沥青路面材料(RAP)料仓数量应不少于两个。

(2)新加入的集料加热烘干后,通过热料仓筛分、计量进入间歇式拌缸先干拌5~10s,加入新沥青和矿粉,湿拌40~45s;然后与再生机中加热至130~150℃经过计量的回收沥青路面材料(RAP)拌和10~15s;最后喷入再生剂拌和均匀出料。在允许情况下,宜使再生剂先与热融的回收沥青路面材料(RAP)作用,使旧沥青性能得到一定程度的恢复。

(3)厂拌热再生沥青混合料(CPHR)的生产温度与拌和时间根据拌和设备加热和干燥能力、回收沥青路面材料(RAP)含水率、再生沥青混合料的级配等综合决定,应以不加剧回收沥青路面材料(RAP)的进一步老化,并生产出均匀稳定的再生沥青混合料为原则。

(4)再生沥青混合料出厂温度应比普通热拌沥青混合料高5~10℃。

(5)再生沥青混合料出厂应由专人检查,如发现结合料老化、拌和不均、离析、花白料、混合料降温过大以及其他影响产品质量的情况时,不准出厂,予以报废。

### 4.6.2　运输

(1)再生沥青混合料的运输应采用自卸车,运料车应与摊铺能力、运距相适应,形成不间断的供料。

(2)运料车在开始运输前,应在车厢及底板上涂刷一层隔离剂或防黏剂,但不得有余液积聚在车厢底部，从拌和机向运料车上装料时，应多次挪动汽车位置，平衡装料，以减少再生沥青混合料离析。

(3)再生沥青混合料必须加盖苫布(棉被)，防止温度降低过快或结块、防雨、防污染。

(4)运料车在运输途中，不得随意停歇，运到施工现场的再生沥青混合料必须满足本书摊铺温度要求。

(5)摊铺过程中运料车应在摊铺机前 1 ~ 3m 处停住，空挡等候，由摊铺机推动运料车前进开始缓缓卸料，应避免运料车撞击摊铺机。

(6)摊铺机的摊铺速度应与拌和机的正常生产能力或每小时的产量相匹配。运料车需要有足够数量，能将拌和机生产的再生沥青混合料及时运到铺筑现场。

### 4.6.3 摊铺

(1)在铺筑再生沥青混合料之前摊铺表面应清扫干净，对路面缺陷应及时进行处理，如再生沥青混合料用于路面面层，应喷洒黏层油后方可进行施工。

(2)摊铺机开工前应提前 0.5 ~ 1h 预热熨平板，其温度应不低于 100℃。铺筑过程中应选择熨平板的振捣或夯锤压实装置具有适宜的振动频率和振幅，以提高路面的初始压实度。熨平板加宽连接应仔细调节至摊铺的混合料不出现明显的离析现象。

(3)厂拌热再生沥青混合料的摊铺温度宜比热拌沥青混合料高 5 ~ 10℃，摊铺机必须缓慢、均匀、连续不间断地摊铺，不得随意变换速度或中途停顿，以提高平整度，减少混合料的离析。摊铺速度宜控制在 1 ~ 3m/min 之间。当发现混合料出现明显的离析、波浪、裂缝、拖痕时，应分析原因，予以消除。

(4)为了做到均匀、连续不间断地摊铺，在摊铺机前至少有 4 辆以上的运料车等候卸料。

(5)当路表面温度低于 15℃、雨天或潮湿情况下，不宜摊铺再生沥青混合料。

(6)再生沥青混合料的松铺系数应通过试铺试压确定。

### 4.6.4 压实

再生沥青混合料沥青层一层的压实厚度不宜小于集料公称最大粒径的 2.5 ~ 3 倍，以减少离析，便于压实。如果级配设计为 SMA 嵌挤型结构，压实厚度不宜小于集料公称最大粒径的 2 ~ 2.5 倍，但压实层最大厚度不宜大于 100mm。

厂拌热再生混合料的压实温度宜比热拌沥青混合料高 5 ~ 10℃，压路机应以慢而均匀的速度紧跟摊铺机后尽可能在高温状态下碾压，碾压速度符合表 4-9 的规定。压实段长度不宜超过 20m，以尽快使表面压实，减少热量损失。具体压路机组合及碾压工艺(初压、复压、终压)应根据试验路段、施工条件等综合确定，以达到最佳碾压效果。

**压路机碾压速度**(km/h)　　表 4-9

| 压路机类型 | 初压 | | 复压 | | 终压 | |
|---|---|---|---|---|---|---|
| | 适宜 | 最大 | 适宜 | 最大 | 适宜 | 最大 |
| 钢轮压路机 | 2 ~ 3 | 4 | 3 ~ 5 | 6 | 3 ~ 6 | 6 |
| 轮胎压路机 | 2 ~ 3 | 4 | 3 ~ 5 | 6 | 3 ~ 6 | 8 |

采用钢轮压路机碾压时，在钢轮表面应喷洒(或涂刷)油水混合液，喷量应以不黏轮和不

滴淌为准。

普通再生沥青混合料和 SBS 改性再生沥青混合料的施工温度应符合表 4-10 和表 4-11 的规定。表中的温度可根据气候条件、运距远近等适当调整。

**普通再生沥青混合料的正常施工温度范围**　　表 4-10

<table>
<tr><th colspan="2" rowspan="2">施　工　工　序</th><th colspan="2">石油沥青的强度等级</th></tr>
<tr><th>70 号</th><th>90 号</th></tr>
<tr><td colspan="2">沥青加热温度(℃)</td><td>155～165</td><td>150～160</td></tr>
<tr><td colspan="2">间歇式拌和机矿料加热温度(℃)</td><td colspan="2">集料加热温度比沥青温度高 10～30</td></tr>
<tr><td colspan="2">RAP 加热温度(℃)</td><td colspan="2">130～150</td></tr>
<tr><td colspan="2">再生剂加热温度(℃)</td><td colspan="2">100～140</td></tr>
<tr><td colspan="2">再生沥青混合料出料温度(℃)</td><td>150～170</td><td>145～165</td></tr>
<tr><td colspan="2">混合料废弃温度(℃),高于</td><td>195</td><td>190</td></tr>
<tr><td colspan="2">运输到现场温度(℃),不低于</td><td>150</td><td>145</td></tr>
<tr><td rowspan="2">混合料摊铺温度(℃),不低于</td><td>正常温度</td><td>140</td><td>135</td></tr>
<tr><td>低温施工</td><td>155</td><td>145</td></tr>
<tr><td rowspan="2">开始碾压混合料内部温度(℃),不低于</td><td>正常温度</td><td>135</td><td>130</td></tr>
<tr><td>低温施工</td><td>150</td><td>140</td></tr>
<tr><td rowspan="2">碾压终了表面温度(℃),不低于</td><td>钢轮压路机</td><td>75</td><td>70</td></tr>
<tr><td>轮胎压路机</td><td>85</td><td>80</td></tr>
<tr><td colspan="2">开放交通路表温度(℃),不高于</td><td>50</td><td>50</td></tr>
</table>

**SBS 改性再生沥青混合料的正常施工温度范围**　　表 4-11

| 施　工　工　序 | SBS 改性沥青品种 |
|---|---|
| 改性沥青现场制作温度(℃) | 175～185 |
| 成品改性沥青加热温度(℃),不高于 | 185 |
| 集料加热温度(℃) | 190～220 |
| RAP 加热温度(℃) | 130～150 |
| 再生剂加热温度(℃) | 100～140 |
| SBS 改性再生沥青混合料出料温度(℃) | 170～185 |
| 混合料废弃温度(℃),高于 | 195 |
| 混合料摊铺温度(℃),不低于 | 160 |
| 开始碾压混合料内部温度(℃),不低于 | 150 |
| 碾压终了表面温度(℃),不低于 | 90 |
| 开放交通路表温度(℃),不高于 | 50 |

### 4.6.5　接缝

(1)再生沥青路面的施工必须接缝紧密、连接平顺,不得产生明显的接缝离析。

(2)再生沥青混合料铺筑应避免产生纵向接缝,横向施工缝应采用平接缝。

(3)应特别注意横向接缝处的平整度。

### 4.6.6 开放交通及其他

(1)再生沥青路面施工结束,应在24h后或者再生沥青路面温度下降到50℃以下,方容许开放交通。

(2)铺筑好的再生沥青层应严格控制交通,做好保护,保持整洁,不得造成污染。

## 4.7 质量管理及控制

### 4.7.1 一般规定

(1)再生沥青路面施工应根据全面质量管理的要求,建立健全有效的质量保证体系,对施工各工序的质量进行检查评定,达到规定的质量标准,确保施工质量的稳定性。

(2)再生沥青路面施工前应对拌和站、摊铺机、压路机等各种施工机械和设备进行调试,对机械设备的配套情况、技术性能、传感器计量精度等进行认真检查、标定。

(3)正式开工前,各种原材料的试验结果以及据此进行的目标配合比设计和生产配合比设计结果,应在规定期限内向业主及监理提出正式报告,待取得正式认可后方可使用。

### 4.7.2 质量管理及控制

(1)应严格控制回收沥青路面材料(RAP)的级配、含水率以及新加材料的质量及施工温度,各项指标应符合设计和施工规范要求。再生沥青混合料的生产,每天应做抽提试验、马歇尔试验。矿料级配、沥青含量、马歇尔稳定度等结果的合格率应大于95%。

(2)施工中新加入的材料及再生沥青混合料检查项目及频次应按照《公路沥青路面施工技术规范》(JTG F40—2004)中表11.4.3、表11.4.4进行控制。考虑到再生沥青混合料特殊性,必要时应增加再生沥青混合料弯曲试验,测定低温弯曲试验破坏应变(με),以4~6个试件的平均值评定。

(3)施工过程中回收沥青路面材料(RAP)质量检查项目与频度应符合表4-12的规定。

施工中RAP材料检查项目及频次　　表4-12

| 检查项目 | | 检查频度 | 平行试验次数 | 指标要求 |
|---|---|---|---|---|
| RAP | 级配 | 每天1次 | 2 | 符合设计要求 |
| | 沥青含量(%) | 每天1次 | 3 | 符合设计要求 |
| | RAP的含水率(%) | 每天1次 | 2 | ≤3 |
| RAP中粗集料 | 针片状颗粒含量(%) | 随时 | 2 | ≤18 |
| | 压碎值(%) | 必要时 | 2 | ≤28 |
| RAP中细集料 | 砂当量(%) | 必要时 | 2 | ≥60 |
| | 棱角性(s) | 必要时 | 2 | ≥30 |

(4)拌和后的再生沥青混合料应均匀一致,无花料,无粗细料分离和结团成块现象。基

层必须碾压密实，表面干燥、清洁、无浮土，其平整度和路拱度应符合要求，注意控制摊铺和碾压温度，碾压至要求的压实度。

（5）再生沥青路面施工前，必须铺筑试验段，长度不小于200m，以检查再生沥青混合料是否符合要求。

（6）随机取样检测工地再生沥青混合料的级配和油石比。抽检混合料的级配和油石比满足表4-13的要求时，可不对拌和站各生产参数进行调整。反之，应查找原因，调整生产参数。

**再生沥青混合料级配和油石比允许偏差** 表4-13

| 项目 | 规格 | 允许偏差（%） |
|---|---|---|
| 矿料级配 | ≥4.75mm | ±5 |
| | 0.6～2.36mm | ±4 |
| | 0.15mm～0.3mm | ±3 |
| | 0.075mm | ±2 |
| 油石比 | | ±0.2 |

（7）按要求每天进行马歇尔试验，计算空隙率等体积指标，指标异常时，应及时查找原因。

（8）再生沥青路面施工及交工检查与验收质量标准应按照《公路沥青路面施工技术规范》（JTG F40—2004）中表11.4.5-1、表11.5.1-1进行；检验评定标准应按照《公路工程质量检验评定标准》（JTG F80/1—2004）中表7.3.2进行。

## 4.8 工程实例一

### 4.8.1 工程概况

沈通线厂拌热再生工程如图4-5所示。2011年施工，桩号K198+900～K204+700，公路等级为二级，设计行车速度80km/h，路面宽度15m；路基宽度16.5m，双向四车道。再生层位于上面层或下面层，再生前弯沉值为0.859mm，再生后路设计弯沉值为0.353mm，原路面设计弯沉值为0.428mm。路面具体结构见表4-14和图4-6。其中应用于上面层1km，旧料掺量为20%，混合料级配类型为RAC-10；应用于下面层4.8km，旧料掺量为30%，其中3.8km不添加再生剂，1km添加再生剂，其中添加A1和A2再生剂各0.5km，下面层的混合料级配类型为RAC-13。具体分布如图4-7所示。

图4-5 沈通线厂拌热再生路面

新旧路面结构对照　　表 4-14

| 原路面设计结构 | | 再生路段路面结构 | |
|---|---|---|---|
| 厚度（cm） | 材　料 | 厚度（cm） | 材　料 |
| 2.5 | 普通沥青混凝土 | 3 | 4% SBS 改性沥青混合料 AC-10 或厂拌热再生沥青混合料 RAC-10 |
| 3 | 普通沥青混凝土 | 4 | 厂拌热再生沥青混合料 RAC-13（RAP 含量 30%）或普通沥青混合料 AC-13 |
| 20 | 水泥稳定砂砾 | 15 | 微黏结碎石上基层 |
| 20 | 砂砾垫层 | 15 | 水稳砂砾底基层 |
| 土基模量 | 30 | 土基模量 | 30 |

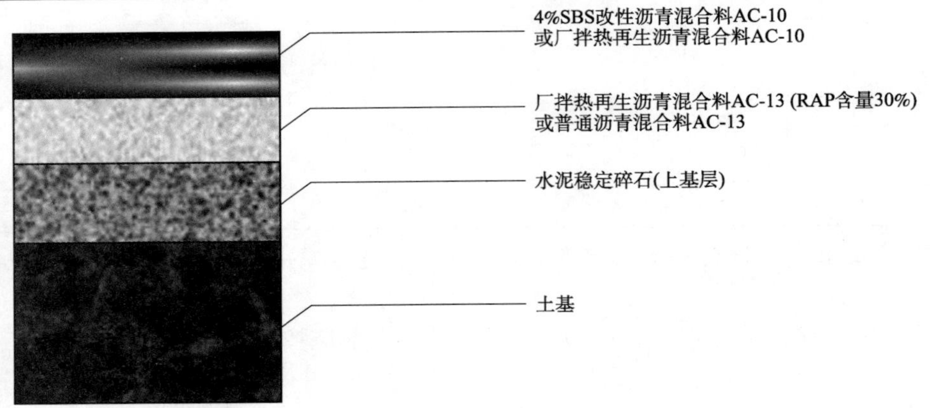


图 4-6　再生后路面结构

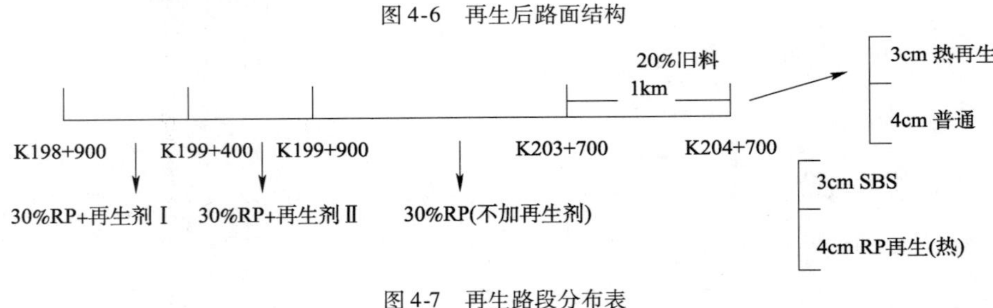


图 4-7　再生路段分布表

## 4.8.2　原道路路况调查

### 1) 路况调查

该路段再生前普遍存在严重龟裂、网裂病害，再生实施前，路面结构强度 PSSI 为 45.8，处于差等级；路面破损 PCI 为 53.9，处于差等级；路面平整度 RQI 为 89.6，处于良等级；路面总体状况较差。

2011 年进行改建后，从钻取的芯样看，芯样完整，基层与面层间黏结良好，基层无破损，路况总体良好。存在主要病害是横向裂缝，局部有轻微车辙和坑槽。从路面技术状况分析，PSSI 为 89.8，RQI 为 84.2，PCI 为 87.6，均处于良等级。掺加 A1 和 A2 再生剂路段横向裂缝间距 50m 一道，而未加再生剂的 30m 一道，裂缝宽度掺加再生剂比未加再生剂的也要小一些，说明再生剂的加入增加了沥青混合料的低温柔性，也表明再生剂在对旧沥青混合料性能恢复上有一定作用。路面局部破损如图 4-8 所示,钻芯取样如图 4-9 所示。

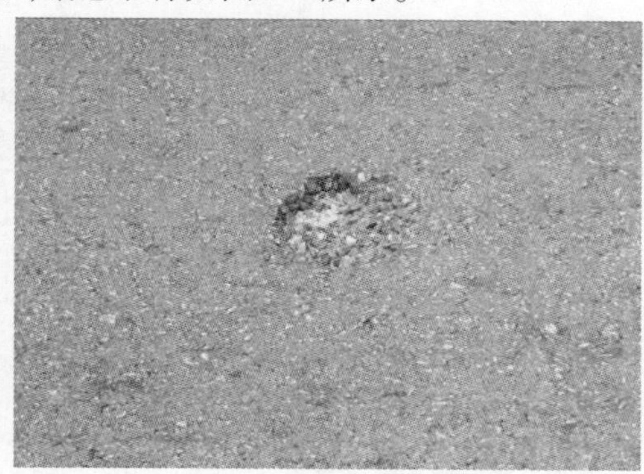

图 4-8　厂拌热再生路段局部病害

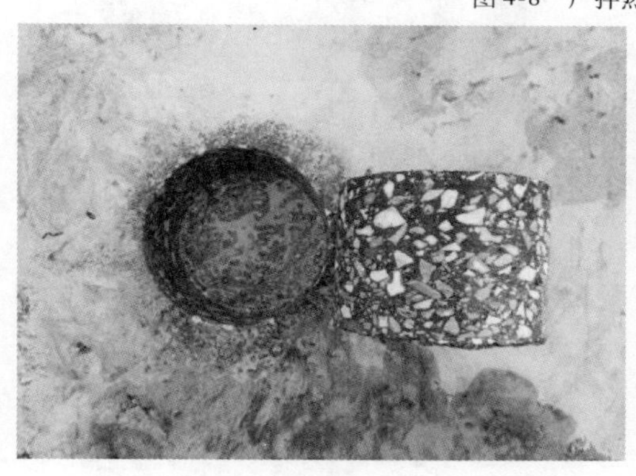

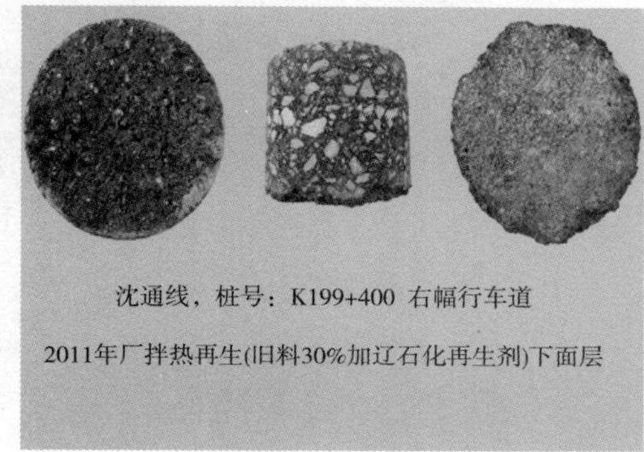


图 4-9　厂拌热再生路段钻芯取样

**2)交通量调查**

(1)年平均日交通量 AADT

年平均日交通量 AADT 是衡量道路交通负荷的重要指标,用来确定道路等级。通过调查再生路段的交通量情况,交通组成主要由小型货车、中型货车、大型货车、特大货车、拖挂货车、集装箱车、小型客车、大型客车、摩托车、拖拉机和非机动车组成。其中,小型货车、小型客车、摩托车、非机动车对路面结构损伤作用极其轻微,可忽略不计。根据交通组成情况,计算年平均日交通量 AADT 见表 4-15。

**厂拌热再生路段年平均日交通量 AADT**　　表 4-15

| 年份(年) | 2009 | 2010 | 2011 | 2012 |
|---|---|---|---|---|
| 年均日交通量 AADT(辆/d) | 5 331 | 5 686 | 5 334 | 6 223 |
| 大客车及中型以上各种货车交通量 $N_h$[辆/(d·车道)] | 755 | 832 | 764 | 880 |

从表 4-15 中的数据可以看出,该路段交通量不大,从目前统计数据情况看,道路等级为二级,能够满足《公路工程技术标准》(JTG B01—2014)中“双车道二级公路应能适应将各种汽车折合成小客车的年平均日交通量 5 000 ~ 15 000 辆”的交通荷载要求。

(2)大客车及中型以上各种货车交通量 $N_h$

BZZ-100 累计标准轴载 $N_e$(次/车道)、大客车及中型以上各种货车交通量 $N_h$[辆/(d·

车道)]是划分道路交通等级的重要指标。大客车及中型以上各种货车(重载车)对路面结构的损伤影响比较大。考虑到 $N_e$ 计算的准确性和难度,本书仅以 $N_h$ 来划分再生路面的交通等级。交通等级分类表见表 4-16,各年交通量绘制成图形如图 4-10 所示。

交通等级分类　　表 4-16

| 交通等级 | 轻交通 | 中等交通 | 重交通 | 特重交通 |
|---|---|---|---|---|
| 大客车及中型以上各种货车交通量 $N_h$[辆/(d·车道)] | <600 | 600~1 500 | 1 500~3000 | >3 000 |

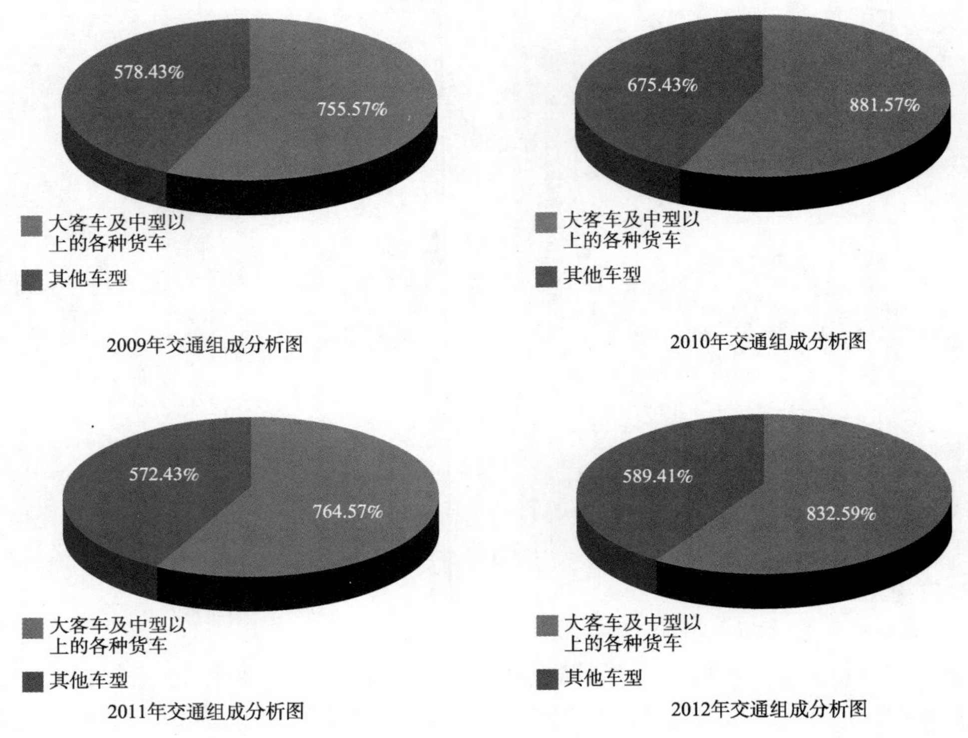


图 4-10　交通组成

2012 年该厂拌热再生路段大客车及中型以上各种货车为 880 辆/(d·车道),属于中等交通。

### 4.8.3　材料选择及要求

#### 1)旧料分析评价

回收沥青路面材料(RAP)来源于沈通线铣刨的,从回收沥青路面材料(RAP)料堆取样,进行试验分析,内容包括:

(1)回收沥青路面材料(RAP)的含水率。

(2)旧矿料筛分。

(3)沥青含量测定。

(4)旧沥青性能评价。

选取代表性旧料至少平行进行 5 组试验，取平均值。回收沥青路面材料（RAP）的含水率为 2.37%。旧矿料筛分、沥青含量试验结果见表 4-17。

**旧矿料筛分、沥青含量**　　表 4-17

| 筛孔尺寸(mm) | 13.2 | 9.5 | 4.75 | 2.36 | 1.18 | 0.6 | 0.3 | 0.15 | 0.075 | 沥青含量(%) |
|---|---|---|---|---|---|---|---|---|---|---|
| 通过率(%) | 100 | 93.6 | 56.6 | 35.6 | 28.3 | 19.6 | 8.4 | 4.9 | 0.0 | 3.6 |
| | 100 | 95.7 | 58.5 | 36.3 | 29.2 | 21 | 10.5 | 6.1 | 0.0 | 4.2 |
| | 100 | 94.2 | 60.1 | 38.3 | 30.6 | 21.1 | 9.7 | 4.5 | 0.0 | 3.8 |
| | 100 | 95.7 | 57.2 | 34.1 | 26.4 | 18.7 | 8.7 | 5.4 | 0.0 | 4.1 |
| | 100 | 94.7 | 57.4 | 36.1 | 28.8 | 20.6 | 9.0 | 5.5 | 0.0 | 3.9 |
| 平均(%) | 100 | 94.8 | 58.0 | 36.1 | 28.7 | 20.2 | 9.3 | 5.3 | 0.0 | 3.9 |

对该厂拌热再生路段使用的回收沥青路面材料（RAP）进行抽提，测定回收沥青的常规指标见表 4-18，试验按照《公路工程沥青及沥青混合料试验规程》（JTG E20—2011）中有关方法进行。

**回收沥青三大指标**　　表 4-18

| 取样地点 | 针入度(25℃,5s,100g)(0.1mm) | 软化点(℃) | 延度(15℃)(cm) |
|---|---|---|---|
| 沈通线 | 54 | 48 | 12 |
| 规范要求 | 80～100 | ≥44 | ≥100 |

从表 4-18 回收沥青路面材料（RAP）数据看，针入度、延度在降低，软化点升高，说明沥青在使用一段时间内，发生了老化。通过在回收沥青中添加再生剂可获得符合要求的再生沥青。采用再生剂恢复旧沥青的性能，其用量是指再生剂占旧沥青的比例，通过试验确定最佳掺量，具体试验结果见表 4-19。

**不同比例再生剂加入量与三大指标对应关系**　　表 4-19

| 再生剂加入比例(%) | | 0 | 4 | 8 | 10 | 12 |
|---|---|---|---|---|---|---|
| 再生沥青三大指标 | 针入度(25℃,5s,100g)(0.1mm) | 54 | 78 | 97 | 112 | 126 |
| | 软化点(℃) | 48 | 46.3 | 45.2 | 41.3 | 38.7 |
| | 延度(15℃)(cm) | 12 | 43 | 110 | 115 | 122 |

根据表 4-19 试验结果，最终再生剂的掺量确定为 8%。厂拌热再生沥青混合料中关键的一点就是回收料中旧沥青的再生。经过再生剂再生后的再生沥青指标见表 4-20。

**再生沥青三大指标**　　表 4-20

| 取样地点 | 针入度(25℃,5s,100g)(0.1mm) | 软化点(℃) | 延度(15℃)(cm) |
|---|---|---|---|
| 沈通线 | 97 | 45.2 | 110 |
| 规范要求 | 80～100 | ≥44 | ≥100 |

从表 4-20 旧沥青再生试验检测结果可以看出，回收沥青经过再生剂软化后，其针入度、软化点和延度三大指标明显改善。再生沥青各项指标均达到 90 号道路石油沥青的要求。

**2）新加入材料性能**

（1）新沥青胶结料

再生沥青混合料中新加入的沥青胶结料采用90号道路石油沥青，试验结果见表4-21。

**90号沥青检测结果** 表4-21

| 试验项目 | | 试验结果 | 技术要求 |
|---|---|---|---|
| 针入度(25℃,5s,100g)(0.1mm) | | 95 | 80~100 |
| 延度(5cm/min,15℃)(cm) | | >150 | ≥100 |
| 软化点(环球法)(℃) | | 46 | ≥44 |
| 闪点(COC)(℃) | | 248 | ≥245 |
| 含蜡量(蒸馏法)(%) | | ≤1.91 | ≤2.2 |
| 密度(15℃)(g/cm$^3$) | | 1.0091 | 实测记录 |
| 溶解度(三氯乙烯)(%) | | ≥99.9 | ≥99.5 |
| 薄膜加热试验(163℃,5h) | 质量损失(%) | ≤0.62 | ±0.8 |
| | 针入度比(%) | ≥58.1 | ≥57 |
| | 延度(15℃)(cm) | >78 | ≥20 |

(2)新加入的矿料

①粗集料采用普通石灰岩破碎碎石。

②细集料采用石灰岩石屑和天然砂。

③填料采用石灰岩磨细矿粉。

试验结果见表4-22、表4-23和表4-24。

**粗集料(石灰岩)质量检测结果** 表4-22

| 项目 | 技术要求 | 石灰岩 |
|---|---|---|
| 石料压碎值(%) | ≤30 | ≤21.0 |
| 洛杉矶磨耗损失(%) | ≤40 | ≤16.6 |
| 表观相对密度 | ≥2.45 | ≥2.692 |
| 吸水率(%) | ≤3.0 | ≤0.6 |
| 对沥青的黏附性 | ≥3级 | ≥4级 |
| 坚固性(%) | — | ≤4.2 |
| 细长扁平颗粒含量(%) | ≤20 | ≤11.2 |
| 水洗法<0.075mm颗粒含量(%) | ≤1 | ≤0.4 |
| 软石含量(%) | ≤5 | ≤0.2 |
| 石料磨光值BPN | 实测 | ≥50 |
| 石料冲击值(%) | 实测 | ≤18.6 |

**细集料试验结果** 表4-23

| 指标 | 技术要求 | 试验结果 | |
|---|---|---|---|
| | | 中砂 | 石屑 |
| 表观相对密度 | ≥2.45 | ≥2.601 | ≥2.625 |
| 坚固性(>0.3mm部分)(%) | — | ≤5.9 | ≤4.8 |
| 砂当量(%) | ≥50 | ≥78 | ≥83 |

矿粉试验结果 表4-24

| 指标 | 技术要求 | 试验结果 |
|---|---|---|
| 表观密度($t/m^3$) | ≥2.45 | ≥2.792 |
| 含水率(%) | ≤1 | ≤0.2 |
| 粒度范围(<0.6mm)(%)<br><0.15mm(%)<br><0.075mm(%) | 100<br>90~100<br>70~100 | 100<br>94.0<br>86.1 |
| 外观 | 无团粒,不结块 | 无团粒,不结块 |
| 亲水系数 | <1 | 0.98 |
| 塑性指数 | 4 | 3.2 |

再生沥青混合料中新添加集料包括碎石5~10mm、碎石5~15mm、石屑、中砂和矿粉,分别对各档集料进行筛分,筛分结果见表4-25。

各档集料筛分结果 表4-25

| 筛孔尺寸(mm) | 通过百分率(%) | | | | |
|---|---|---|---|---|---|
| | 碎石5~15 | 碎石5~10 | 石屑 | 中砂 | 矿粉 |
| 16 | 100 | | | | |
| 13.2 | 96.7 | 100 | | | |
| 9.5 | 59 | 95.7 | 100 | 100 | |
| 4.75 | 0.6 | 13.7 | 85.6 | 95.8 | |
| 2.36 | 0 | 0.3 | 36.3 | 78.6 | |
| 1.18 | — | 0 | 19.2 | 56.9 | |
| 0.6 | — | — | 9.7 | 26 | 100 |
| 0.3 | — | — | 4.1 | 5.6 | 100 |
| 0.15 | — | — | 1.8 | 1.2 | 99.2 |
| 0.075 | — | — | 0 | 0 | 88 |

根据试验规程测定各档集料的毛体积相对密度和矿粉的表观密度,试验结果见表4-26。

各档集料密度 表4-26

| 集料规格 | 碎石5~15mm | 碎石5~10mm | 石屑 | 中砂 | 矿粉 |
|---|---|---|---|---|---|
| 密度($g/cm^3$) | 2.687 | 2.699 | 2.625 | 2.601 | 2.792 |

(3)再生剂

为使回收沥青路面材料(RAP)的旧沥青性能得以恢复,再生剂应具有很好的亲和力与渗透能力,与沥青有良好配伍性,具有一定的耐热性和耐候性。再生剂性能指标见表4-27。

再生剂性能指标 表4-27

| 技术指标 | 运动黏度(60℃)($mm^2/s$) | 闪点(℃) | 饱和分含量(%) | 芳香分含量(%) | 薄膜烘箱试验 | |
|---|---|---|---|---|---|---|
| | | | | | 前后黏度比 $\eta_{前}/\eta_{后}$(%) | 前后质量变化 $\eta_{前}/\eta_{后}$(%) |
| 实测值 | 316 | 248 | 21.4 | 52.7 | 2.69 | 1.38 |
| 规范值 | 300~320 | ≥220 | ≤30 | ≥50 | ≤3 | ≥-3,≤3 |

### 4.8.4 厂拌热再生沥青混合料配合比设计

再生沥青混合料配合比设计分为目标配合比、生产配合比及生产配合比验证三个阶段。

**1)目标配合比设计**

目标配合比设计参照《沥青路面厂拌热再生技术指南》(DB 21/T 1847—2010)进行。厂拌热再生沥青混合料目标配合比设计流程如图4-4所示。

该厂拌热再生工程用于下面层,混合料级配类型为RAC-13,旧料掺配比例为30%。RAC-13各档集料的配合比设计结果见表4-28,级配曲线如图4-11所示。

**RAC-13各档集料的配合比设计结果(%)** 表4-28

| 筛孔尺寸(mm) | 设计级配 | | | 5~15 | 石屑 | 砂 | 矿粉 | RAP | 合成级配 |
|---|---|---|---|---|---|---|---|---|---|
| | 上限 | 下限 | 中值 | A | B | C | D | E | |
| 16 | 100.0 | 100.0 | 100.0 | 100.0 | 100.0 | 100.0 | 100.0 | 100.0 | 100.0 |
| 13.2 | 100.0 | 90.0 | 95.0 | 96.7 | 100.0 | 100.0 | 100.0 | 99.6 | 98.6 |
| 9.5 | 85.0 | 68.0 | 76.5 | 59.0 | 100.0 | 100.0 | 100.0 | 94.4 | 82.2 |
| 4.75 | 68.0 | 38.0 | 53.0 | 0.6 | 85.6 | 95.8 | 100.0 | 57.7 | 46.2 |
| 2.36 | 50.0 | 24.0 | 37.0 | 0.0 | 36.3 | 78.6 | 100.0 | 36.0 | 31.9 |
| 1.18 | 38.0 | 15.0 | 26.5 | 0.0 | 19.2 | 56.9 | 100.0 | 28.5 | 25.3 |
| 0.6 | 28.0 | 10.0 | 19.0 | 0.0 | 9.7 | 26.0 | 100.0 | 20.1 | 18.2 |
| 0.3 | 20.0 | 7.0 | 13.5 | 0.0 | 4.0 | 5.6 | 100.0 | 9.2 | 12.0 |
| 0.15 | 15.0 | 5.0 | 10.0 | 0.0 | 1.8 | 1.2 | 99.2 | 5.3 | 10.0 |
| 0.075 | 8.0 | 4.0 | 6.0 | 0.0 | 0.0 | 0.0 | 88.0 | 0.0 | 7.1 |
| 用量(%) | | | | 40 | 11 | 11 | 8 | 30 | |

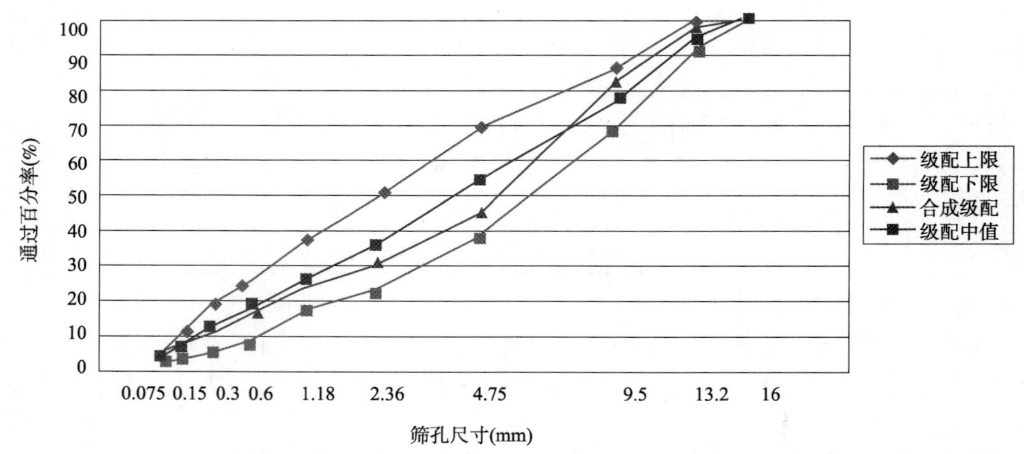


图4-11 矿料级配曲线

RAC-13的再生沥青混合料配合比设计采用马歇尔方法,分别选择沥青含量为3.5%、4%、4.5%、5%、5.5%制备马歇尔试件。马歇尔试验测定的物理力学指标详见表4-29。

RAC-13 不同沥青用量混合料试件物理力学指标 表4-29

| 再生剂产地 | 沥青用量(%) | 最大理论相对密度 | 毛体积相对密度 | 空隙率(%) | 矿料间隙率(%) | 沥青饱和度(%) | 稳定度(60℃)(kN) | 流值(mm) |
|---|---|---|---|---|---|---|---|---|
| 抚顺 | 3.5 | 2.623 | 2.427 | 7.473 | 15.883 | 52.949 | 7.47 | 1.79 |
| | 4.0 | 2.588 | 2.492 | 3.687 | 14.669 | 67.116 | 6.73 | 2.18 |
| | 4.5 | 2.585 | 2.507 | 3.019 | 14.187 | 78.720 | 6.18 | 2.83 |
| | 5.0 | 2.581 | 2.548 | 1.286 | 13.892 | 90.743 | 4.95 | 3.38 |
| | 5.5 | 2.559 | 2.534 | 0.976 | 14.776 | 93.395 | 4.34 | 3.90 |

通过表4-29的试验结果,综合确定RAC-13再生沥青混合料的OAC为4.22%。所对应的各项指标均基本符合密级配沥青混合料马歇尔试验技术标准。

根据以上级配和沥青含量,进行再生沥青混合料性能试验,结果见表4-30。

再生沥青混合料配合比设计验证结果 表4-30

| 项目 | 浸水马歇尔残留稳定度(%) | 冻融劈裂强度比(%) | 60℃车辙试验动稳定度(次/mm) | 最大弯拉破坏应变(με) |
|---|---|---|---|---|
| 试验值 | 86.4 | 81.9 | 1 840 | 2 187 |
| 规范要求 | ≥80 | ≥75 | ≥800 | ≥2 000 |

从表4-30中试验数据看,厂拌热再生沥青混合料各项性能指标均达到规范要求。

根据国内外的设计和施工经验,掺加回收沥青路面材料(RAP)会使混合料的热稳定性能有所提高,马歇尔稳定度和车辙试验结果比普通热拌沥青混合料好。对于低温抗裂性应严格控制,可能成为再生沥青混合料的薄弱环节。

**2)生产配合比设计**

按试验路目标配合比设计的结果进行拌和,从二次筛分后进入各热料仓的材料取样进行筛分,结果见表4-31。

热料仓矿料筛分试验结果 表4-31

| 项目 | 通过下列筛孔(mm)的质量百分率(%) | | | | | | | | | | |
|---|---|---|---|---|---|---|---|---|---|---|---|
| | 19 | 16 | 13.2 | 9.5 | 4.75 | 2.36 | 1.18 | 0.6 | 0.3 | 0.15 | 0.075 |
| RAP | 100 | 100 | 100 | 94.2 | 53.3 | 35.6 | 24.8 | 19.5 | 10.4 | 7.6 | 3.4 |
| 1号仓 | 100 | 97.7 | 27.1 | 6.81 | 0.27 | 0.17 | 0 | 0 | 0 | 0 | 0 |
| 2号仓 | 100 | 100 | 100 | 41.4 | 11.6 | 0.4 | 0 | 0 | 0 | 0 | 0 |
| 3号仓 | 100 | 100 | 100 | 82.3 | 34.5 | 26.1 | 19.2 | 8.1 | 6.3 | 1.44 | 0 |
| 4号仓 | 100 | 100 | 100 | 100 | 94.7 | 65.4 | 46.4 | 29.8 | 23.7 | 16.1 | 11.5 |
| 矿粉 | 100 | 100 | 100 | 100 | 100 | 100 | 100 | 100 | 100 | 97.5 | 78.8 |

反复调整冷料仓进料比例以达到进料均衡,确定各热料仓的材料比例,供拌和机控制室使用,见表4-32。计算合成级配见表4-33,级配曲线如图4-12所示。

再生沥青混合料旧料及热料仓比例 表4-32

| 矿料规格 | RAP | 1号仓 | 2号仓 | 3号仓 | 4号仓 | 矿粉 |
|---|---|---|---|---|---|---|
| 比例(%) | 30 | 0 | 17 | 33 | 17 | 3 |

生产配合比矿料级配计算结果　表 4-33

| 项　目 | 通过下列筛孔(mm)的质量百分率(%) | | | | | | | | | |
|---|---|---|---|---|---|---|---|---|---|---|
| | 0.075 | 0.15 | 0.3 | 0.6 | 1.18 | 2.36 | 4.75 | 9.5 | 13.2 | 16 |
| 目标配合比 | 7.1 | 10 | 12 | 18.2 | 25.3 | 31.9 | 46.2 | 82.2 | 98.6 | 100 |
| 生产配合比 | 5.3 | 8.4 | 12.2 | 16.6 | 24.7 | 33.5 | 48.5 | 82.5 | 100.0 | 100.0 |
| 规范规定下限 | 4 | 5 | 7 | 10 | 15 | 24 | 38 | 68 | 90 | 100 |
| 规范规定上限 | 8 | 15 | 20 | 28 | 38 | 50 | 68 | 85 | 100 | 100 |

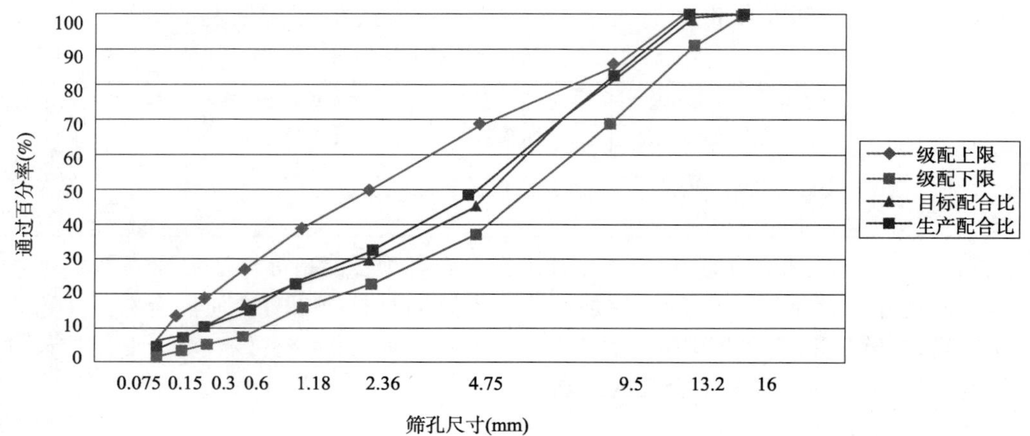


图 4-12　矿料级配曲线

各热料仓矿料密度见表 4-34，并以目标配合比设计最佳沥青用量 4.5% ±0.3% 三个沥青用量做马歇尔试验，试验结果见表 4-35。

各热料仓矿料密度　表 4-34

| 矿料规格 | 1 号仓 | 2 号仓 | 3 号仓 | 4 号仓 | 矿　粉 |
|---|---|---|---|---|---|
| 表观相对密度 | 2.727 | 2.729 | 2.732 | 2.716 | 2.770 |
| 毛体积相对密度 | 2.690 | 2.678 | 2.682 | — | — |

再生沥青混合料生产配合比马歇尔试验结果　表 4-35

| 编　号 | 沥青含量(%) | 毛体积相对密度 | 最大理论相对密度 | 空隙率(%) | 矿料间隙率(%) | 沥青饱和度(%) | 稳定度(60℃)(kN) | 流值(mm) |
|---|---|---|---|---|---|---|---|---|
| 1 | 4.2 | 2.404 | 2.523 | 4.72 | 14.82 | 68.15 | 7.23 | 3.42 |
| 2 | 4.5 | 2.417 | 2.519 | 4.04 | 14.91 | 72.94 | 8.77 | 3.12 |
| 3 | 4.8 | 2.428 | 2.510 | 3.31 | 14.96 | 77.90 | 6.76 | 4.19 |
| 规范要求 | | | | 3~6 | ≥14 | 70~85 | ≥5 | 2~4.5 |

**3)生产配合比验证**

根据上述试验结果，确定最佳沥青含量为 4.5%。生产配合比验证结果见表 4-36。

生产配合比验证试验结果 表4-36

| 试验指标 | 技术要求 | 试验结果 | 试验方法 |
|---|---|---|---|
| 60℃车辙试验动稳定度(次/mm) | ≥800 | 1 024 | T0719 |
| 浸水马歇尔试验残留稳定度(%) | ≥80 | 95.4 | T0709 |
| 冻融劈裂试验的残留强度比(%) | ≥75 | 84.7 | T0729 |
| 最大弯拉破坏应变(με) | ≥2 000 | 2 243 | T0715 |

### 4.8.5 施工工艺与质量控制

厂拌热再生沥青混合料的施工工艺和质量控制基本和普通热拌沥青混合料相同,下面仅简单阐述。

**1)施工工艺**

(1)再生沥青混合料的拌和

利用间歇式再生拌和机拌和。再生剂在再生机中与旧料先混合搅拌,然后进入间歇式拌缸,按比例加入新矿料,然后喷入沥青湿拌,拌和均匀后出料。

(2)再生沥青混合料运输

再生沥青混合料运输,车厢首先清扫干净,在车厢侧板和底板涂一薄层油水混合液。由于运距较远,在运往施工现场的过程中,再生混合料必须要加盖苫布(棉被),以防止温度降低过快。

(3)再生沥青混合料摊铺

采用两台福格勒S2100摊铺机双机联摊,摊铺速度2~3m/min,如图4-13所示。

摊铺温度不宜低于140℃,初压温度不宜低于130℃,终压温度不低于80℃;开放交通的路面温度不高于50℃。但在实际摊铺过程中,基层质量很差,面层薄厚不均,且压实度不够。

(4)再生沥青混合料压实

碾压必须尽可能紧跟摊铺机,碾压过程:

①初压:以无振动状态初压,碾压速度为1.5~2km/h。

②复压:以振动状态复压,碾压速度为5~6km/h。

③终压:以无振动状态终压,碾压速度为2~3km/h。

每次重叠宜为1/2轮。厂拌热再生料碾压如图4-14所示。

图4-13 厂拌热再生料摊铺

图4-14 厂拌热再生料碾压

2)施工质量控制

施工中严格控制回收沥青路面材料(RAP)的级配、含水率以及新加材料的质量及施工温度,各项指标应符合设计和施工规范要求。再生沥青混合料的生产,每天应做抽提试验、马歇尔试验。矿料级配、沥青含量、马歇尔稳定度等结果的合格率应大于95%。

(1)施工过程质量控制

施工中新加入的材料及再生沥青混合料检查项目及频次应按照《公路沥青路面施工技术规范》(JTG F40—2004)中表11.4.3、表11.4.4进行控制。考虑到再生沥青混合料特殊性,必要时应增加再生沥青混合料弯曲试验,测定低温弯曲试验破坏应变(με),以4~6个试件的平均值评定。施工过程中回收沥青路面材料(RAP)的质量检查项目与频度应符合表4-37的规定。

施工中RAP材料检查项目及频次　　表4-37

| 检查项目 | | 检查频度 | 平行试验次数 | 指标要求 |
|---|---|---|---|---|
| RAP | 级配 | 每天1次 | 2 | 符合设计要求 |
| | 沥青含量(%) | 每天1次 | 3 | 符合设计要求 |
| | RAP的含水率(%) | 每天1次 | 2 | ≤3 |
| RAP中粗集料 | 针片状颗粒含量(%) | 随时 | 2 | ≤18 |
| | 压碎值(%) | 必要时 | 2 | ≤28 |
| RAP中细集料 | 砂当量(%) | 必要时 | 2 | ≥60 |
| | 棱角性(s) | 必要时 | 2 | ≥30 |

在生产过程中采用燃烧炉或酒精燃烧法测定混合料的矿料级配,检测结果见表4-38。制作马歇尔试件,测定密度,空隙率等体积指标,试验结果见表4-39。

再生沥青混合料生产取样筛分试验结果　　表4-38

| 筛孔尺寸(mm) | 筛分级配(%) | RAC-13级配范围(%) |
|---|---|---|
| 16 | 95.5~99.2 | 100 |
| 13.2 | 91.2~93.6 | 90~100 |
| 9.5 | 81.4~84.2 | 68~85 |
| 4.75 | 48.0~51.3 | 38~68 |
| 2.36 | 28.8~31.3 | 24~50 |
| 1.18 | 20.9~26.0 | 15~38 |
| 0.6 | 15.5~17.6 | 10~28 |
| 0.3 | 9.9~13.2 | 7~20 |
| 0.15 | 7.4~10.7 | 5~15 |
| 0.075 | 6.2~7.3 | 4~8 |

再生沥青混合料生产取样马歇尔试验结果　　表4-39

| 项目 | 技术指标 | | | | | |
|---|---|---|---|---|---|---|
| | 沥青含量(%) | 空隙率(%) | 矿料间隙率(%) | 沥青饱和度(%) | 稳定度(60℃) | 流值(mm) |
| 实测值 | 4.1~4.5 | 3.7~4.8 | 14.3~15.8 | 71.2~74.3 | 8.4~10.1 | 2.3~4.0 |
| 要求值 | 4.2 | 4.0 | ≥14.0 | 65~75 | ≥8.0 | 2~4 |

(2)交工检查与验收

再生沥青路面交工检查与验收质量标准应按照《公路沥青路面施工技术规范》(JTG F40—2004)中表 11.4.5-1、表 11.5.1-1 进行；检验评定标准应按照《公路工程质量检验评定标准》(JTG F80/1—2004)中表 7.3.2 进行。

### 4.8.6　厂拌热再生试验路使用效果评价

**1) 级配对比分析**

厂拌热再生混合料因掺加了相当数量的旧沥青路面材料，而使得在混合料组成设计上，比普通沥青混合料复杂。厂拌热再生混合料设计通常包括回收沥青混合料、新集料、新沥青胶结料以及再生剂。

级配控制是再生沥青混合料施工的关键所在，对比分析再生料的目标配合比、生产配合比以及钻芯取样后的矿料配合比对于评价再生材料的性能意义很大。该厂拌热再生路段在配合比设计时旧料掺配比例分别为 20%、30%。采用燃烧炉法测定再生沥青混合料的沥青用量，并进行矿料组成分析。20% 旧料掺量的沥青含量对比分析如图 4-15 所示，30% 旧料掺量的沥青含量对比分析如图 4-16 所示。20% 矿料筛分结果对比如表 4-40 所示，绘制成图形如图 4-17 所示；30% 矿料筛分结果对比见表 4-41，绘制成图形如图 4-18 所示。图中芯样级配为三组芯样平行试验的平均值。

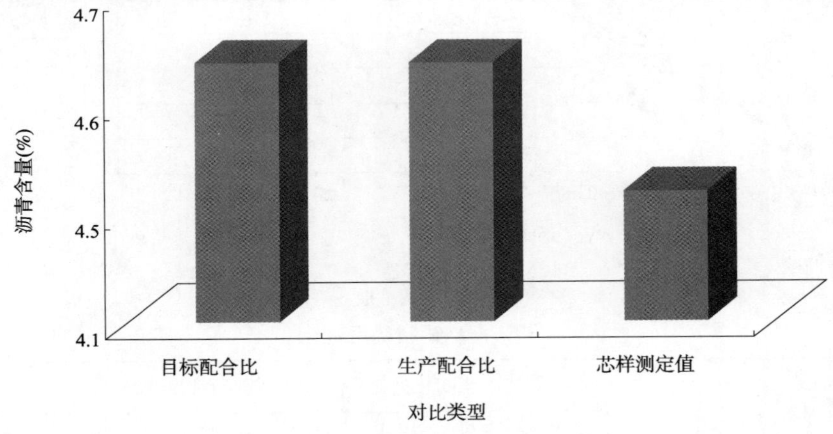


图 4-15　沥青含量对比结果(旧料掺量 20%)

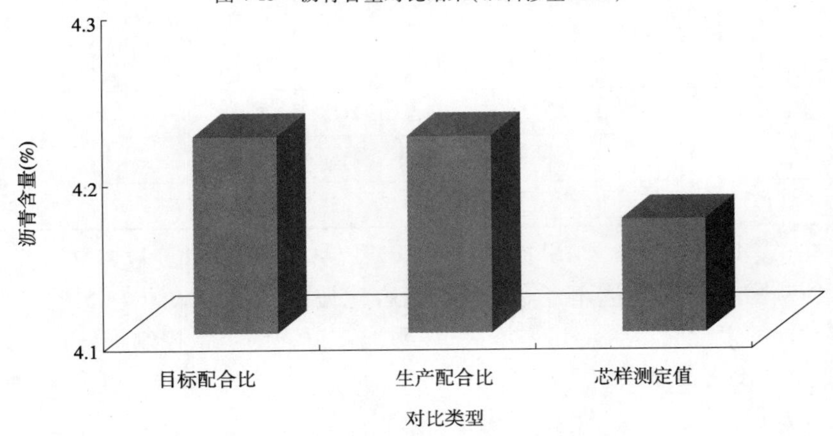


图 4-16　沥青含量对比结果(旧料掺量 30%)

**20%旧料矿料级配对比** 表 4-40

| 项　　目 | 通过下列筛孔(mm)的质量百分率(%) | | | | | | | | | |
|---|---|---|---|---|---|---|---|---|---|---|
| | 0.075 | 0.15 | 0.3 | 0.6 | 1.18 | 2.36 | 4.75 | 9.5 | 13.2 | 16 |
| 20%目标配合比 | 8 | 10.7 | 13 | 20.3 | 30.1 | 40 | 57.3 | 78.3 | 97.8 | 100 |
| 20%生产配合比 | 7.8 | 10.4 | 13.3 | 19.8 | 31.9 | 41.7 | 56.2 | 78.2 | 98.5 | 100 |
| 20%芯样筛分结果 | 7.5 | 10.7 | 14.3 | 23.4 | 31.9 | 42.5 | 51.5 | 76.5 | 95.1 | 100 |
| 规范规定下限 | 4 | 5 | 7 | 10 | 15 | 24 | 68 | 68 | 90 | 100 |
| 规范规定上限 | 8 | 15 | 20 | 28 | 38 | 50 | 38 | 85 | 100 | 100 |

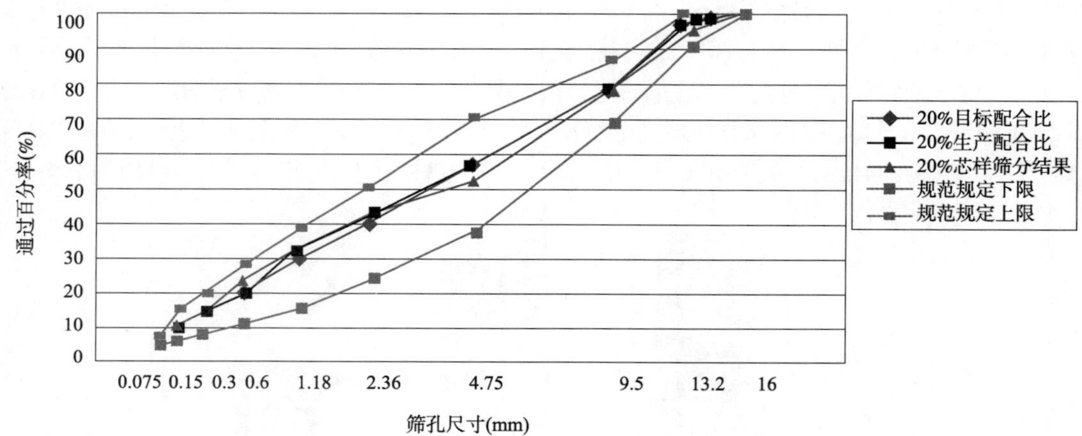


图 4-17 矿料级配曲线对比

**30%旧料矿料级配对比** 表 4-41

| 项　　目 | 通过下列筛孔(mm)的质量百分率(%) | | | | | | | | | |
|---|---|---|---|---|---|---|---|---|---|---|
| | 0.075 | 0.15 | 0.3 | 0.6 | 1.18 | 2.36 | 4.75 | 9.5 | 13.2 | 16 |
| 30%目标配合比 | 7.1 | 10 | 12 | 18.2 | 25.3 | 31.9 | 46.2 | 82.2 | 98.6 | 100 |
| 30%生产配合比 | 7.3 | 10.4 | 13.3 | 17.8 | 24.9 | 31.7 | 45.7 | 80.5 | 98.4 | 100 |
| 30%芯样筛分结果 | 8.0 | 11.8 | 14.4 | 19.6 | 26.7 | 33.9 | 43.2 | 78.8 | 94.3 | 100 |
| 规范规定下限 | 4 | 5 | 7 | 10 | 15 | 24 | 38 | 68 | 90 | 100 |
| 规范规定上限 | 8 | 15 | 20 | 28 | 38 | 50 | 68 | 85 | 100 | 100 |

从表4-40、表4-41以及图4-16、图4-18结果看，钻芯取样试件经过燃烧法筛分矿料级配在规范要求的范围内，并与目标配合比、生产配合比偏差不大。从图4-15、图4-17来看，沥青含量也与设计的最佳沥青含量相差不大，说明施工过程中质量控制很好。从路面实际情况看，不同掺量并没有明显区别。

**2)芯样状况及厚度对比分析**

从沈通线钻取的芯样状况看，整体良好，基层完好。芯样厚度见表4-42。

从表4-42中芯样厚度测量可见，大部分厚度可以满足设计厚度，表明在实际施工过程中厚度控制比较理想。

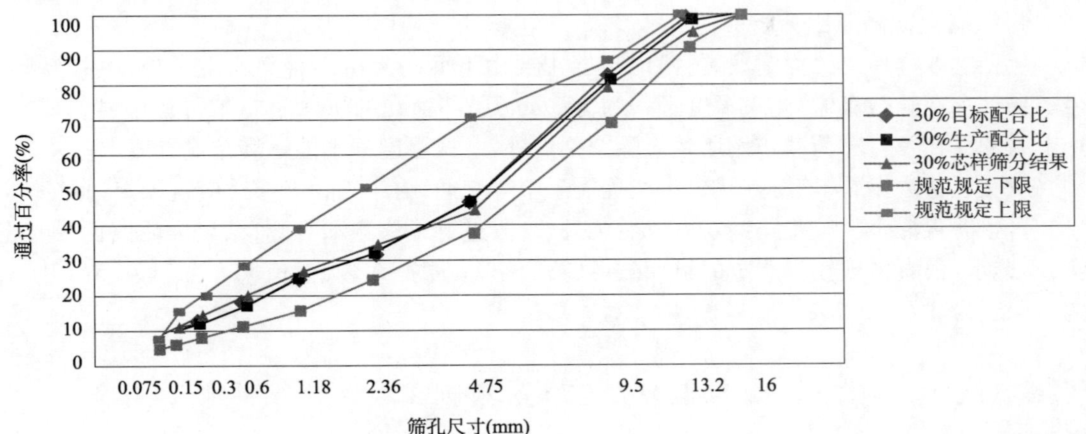


图4-18 矿料级配曲线对比

不同位置芯样厚度 表4-42

| 桩　　号 | 取芯位置 | 芯样厚度（cm） | 设计厚度（cm） |
|---|---|---|---|
| K199 +400 | 右幅行车道 | 4.1 | 4.0 |
| | 左幅行车道 | 3.9 | 4.0 |
| K199 +900 | 右幅行车道 | 4.2 | 4.0 |
| | 左幅行车道 | 4.1 | 4.0 |
| K200 +000 | 右幅行车道 | 3.5 | 4.0 |
| | 左幅行车道 | 3.6 | 4.0 |
| K204 +300 | 右幅行车道 | 3.1 | 3.0 |
| | 左幅行车道 | 2.9 | 3.0 |

### 3）芯样空隙率对比分析

采用真空法测定芯样混合料的最大相对密度，采用表干法测定芯样的毛体积相对密度，取同一桩号三个芯样的平均值。不同位置芯样空隙率测定结果见表4-43。

不同位置芯样空隙率测定结果 表4-43

| 桩　　号 | 取芯位置 | 毛体积相对密度 | 最大理论相对密度 | 空隙率（%） |
|---|---|---|---|---|
| K199 +400 | 右幅行车道 | 2.306 | 2.586 | 10.8 |
| | 左幅行车道 | 2.255 | 2.586 | 12.8 |
| K199 +900 | 右幅行车道 | 2.307 | 2.586 | 10.8 |
| | 左幅行车道 | 2.335 | 2.586 | 9.7 |
| K200 +000 | 右幅行车道 | 2.319 | 2.586 | 10.3 |
| | 左幅行车道 | 2.311 | 2.586 | 10.6 |
| K204 +300 | 右幅行车道 | 2.360 | 2.560 | 7.8 |
| | 左幅行车道 | 2.357 | 2.560 | 7.9 |

从表4-43不同位置芯样空隙率测定结果可以看出，用于下面层的厂拌热再生层空隙率偏大，根据《公路沥青路面施工技术规范》（JTG F40—2004），最终空隙率在8% ~15%属于最不利

情况,不能满足要求。这是由于施工过程中压实不足引起的。用于上面层的芯样空隙率小于8%,压实效果良好。目前,路面技术状况良好,是因为交通量不大,且通车时间较短。

**4)病害出现的原因分析**

从钻芯取样后的路面情况看,横向裂缝主要由下面的无机结合料稳定基层反射裂缝产生。局部存在轻微车辙,测量深度平均约为8mm;局部存在的坑槽是施工过程中材料离析,加上水的存在及行车荷载作用所致。除个别点外,芯样厚度基本能够满足设计要求。

从交通量数据看,该厂拌热再生工程属于中等交通,再生工程能够适应这种交通量。

再生沥青混合料试验路铺筑完成后,对试验段进行了检测和观测,结果表明路面平整密实,不透水,没有出现较为严重的早期破坏,路面粗糙,摩擦系数(摆值Fb)为71~75(BPN),构造深度为0.6~0.7mm。

## 4.9 工程实例二

### 4.9.1 工程概况

陈瓜线厂拌热再生试验路处于平原微丘区,地势平缓,公路等级为三级,设计行车速度为60km/h,桥涵荷载为汽—20,挂车—100,路面荷载为BZZ-100,路面宽7m。试验路原设计路面结构及试验路结构见表4-44。

**路面结构** 表4-44

| 原路面路面结构 | 试验路路面结构 |
|---|---|
| 3cm细粒式沥青混凝土AC-13I | 3cm再生沥青混凝土AC-13I |
| 18cm水稳砂砾 | 18cm水稳砂砾 |
| 20cm级配砂砾 | 20cm级配砂砾 |
| 土基 | 土基 |

### 4.9.2 材料选择及要求

**1)旧料矿料抽提、筛分**

选取代表性试样进行了10组抽提、筛分试验,旧沥青含量为4%,旧料矿料筛分平均值见表4-45,旧料矿料级配合成见表4-46,矿料级配曲线如图4-19所示。

**旧料矿料筛分结果** 表4-45

| 项 目 | 通过下列筛孔(方孔筛mm)的百分率(%) | | | | | | | | | |
|---|---|---|---|---|---|---|---|---|---|---|
| | 16 | 13.2 | 9.5 | 4.75 | 2.36 | 1.18 | 0.6 | 0.3 | 0.15 | 0.075 |
| 通过量变化范围(%) | 97.5~100 | 95.2~98.6 | 83.3~90.5 | 59.4~80.7 | 38.9~49.8 | 30.1~41.2 | 20.9~30.4 | 12.1~21.7 | 8.2~13.8 | 4.4~10.3 |
| 样本数$n$ | 10 | 10 | 10 | 10 | 10 | 10 | 10 | 10 | 10 | 10 |
| 均值$\mu$(%) | 98.0 | 96.1 | 85.5 | 62.2 | 43.7 | 34.6 | 24.5 | 16.7 | 9.6 | 6.1 |
| 标准差$s$ | 1.78 | 4.87 | 9.39 | 10.31 | 6.5 | 4.22 | 3.5 | 3.31 | 2.95 | 1.73 |
| 变异系数$C_v$(%) | 1.82 | 4.97 | 10.98 | 16.57 | 14.87 | 12.2 | 14.29 | 19.8 | 30.73 | 28.36 |

旧料矿料级配合成 表 4-46

| 项目 | 通过下列筛孔(mm)的质量百分率(%) | | | | | | | | | |
|---|---|---|---|---|---|---|---|---|---|---|
| | 16 | 13.2 | 9.5 | 4.75 | 2.36 | 1.18 | 0.6 | 0.3 | 0.15 | 0.075 |
| 合成级配 | 100 | 96.1 | 75.8 | 53.2 | 36.7 | 25.6 | 18.5 | 14.7 | 9.6 | 6.1 |
| 级配范围下限 | 100 | 90 | 68 | 38 | 24 | 15 | 10 | 7 | 5 | 4 |
| 级配范围上限 | 100 | 100 | 85 | 68 | 50 | 38 | 28 | 20 | 15 | 8 |

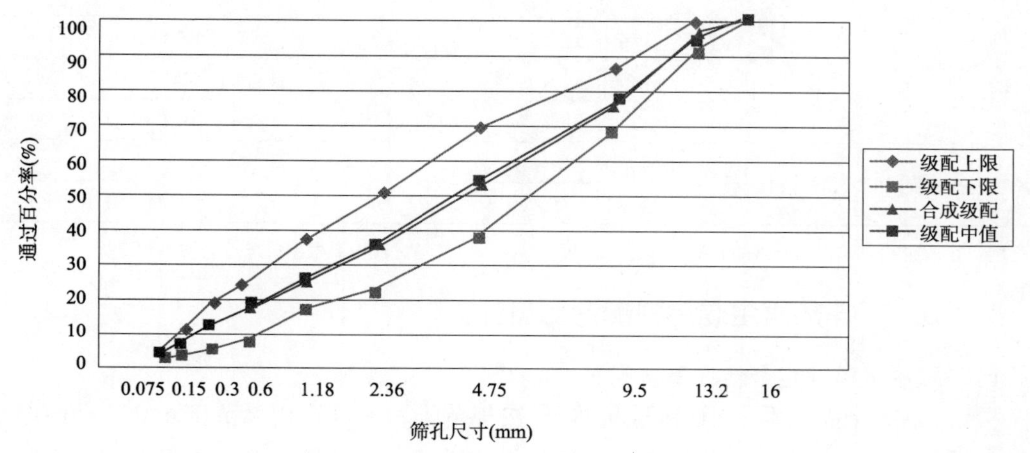


图 4-19 矿料级配曲线

**2)沥青材料**

本试验路胶结料采用 90 号道路石油沥青,检测指标见表 4-47。

**90 号道路石油沥青试验结果** 表 4-47

| 项目 | | 试验值 | 技术指标 |
|---|---|---|---|
| 针入度(25℃,5s,100g)(0.1mm) | | 96 | 80~100 |
| 软化点(℃) | | 47 | ≥44 |
| 延度(15℃)(cm) | | 138 | ≥100 |
| 延度(10℃)(cm) | | 45 | ≥30 |
| 闪点(℃) | | 246 | ≥245 |
| 密度(15℃)(g/cm$^3$) | | 1.005 8 | 实测记录 |
| 溶解度(%) | | 99.84 | ≥99.55 |
| 蜡含量(%) | | 2.0 | ≤2.2 |
| TFOT 后 | 质量变化(%) | 0.58 | ±0.8 |
| | 残留针入度比(25℃,5s,100g)(%) | 58.5 | ≥57 |
| | 残留延度(10℃)(cm) | 20 | ≥8 |
| | 残留延度(15℃)(cm) | 150 | ≥20 |

**3)再生剂**

本试验采用 JY 型再生改善剂,技术指标见表 4-48,掺配比例为旧料中旧沥青的 10%。

再生改善剂技术指标　　表 4-48

| 项　目 | | 指　标 |
|---|---|---|
| 密度($g/cm^3$) | | 0.957 |
| 外观(颜色) | | 深棕色～浅黑色 |
| 气味 | | 无刺激性气味 |
| 动力黏度(60℃)($mm^2/s$) | | 36.7 |
| 四组分 | 饱和分(%) | 28.6 |
| | 芳香分(%) | 58.8 |
| | 胶　质(%) | 11.7 |
| | 沥青质(%) | 0.8 |
| 薄膜烘箱试验(163℃,5h) | 前后黏度比(%) | 1.76 |
| | 重量损失率(%) | ≤1.85 |

注:再生改善剂要储存在有盖的容器中,防止水、灰尘等混入。使用过程中要根据情况适当加热和搅拌。

### 4.9.3 厂拌热再生混合料配合比设计

**1)马歇尔试验确定最佳沥青含量**

根据该路段地处气候、交通区域量情况,按规范推荐的沥青用量范围4.0%～6.0%,同时考虑旧料的沥青含量为4.0%,加入10%的改善剂后,混合料的沥青含量变为4.4%。所以,采用0.3%间隔变化,选定4.4%、4.7%、5.0%、5.3%、5.6%五个沥青含量,制备5组试件,按规定拌和温度150℃、击实温度140℃,双面各击实75次的方法成型。根据马歇尔试验结果,并综合考虑陈瓜线当地的气候,交通量以及防水破坏要求,选定最佳沥青含量(OAC)为$(OAC_1 + OAC_2)/2 = 4.8\%$(油石比5.0%),各项指标均能满足技术要求。

**2)配合比设计检验**

根据选定的最佳沥青含量为4.8%,制作马歇尔试件,计算体积和力学指标并对有关项目进行检验,结果见表4-49和表4-50。

马歇尔试验结果　　表 4-49

| 沥青含量(%) | 试件高度(mm) | 稳定度(60℃)(kN) | 流值(mm) | 马歇尔模数(kN/mm) | 最大理论相对密度 | 毛体积相对密度 | 空隙率(%) | 沥青饱和度(%) | 矿料间隙率(%) |
|---|---|---|---|---|---|---|---|---|---|
| 4.8 | 63.8 | 9.87 | 3.52 | 2.80 | 2.534 | 2.430 | 4.09 | 73.86 | 15.64 |
| 规范要求 | | ≥8 | 2～4 | — | — | — | 3～5 | 70～85 | ≥14 |

马歇尔试验验证结果　　表 4-50

| 试验指标 | 规范要求 | 试验结果 | 试验方法 |
|---|---|---|---|
| 60℃车辙试验动稳定度(次/mm) | ≥800 | ≥1 063 | T0719 |
| 浸水马歇尔试验残留稳定度(%) | ≥80 | ≥83.3 | T0709 |
| 冻融劈裂试验的残留强度比(%) | ≥75 | ≥79.6 | T0729 |

从表4-50验证结果看,各项指标均能满足规范要求。由此可见,全部采用旧料铺筑再生路面方法是可行的。

### 4.9.4 施工工艺与质量控制

厂拌热再生沥青混合料的施工工艺和质量控制基本和普通热拌沥青混合料相同，下面仅简单阐述。

1）施工工艺

（1）再生沥青混合料的拌和

采用间歇式再生拌和设备，旧料在再生加热滚筒中间接加热至130℃，再生料出料165℃，图4-20为厂拌热再生混合料拌和设备。

图4-20 厂拌热再生混合料拌和设备

（2）再生沥青混合料运输

再生沥青混合料运输，车厢首先清扫干净，在车厢侧板和底板涂一薄层油水混合液。由于运距较远，在运往施工现场的过程中，再生沥青混合料必须要加盖苫布（棉被），以防止温度降低过快。

（3）再生沥青混合料摊铺

采用一台RP950W型摊铺机全宽摊铺，摊铺宽度7m，摊铺速度2～3m/min。摊铺机开始铺筑前对熨平板预热至100℃以上，铺筑过程中开动熨平板的振动装置。摊铺温度不低于140℃，初压温度不低于130℃，终压温度不低于80℃；开放交通的路面温度不高于50℃。在实际摊铺过程中，由于熨平板原因，路面出现两道疏松条带，影响路面整体效果。厂拌热再生料摊铺如图4-21所示。

（4）再生沥青混合料压实

碾压必须尽可能紧跟摊铺机，防止料温下降过快，影响到压实效果。初压先静压一遍，碾压速度为1.5km/h；复压振动碾压一遍，碾压速度为3km/h；最后终压静压一遍消除轮迹，碾压速度为3km/h；每次重叠宽度宜为1/2轮。厂拌热再生料碾压如图4-22所示。

图4-21 厂拌热再生料摊铺

图4-22 厂拌热再生料碾压

2）施工质量控制

按《公路沥青路面施工技术规范》（JTG F40—2004）“沥青面层施工过程中工程质量管理的控制标准”进行施工质量管理。随时检查沥青、集料的加热温度，逐车检查并记录混合料的出厂温度，每天取样2次，测定混合料的油石比和矿料级配，检测结果见表4-51。制作马歇尔试件、测定密度、空隙率等体积指标，试验结果见表4-52。

再生沥青混合料生产取样筛分试验结果 表4-51

| 筛孔尺寸(mm) | 筛分级配(%) | AC-13级配范围(%) |
| --- | --- | --- |
| 16 | 98.1～100 | 100 |
| 13.2 | 91.5～97.3 | 90～100 |
| 9.5 | 73.2～85.6 | 68～85 |
| 4.75 | 46.5～64.1 | 38～68 |
| 2.36 | 28.5～46.0 | 24～50 |
| 1.18 | 20.4～35.5 | 15～38 |
| 0.6 | 15.1～25.1 | 10～28 |
| 0.3 | 9.0～17.5 | 7～20 |
| 0.15 | 7.3～10.5 | 5～15 |
| 0.075 | 4.8～7.8 | 4～8 |
| 沥青含量(%) | 4.3～4.9 | 4～6 |

再生沥青混合料生产取样马歇尔试验结果 表4-52

| 项目 | 技术指标 | | | | | |
| --- | --- | --- | --- | --- | --- | --- |
| | 沥青含量(%) | 空隙率(%) | 矿料间隙率(%) | 沥青饱和度(%) | 稳定度(60℃)(kN) | 流值(mm) |
| 实测值 | 4.7～5.1 | 3.5～4.6 | 14.4～15.3 | 68.9～76.2 | 8.3～11.4 | 2.7～4.1 |
| 要求值 | 4.8 | 4.0 | ≥14.0 | 65～75 | ≥8.0 | 2～4 |

### 4.9.5 厂拌热再生试验路使用效果评价

再生沥青混合料试验路铺筑完成后，有关技术人员先后四次对试验段进行了检测和观测。结果表明，路面平整密实，基本不透水，没有出现任何推移、拥包、车辙及水损害等早期破坏。路面粗糙，摩擦系数(摆值Fb)平均值为75(BPN)，构造深度平均值为0.53mm，车辙最大深度4mm，渗水系数平均值为50.7mL/min；而相临的AC-13路面摩擦系数(摆值Fb)平均值为66(BPN)，构造深度平均值为0.41mm，车辙最大深度5mm，渗水系数平均值为54.4mL/min。再生段存在4条裂缝，对比段1条裂缝。另外，试验路段出现1处局部松散现象，对比段出现2处坑槽，再生后路面检测如图4-23所示。

图4-23 厂拌热再生后的路面检测

# 第5章 厂拌冷再生

## 5.1 定义及特点

将回收沥青路面材料(RAP)运至拌和厂(场、站),经破碎、筛分后,按照一定比例与新集料、乳化沥青或泡沫沥青、活性填料、水进行常温拌和,常温铺筑形成路面结构层的沥青路面再生技术。

厂拌冷再生技术优点:

(1)充分利用旧沥青材料。

(2)混合料配合比设计易控制。

(3)常温施工。

(4)能耗低,污染小。

(5)适用范围广。

厂拌冷再生技术缺点:

(1)混合料性能不及热拌料。

(2)旧料需要运输、储存。

(3)一般需要加铺一定厚度的面层。

目前,应用较广泛的厂拌冷再生方式有两种:

(1)乳化沥青厂拌冷再生。

(2)泡沫沥青厂拌冷再生。

本书主要是基于以上两种方式进行编写。

## 5.2 适 用 条 件

(1)乳化沥青厂拌冷再生技术可适用于重交通一级公路的基层,但必须保证双层面层,厚度不宜小于7cm;乳化沥青和泡沫沥青厂拌冷再生技术可适用于中等交通一级、二级公路的下面层或基层;轻交通三级及以下公路的面层,用做面层时应加铺封层。

(2)长大纵坡、地下水位较高的路段不宜采用厂拌冷再生技术。

## 5.3 再生设备选型及配套

厂拌冷再生可以使用间歇式、滚筒式或连续式拌和设备进行拌和,其中连续式拌和设备是目前应用较广泛的一种。图5-1为两种连续式拌和再生设备的照片。

图 5-1　国内使用的部分厂拌冷再生设备

图 5-2 为国外厂拌冷再生设备,从图中可以看出,为了满足冷再生拌和需要,拌和厂需要配备厂拌冷再生设备、沥青储罐(或者槽车)、水储罐(或者水槽车)、水泥料仓、装载机等。

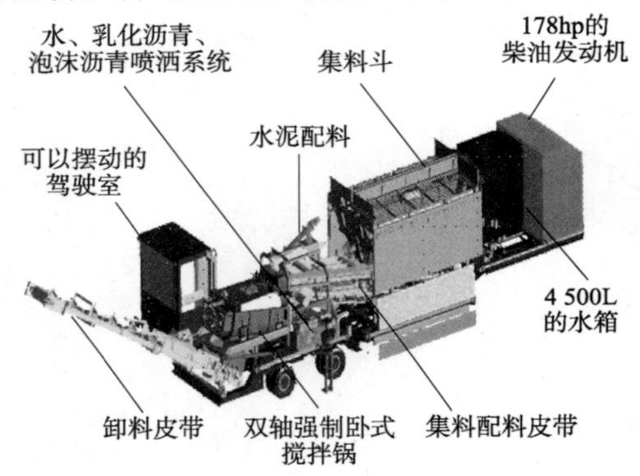

图 5-2　国外厂拌冷再生设备

(1)厂拌冷再生设备用来拌制各种冷再生混合料的专业设备,应具有以下特点:

①配料准确。

②拌和均匀。

③便于自动控制。

④生产效率高。

⑤满足不同配合比冷再生混合料的拌制需要。

(2)厂拌冷再生设备用来拌制各种冷再生混合料的专业设备,其组成主要包括:

①集料配料系统。

②回收沥青路面材料(RAP)配料系统。

③无机结合料配料系统。

④沥青添加系统。

⑤供水系统。

⑥搅拌机。

⑦输送机。

⑧计量控制系统等。

(3)冷再生拌和设备的工艺流程如下:

①利用装载机或者其他上料机械将所需要的集料、回收沥青路面材料(RAP)等分别装入各种配料料斗中。

②通过给料机,采用体积计量或者质量计量的方法,分别对回收沥青路面材料(RAP)和各种新集料按照施工配合比进行配料。

③将无机结合料通过计量系统进行配料。

④将配好的各种集料、水泥(或石灰)输送到搅拌机中。

⑤水通过供水系统经计量泵送到搅拌机中与其他材料拌和。

⑥乳化沥青或泡沫沥青通过沥青添加系统进入搅拌机中拌和。

⑦拌和好的混合料从搅拌机出料端泄入出料仓或送料载货汽车上。

(4)搅拌机是厂拌冷再生设备的核心部件之一,其性能的好坏直接影响冷再生混合料的拌和质量。目前,通常采用双卧轴强制搅拌系统,它由拌锅锅体、机架、搅拌轴和搅拌叶片、传动装置等组成。搅拌叶片相对于搅拌轴线的安装角度适宜,且可根据需要适当调整。各材料的添加顺序通常是回收沥青路面材料(RAP)和集料、水泥、石灰等无机结合料。当搅拌轴旋转时,进入拌锅的固体材料(RAP、集料等)在旋转叶桨的作用下,一边被拌和,一边被推向出料方向,然后顺序添加水、沥青胶结料。

(5)精准的计量系统也是保证冷再生混合料质量的关键,以确保生产出符合施工设计配合比的冷再生混合料。国内曾经出现过由于拌和设备系统错误而出现冷再生工程质量问题,应引起足够重视。

(6)厂拌冷再生拌和设备通常不设置筛分装置,RAP 和新集料的用量由料仓门开度和冷料输送带速度调整来控制。

(7)冷再生混合料的拌和时间应充足,以保证拌和均匀,但是并非越长越好。若乳化沥青混合料过度拌和,则粗集料表面的乳化沥青容易剥落下来,而且过度拌和可导致乳化沥青提前破乳。通过调整搅拌叶桨角度、改变卸料门高度或改变沥青喷嘴位置等都可以实现搅拌时间的改变。

(8)对于乳化沥青再生混合料,乳化沥青温度一般不应超过60℃,温度过高会造成乳化沥青过早破乳,影响混合料的均匀拌和。

(9)对于泡沫沥青,沥青的发泡性能受沥青温度影响显著,存在一个最佳的发泡温度。当温度高于或者低于最佳发泡温度后,沥青的膨胀率和半衰期指标都会有所下降,因此建议混合料拌制时基质沥青温度在设计发泡温度±5℃范围内。工程实际中,经常遇到沥青温度达不到要求的发泡温度的情况。

(10)乳化沥青冷再生混合料中,乳化沥青应该在石料和 RAP 表面均匀裹覆,无白花料,无结团。而对于泡沫沥青冷再生混合料,沥青不会在石料和 RAP 表面形成裹覆,而是呈点状分布。为了能够直观判断混合料是否拌和均匀,可用手抓起一把混合料,看其中是否有聚团的沥青块。

(11)厂拌冷再生混合料一般应遵循“即拌即用”原则,尽快将再生混合料用于路面施工,不宜长时间存储,否则水泥的水化反应、乳化沥青的破乳等都会影响再生混合料的性能。

## 5.4 原路面调查与评价

### 5.4.1 一般规定

沥青路面再生工程实施前，应对原路面历史信息、原路面技术状况、交通量等进行详细调查，为厂拌冷再生混合料组成和路面结构设计提供依据。

### 5.4.2 历史资料调查

**1）原始设计资料**

（1）初始设计过程中的交通状况，气候条件。

（2）路面结构组成和厚度。

（3）各结构层材料组成。

**2）施工和竣工资料**

（1）施工方法（施工记录）。

（2）实际使用的材料和现场碾压情况。

（3）变更资料。

（4）质量控制和保证措施。

**3）养护维修资料**

各种养护维修作业的时间、位置、规模、所用材料组成、结构层厚度等。

**4）历史交通量资料**

（1）年平均日交通量。

（2）重型车量比例。

（3）当量轴载数量。

（4）该地区交通量增长率等。

**5）气象资料**

使用厂拌冷再生技术所在区域的平均最高气温和最低气温、降雨量等。

### 5.4.3 路况调查与评价

根据现行《公路技术状况评定标准》（JTG H20—2007）的要求进行路况调查与评价，确定原路面的维修对策。原沥青面层铣刨后，原则上裂缝间距不小于3m的原无机结合料稳定基层可以继续利用，但必须满足适用条件要求。

### 5.4.4 原路面材料性能评价

应在拌和厂铣刨或开挖破碎筛分后，各档回收沥青路面材料（RAP）料堆表面10cm以下取样，然后在料堆顶部、中部、下部的不同方向分别取样至少9个，每个试样不少于10kg，混合均匀后作为该料堆的样品。

**1）材料性能测试**

（1）级配

应对回收沥青路面材料（RAP）进行级配检测。

(2)回收沥青路面材料(RAP)沥青的含量和性能

可通过试验确定回收沥青路面材料(RAP)的沥青含量和矿料级配。

应检测回收沥青的针入度、软化点、动力黏度等指标。对于重点项目或有条件的单位，还宜对回收沥青进行化学组分分析。

**2)材料组成设计的路段划分**

通过获取的历史资料及原路面材料性能和老化程度，初步划分路段。原则上，原路面材料组成、厚度、老化程度等类似的划分为一个材料组成的设计路段。

不同性能的回收沥青路面材料(RAP)应单独存放，并分别进行厂拌冷再生混合料配合比设计。

## 5.5　材料要求

### 5.5.1　一般规定

(1)用于沥青冷再生混合料的原材料有：回收沥青路面材料(RAP)、乳化沥青(泡沫沥青)、水泥、矿粉、集料和水等。各种材料运至现场后必须进行质量检验，经评定合格后方可使用。

(2)不同的回收沥青路面材料(RAP)应分开堆放，不得混杂，保证材料均匀一致，不同料源、品种、规格的新集料不得混杂堆放。

(3)回收沥青路面材料(RAP)、水泥、新集料应堆放在预先经过硬化处理且排水通畅的地面上，在多雨季节宜采用防雨棚遮盖。

### 5.5.2　回收沥青路面材料

用于厂拌冷再生的回收沥青路面材料(RAP)必须经过破碎、筛分后方可使用。根据再生混合料的最大公称粒径合理选择筛孔孔径，将RAP筛分成若干档的材料，一般筛分成0～10mm和10～30mm两档。分档后的回收沥青路面材料(RAP)应按表5-1的要求进行检测。

**厂拌冷再生RAP检测项目与质量要求**　　表5-1

| 材　料 | 检测项目 | 技术要求 | 试验方法 |
|---|---|---|---|
| RAP | 含水率(%) | 实测 | 辽宁省《沥青路面厂拌冷再生设计与施工技术规范》(DB21/T2448—2015)附录A(规范性附录) |
| | RAP级配 | 实测 | |
| | 沥青含量(%) | 实测 | |
| | 砂当量(%) | ≥55 | |
| RAP中的沥青 | 针入度(25℃,5s,100g)(0.1mm) | 实测 | 抽提，现行《公路工程沥青及沥青混合料试验规程》(JTG E20—2011) |
| | 黏度(60℃)(Pa·s) | 实测 | |
| | 软化点(℃) | 实测 | |
| | 延度(15℃)(cm) | 实测 | |
| RAP中的粗集料 | 片状颗粒含量、压碎值(%) | 实测 | 抽提，现行《公路工程集料试验规程》(JTG E42—2005) |
| RAP中的细集料 | 棱角性(%) | 实测 | |

用于室内配合比设计的回收沥青路面材料(RAP)应没有结成的块状和杂物。

### 5.5.3 乳化沥青

通常情况下,厂拌冷再生宜采用慢裂型阳离子乳化沥青。乳化沥青应符合表3-3的技术要求。

### 5.5.4 泡沫沥青

泡沫沥青发泡用的基质沥青应符合《公路沥青路面施工技术规范》(JTG F40—2004)的规定。厂拌冷再生使用的泡沫沥青应满足表3-5的技术要求。

### 5.5.5 水泥

水泥的初凝时间应在3h以上,终凝时间宜在6h以上,不应使用快硬水泥、早强水泥。水泥应疏松、干燥,无聚团、结块、受潮变质。水泥强度等级可为32.5或42.5。水泥其他的质量技术指标还应满足现行《公路水泥混凝土路面施工技术规范》(JTG F30—2014)的要求。

### 5.5.6 集料和填料

应通过掺加新集料和填料改善冷再生混合料的级配,集料和填料应符合现行《公路沥青路面施工技术规范》(JTG F40—2004)的质量技术要求。

### 5.5.7 水

饮用水,应洁净,不含有机物等其他杂质。

## 5.6 厂拌冷再生混合料配合比设计

### 5.6.1 一般规定

(1)必须在对回收沥青路面材料(RAP)充分调查分析基础上,根据工程要求、使用层位、气候条件、交通情况,充分借鉴成功经验,选用符合要求的材料,进行厂拌冷再生混合料设计。

(2)厂拌冷再生以回收沥青路面材料(RAP)与新矿料的合成级配作为级配设计的依据。

(3)根据原沥青路面划分的路段,分别进行厂拌冷再生混合料的配合比设计。

(4)考虑施工时的气候和施工条件,结合现场的施工设备状况和施工组织特点进行配合比设计,并尽量模拟混合料生产和施工现场的实际情况。

### 5.6.2 冷再生混合料的技术标准

乳化沥青、泡沫沥青冷再生混合料的设计指标应满足表5-2的技术要求。

乳化沥青、泡沫沥青冷再生混合料设计要求

表5-2

| 项目 | 技术要求 | 项目 | 技术要求 |
|---|---|---|---|
| 空隙率(%) | 6~12(乳化沥青) | 干湿劈裂强度比(15℃)(%) | ≥80 |
| 稳定度(40℃)(kN) | ≥6.0 | 冻融劈裂强度比(%) | ≥75 |
| 浸水马歇尔残留稳定度(40℃)(%) | ≥75 | 60℃车辙试验动稳定度(次/mm) | ≥2 000 |
| 劈裂强度(15℃)(MPa) | ≥0.5 | | |

### 5.6.3 乳化沥青冷再生混合料配合比设计

级配范围见表5-3。设计步骤如图5-3所示。如果回收沥青路面材料(RAP)的0.075mm筛孔通过率很低,应适当添加矿粉来调整冷再生混合料的级配。

乳化沥青厂拌冷再生混合料工程设计级配范围

表5-3

| 筛孔尺寸(mm) | 各筛孔的通过率(%) | | | |
|---|---|---|---|---|
| | 粗粒式 | 中粒式 | 细粒式A | 细粒式B |
| 37.5 | 100 | | | |
| 26.5 | 80~100 | 100 | | |
| 19 | 75~95 | 90~100 | 100 | |
| 16 | 68~85 | 85~95 | 90~100 | |
| 13.2 | 60~80 | 75~90 | 85~95 | 100 |
| 9.5 | 40~70 | 60~80 | 60~80 | 90~100 |
| 4.75 | 25~60 | 35~65 | 45~75 | 60~80 |
| 2.36 | 15~45 | 20~50 | 25~55 | 35~65 |
| 1.18 | 10~33 | 12~38 | 15~40 | 20~40 |
| 0.6 | 6~25 | 6~28 | 9~30 | 10~30 |
| 0.3 | 3~20 | 3~20 | 6~25 | 6~25 |
| 0.15 | 2~11 | 2~13 | 4~15 | 4~15 |
| 0.075 | 1~7 | 2~8 | 2~9 | 2~10 |

回收沥青路面材料(RAP)级配不能满足工程设计级配范围要求或冷再生混合料高温稳定性能不能满足要求时,可以适当添加粗集料调整级配,具体用量根据实际合成级配而定。

**1)成型方法**

(1)拌和

拌和在室温下进行,搅拌锅每次只搅拌一个试件,拌和步骤如图5-4所示。

(2)成型与养生

采用两次双面击实的方法成型马歇尔试件。试件的第一次压实成型,常温进行马歇尔击实试验,双面各击实50次,将试件连同试模侧放在60℃鼓风烘箱内至恒重,养生时间一般不少于48h。进行试件的第二次击实成型,双面各击实25次,然后侧放在地面上,室温冷却至少12h后脱模备用。

2)确定最佳含水率

乳化沥青冷再生混合料中,后加入的拌和用水、乳化沥青中的水、回收沥青路面材料(RAP)中水以及新加入矿料中的水的总和称为含水率。

参照现行《公路土工试验规程》(JTG E40—2007)的方法,对合成矿料进行击实试验,确定最佳含水率 OWC。

RAP取样
新加矿料和水泥试验,确定RAP级配和抽提后矿料级配、沥青含量及性能
调整级配,确定各档料比例
成型试件
确定最佳含水率
确定最佳乳化沥青用量和水泥用量
性能试验
不合格
合格
进入生产配合比环节

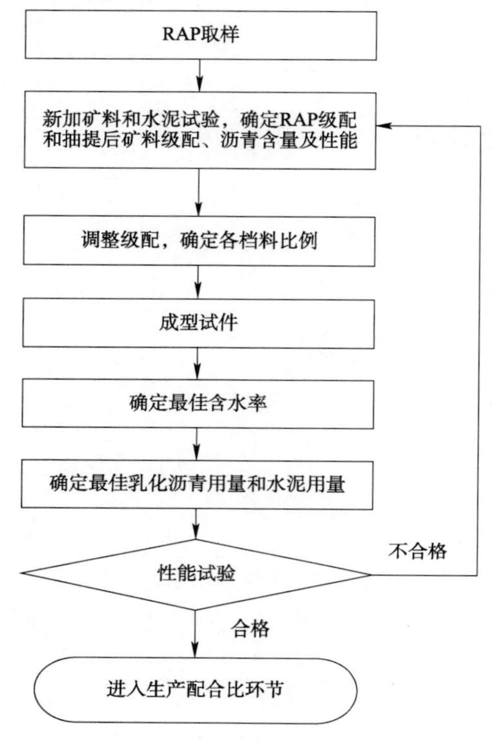

图 5-3　配合比设计流程图

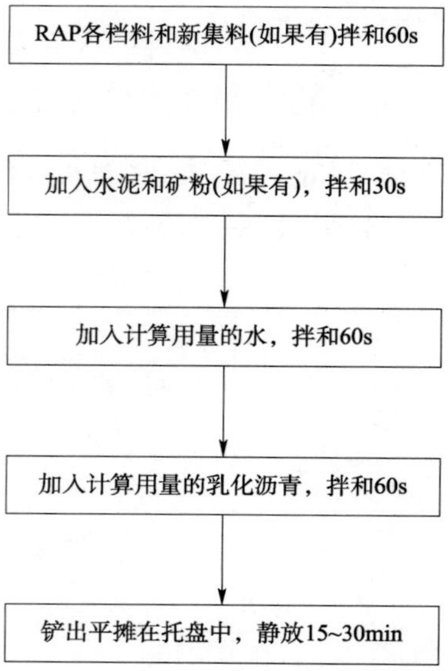

RAP各档料和新集料(如果有)拌和60s
加入水泥和矿粉(如果有),拌和30s
加入计算用量的水,拌和60s
加入计算用量的乳化沥青,拌和60s
铲出平摊在托盘中,静放15~30min

图 5-4　乳化沥青冷再生混合料拌和

3)确定最佳乳化沥青用量和最佳水泥用量

(1)密度和空隙率

采用现行《公路工程沥青及沥青混合料试验规程》(JTG E20—2011)的真空法测定试件的理论最大相对密度,采用蜡封法或表干法测定试件的毛体积相对密度,并计算空隙率。

(2)马歇尔稳定度和浸水马歇尔残留稳定度

将恒温水槽调节至40℃ ±1℃ ,测定40℃下试件的马歇尔稳定度和浸水马歇尔残留稳定度。

(3)干湿劈裂强度比

将试件浸入15℃恒温水槽中保温1.5 ~2h后,按照现行《公路工程沥青及沥青混合料试验规程》(JTG E20—2011)规定的试验方法检测(干)劈裂强度。

湿(浸水)劈裂试验是将试件放入25℃ ±0.5℃水浴养生24h ±1h,再放入15℃ ±0.5℃恒温水槽中保温1.5 ~2h后,按照现行《公路工程沥青及沥青混合料试验规程》(JTG E20—2011)规定的试验方法检测湿劈裂强度,并计算干湿劈裂强度比。

(4)确定最佳乳化沥青用量和水泥用量

乳化沥青用量取4 ~5个(3.0% ~5.0%),水泥用量取3 ~4个(1.0% ~2.0%),根据确

定的成型方法和最佳含水率OWC，进行马歇尔试验，使表5-2中的马歇尔稳定度、劈裂强度指标中的一个或两个达到最佳化，同时空隙率处在6%～12%范围内，对应的乳化沥青用量和水泥用量即为最佳乳化沥青用量和水泥用量。

**4）冻融劈裂强度比试验**

用于冻融劈裂强度比试验的试件应压实到配合比设计空隙率，其他条件和方法应符合现行《公路工程沥青及沥青混合料试验规程》（JTG E20—2011）的相关规定。

**5）动稳定度试验**

车辙试件成型后放入60℃鼓风烘箱中养生48h，然后取出二次碾压10个往返后放入烘箱中养生12h进行车辙试验。其他条件和方法应符合现行《公路工程沥青及沥青混合料试验规程》（JTG E20—2011）的相关规定。

**6）其他试验**

有条件可以增加低温弯曲、疲劳等试验。

### 5.6.4 泡沫沥青冷再生混合料配合比设计

泡沫沥青冷再生混合料配合比设计流程如图5-5所示。

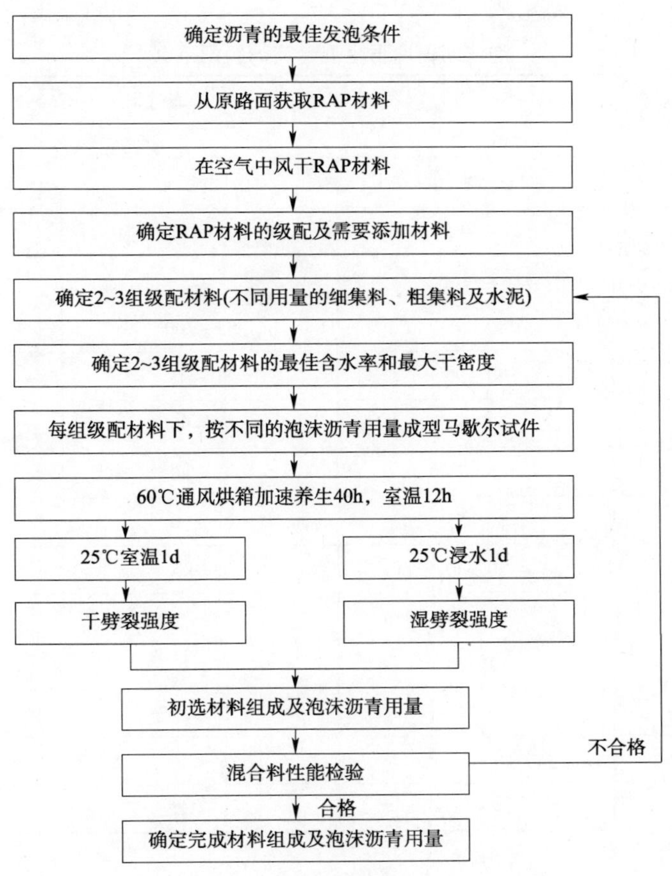


图5-5 泡沫沥青冷再生混合料配合比设计流程

**1)确定工程设计级配范围**

在本书的级配范围内,根据公路等级、工程性质、交通特点、材料品种等因素,通过对条件大体相当的工程使用情况进行研究调查后确定,特殊情况下允许超出规范级配范围。经确定的工程设计级配范围是配合比设计的依据,不得随意变更。

**2)材料选择与准备**

(1)配合比设计的各种矿料、回收沥青路面材料(RAP)、水泥等必须按照相关规定,从工程实际使用的材料中取有代表性的样品。

(2)使用泡沫沥青作为再生结合料时,应首先进行泡沫沥青的发泡试验,确定最佳发泡温度和最佳发泡用水量。

(3)配合比设计所用材料,其质量应满足本书的技术要求。当单一规格集料的某项指标不合格,但不同粒径规格的材料按照级配组成集料混合料指标能符合规范要求时,允许使用。

**3)矿料级配设计**

(1)测得回收沥青路面材料(RAP)、新集料等各组成材料的级配。

(2)以回收沥青路面材料(RAP)为基础,掺加不同比例的新集料,使合成级配满足工程设计级配的要求。泡沫沥青冷再生混合料的级配范围宜满足表5-4的要求。

(3)合成级配曲线应平顺。

**泡沫沥青冷再生混合料的级配范围** 表5-4

| 筛孔尺寸(mm) | 各筛孔的通过率(%) | | |
|---|---|---|---|
| | 粗粒式 | 中粒式 | 细粒式 |
| 37.5 | 100 | | |
| 26.5 | 85~100 | 100 | |
| 19 | 80~95 | 85~100 | |
| 16 | 70~90 | 80~95 | 100 |
| 13.2 | 60~85 | 70~90 | 85~100 |
| 9.5 | 45~75 | 55~80 | 65~90 |
| 4.75 | 30~55 | 35~60 | 40~65 |
| 2.36 | 20~40 | 25~45 | 28~45 |
| 1.18 | 16~34 | 18~36 | 20~38 |
| 0.6 | 13~30 | 13~30 | 13~30 |
| 0.3 | 10~25 | 10~25 | 10~25 |
| 0.15 | 8~20 | 8~20 | 8~20 |
| 0.075 | 4~12 | 4~12 | 4~12 |

**4)确定最佳含水率**

参照现行《公路土工试验规程》(JTG E40—2007)的方法,对合成矿料进行击实试验,确定最佳含水率OWC。泡沫沥青试验用量可以定为3%,变化含水率进行击实试验,获得最大干密度时,其混合料含水率即为最佳含水率OWC。

5)确定最佳泡沫沥青用量OAC

(1)以预估的沥青用量为中值,按照一定间隔变化形成5个泡沫沥青用量,保持最佳含水率OWC不变,按照以下方法制备马歇尔试件:

①向拌和机内加入足够的(大约为1 150g)拌和均匀含回收沥青路面材料(RAP)的混合料。

②按照计算得到的加水量加水,拌和均匀,拌和时间一般为1min。

③按照计算的泡沫沥青量加入泡沫沥青,拌和均匀,拌和时间一般为1min。

④将拌和均匀的混合料装入试模,放到马歇尔击实仪上,泡沫沥青试样各击实75次。

⑤将试样连同试模一起侧放在60℃的鼓风箱中养生,养生时间一般不少于40h。

⑥将试模从烘箱中取出,泡沫沥青试样直接侧放冷却至少12h后脱模备用。

(2)测定试件的毛体积相对密度,宜采用现行《公路工程沥青与沥青混合料试验规程》(JTG E20—2011)蜡封法,用其他方法测定试件的毛体积密度前,应对试验方法进行验证。

(3)将各组试件进行15℃劈裂试验、浸水24h的劈裂试验(或者是马歇尔稳定度或浸水马歇尔稳定度试验)浸水24h劈裂试验的试验方法为:将试件完全浸泡在25℃恒温水浴中23h,再在15℃恒温水浴中完全浸泡1h,然后取出试件立即进行15℃的劈裂试验。

(4)根据劈裂强度试验和浸水劈裂强度试验结果(或者马歇尔稳定度和浸水马歇尔稳定度试验结果),结合工程经验,确定最佳泡沫沥青用量OAC。

(5)按照现行《公路工程沥青和沥青混合料试验规程》(JTG E20—2011)冻融劈裂试验方法对混合料性能进行检验。

(6)车辙试件成型后放入60℃鼓风烘箱中至恒重,不少于48h,然后进行车辙试验。其他条件和方法应符合现行《公路工程沥青及沥青混合料试验规程》(JTG E20—2011)的相关规定。

### 5.6.5 配合比设计报告

配合比设计报告至少应包含如下内容:

(1)乳化沥青(泡沫沥青)检测结果。

(2)水泥检测结果。

(3)回收沥青路面材料(RAP)的矿料级配情况。

(4)回收沥青路面材料(RAP)中的沥青含量及性能指标。

(5)工程设计级配范围及设计级配曲线。

(6)试件成型方法。

(7)最佳含水率。

(8)最佳乳化沥青(泡沫沥青)用量。

(9)水泥用量。

(10)性能检验。

## 5.7 施工工艺

### 5.7.1 一般规定

冷再生混合料的摊铺应避免在雨季进行。厂拌冷再生施工过程中应注意以下几点：

(1)当路面滞水或潮湿时,不得摊铺冷再生混合料。

(2)摊铺作业遇降雨时,宜对未完成碾压的冷再生路段铺盖防水布,超过水泥终凝时间而未碾压的已摊铺混合料应废弃。

(3)当气温或下卧层表面温度低于10℃时不宜铺筑冷再生结构层,不得低温施工。

(4)厂拌冷再生层施工前,必须确认再生层的下承层满足要求,即路面结构强度 PSSI≥80,路面平整度 RQI≥80,路面破损 PCI≥80。

(5)厂拌冷再生混合料每层压实厚度不宜大于160mm,且不小于80mm,极限不宜小于60mm。

### 5.7.2 施工准备

**1)运输车辆**

运输车辆应车况良好,车槽四角应密封坚固、保持洁净。

**2)铣刨料破碎和筛分设备**

根据冷再生混合料的生产能力配备铣刨料破碎和筛分设备;根据回收沥青路面材料(RAP)的分档情况安装振动筛,至少应配10mm和30mm两个尺寸的筛网。

**3)拌和设备**

拌和设备应配备3~5个冷料仓、1个矿粉罐、1个水泥罐、1个沥青罐和1个水罐。拌和设备应满足计量精度要求,厂拌冷再生宜采用专门拌和设备。使用泡沫沥青作为再生结合料时还必须配备泡沫沥青发生装置。

**4)摊铺设备**

厂拌冷再生混合料应采用沥青混合料摊铺机摊铺,当路面全幅施工时,应至少配置2台摊铺机成梯队施工。

**5)压实设备**

应配有轮胎式、单钢轮振动式和双钢轮振动式压路机。

### 5.7.3 施工工艺控制

施工工艺图如图5-6所示。

**1)拌和**

(1)厂拌冷再生混合料拌和应采用专门的拌和设备,使用泡沫沥青作为结合料时还必须配备泡沫沥青发生装置。应根据工程大小配备足够的水泥罐、沥青罐等设备机具以及正常供水和结合料,保证混合料连续生产。

(2)拌和设备使用前,应对集料及水泥等称重装置和沥青、水的流量进行标定,标定好后才能进行生产。

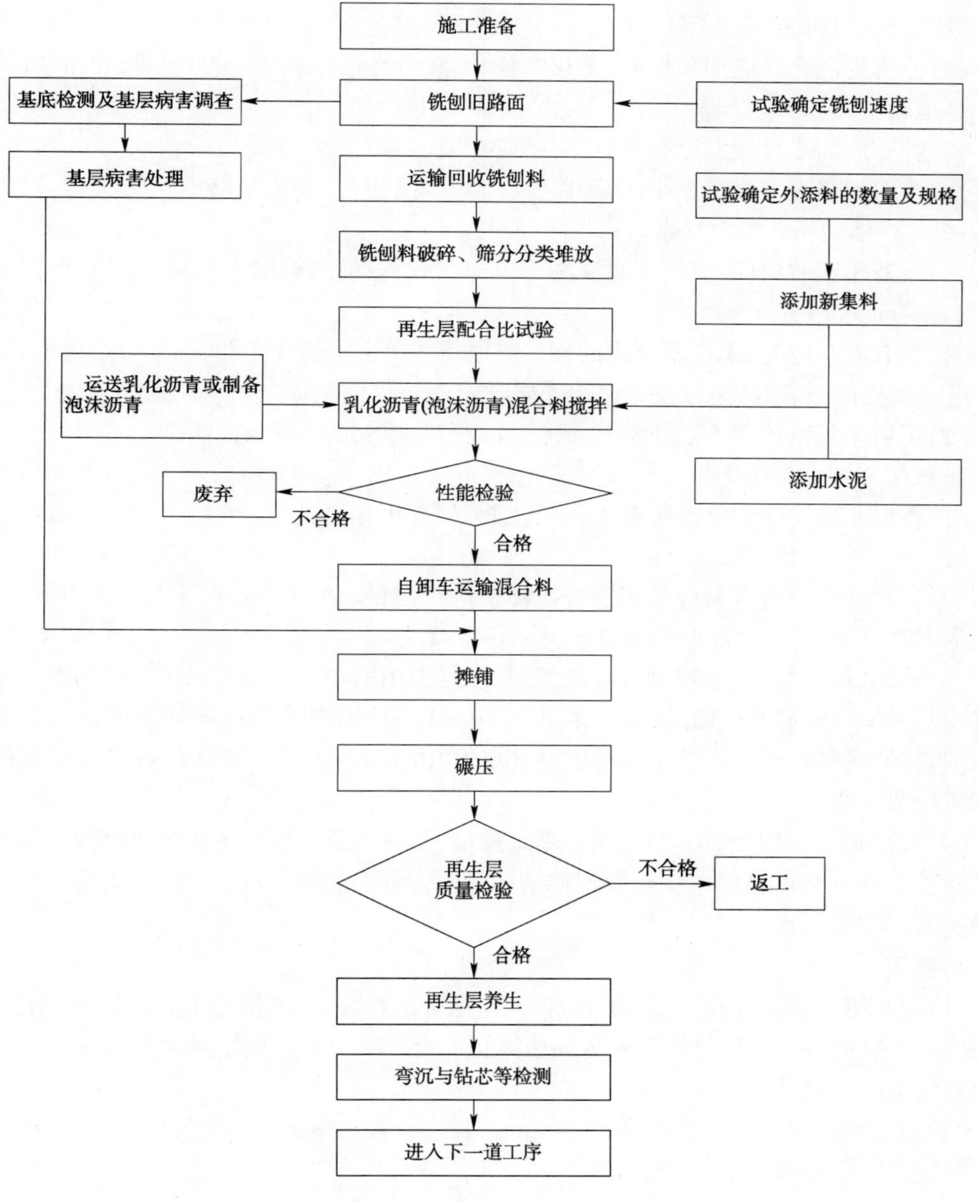


图 5-6 厂拌冷再生施工流程

(3)每天混合料生产前,应检查回收沥青路面材料(RAP)、新集料的含水率,确定最终的拌和加水量。拌和生产时,还应结合试验路的数据,综合考虑运输、摊铺水分损失以及天气情况,适当加大拌和用水量,确保混合料在最佳含水率情况下进行碾压。

(4)拌和设备的生产能力应与摊铺设备相匹配,一般不宜小于200t/h。

(5)拌和时必须严格按照确定的配合比供料,并安排专人对料仓进行观察,如果料仓出料口有堵塞情况,应及时进行处理,确保生产的冷再生混合料级配符合要求。乳化沥青冷再生混合料生产前,还应对乳化沥青输送管道进行预热,生产时注意观察乳化沥青供给是否正常,否则应及时采取措施处理。

(6)冷再生混合料应拌和均匀,无花白料、无液体流淌、无结块成团现象,和易性良好。

**2)运输**

(1)拌和后的冷再生混合料不宜储存,应立刻运至施工现场使用。

(2)应根据当天工程量大小、运距以及拌和、摊铺能力,安排足够的运输车辆,以满足拌和、出料与摊铺需要并略有富余。

(3)运输车辆装料前,应将车厢清洗干净,并洒适量的水湿润车厢以方便卸料和保持混合料水分不过度散失。

(4)混合料运输时,采用不透光的棉被或厚帆布严密覆盖住车厢,以减少运输水分散失,防止混合料提前破乳、污染以及中途遭受雨淋。

(5)运料车每次使用前后应清扫干净,可在车厢板上涂一薄层隔离剂。

**3)摊铺**

(1)在铺筑冷再生层之前应整平下层表面、处理干净并按要求喷洒透层油、黏层油或做好封层。

(2)厂拌冷再生混合料应采用沥青摊铺机进行摊铺,摊铺机熨平板不需要加热,当路面全幅施工时,宜采用2台以上摊铺机成梯队联合摊铺。

(3)摊铺施工时应注意控制好横坡和厚度,宜采用钢丝绳引导方式控制摊铺厚度。摊铺时应按照试验路确定的松铺系数(一般为1.20~1.30)控制混合料松铺厚度。如果不能全幅施工时,单幅两侧应设置厚度为本层设计厚度相同的挡板或木方进行侧向固定支挡来保证摊铺厚度和宽度。

(4)摊铺机必须缓慢、均匀、连续不断地摊铺,不得随意变换速度或中途停顿。摊铺速度宜控制在2~4m/min范围内。当发现摊铺后的混合料出现明显离析、波浪、裂缝、拖痕时,应分析原因,予以消除。

**4)碾压**

(1)应根据再生层厚度、压实度等的需要,配备足够数量、吨位的压实设备。一般至少应配备以下压实设备:12t以上双钢轮振动压路机1台,18t以上单钢轮振动压路机1台,25t以上轮胎压路机1台。

(2)应按照试验段确定的压实工艺在混合料最佳含水率情况下进行碾压,保证压实后的再生层符合压实度和平整度的要求。

(3)直线和不设超高的平曲线段,应由两侧路肩向路中心碾压,设超高的平曲线段,应由内侧路肩向外侧路肩碾压。

(4)厂拌冷再生混合料碾压工序应分为两部分,第一次碾压和第二次碾压。

①第一次碾压工序可参考表5-5和表5-6。

②第二次碾压是在一次碾压结束后3d进行,采用轮胎式压路机揉压8遍以上,再进一步养生至规定条件。

冷再生混合料厚度不大于8cm碾压工序 表5-5

| 碾压工序 | 压路机类型 | 碾压遍数 | 速度(km/h) |
|---|---|---|---|
| 初压 | 双钢轮振动式压路机 | 静压1遍,振压2~4遍 | 1.5~3 |
| 复压 | 轮胎式压路机 | 揉压6~8遍 | 2~4 |
| 终压 | 双钢轮振动式压路机 | 静压1~2遍 | 2~4 |

冷再生混合料厚度大于8cm碾压工序 表5-6

| 碾压工序 | 压路机类型 | 碾压遍数 | 速度(km/h) |
|---|---|---|---|
| 初压 | 双钢轮振动式压路机 | 静压1遍,振压2~3遍 | 1.5~3 |
| 复压 | 单钢轮振动式压路机 | 振压1~2遍 | 2~4 |
| | 轮胎式压路机 | 揉压6~8遍 | 2~4 |
| 终压 | 双钢轮振动式压路机 | 静压1~2遍 | 2~4 |

冷再生混合料碾压过程中有时会出现"弹簧"现象,需要调整混合料的厚度才有利于压实。含水率对压实效果有很大影响。充足的水分可帮助压实,起到润滑作用;然而含水率过大,又会造成混合料的密度降低、早期强度低等缺点。因此,混合料合理含水率应在室内试验基础上,根据实际施工过程中环境温度等调整和确定。

**5)养生及开放交通**

厂拌冷再生混合料的养生时间取决于胶结料种类和品质、压实时混合料的含水率、再生混合料的压实度或空隙率、集料的性质(级配和吸附性)、环境状况等。

(1)养生方法

①在封闭交通情况下养生时,可进行自然养生,一般无需采取措施。

②在开放交通条件下养生时,应保证至少封闭交通3d,开放交通前宜喷洒封层,乳化沥青用量0.1~0.2kg/m$^2$。严格限制重载车辆通行,行车速度应控制在40km/h以内,并严禁车辆在再生层上掉头和急刹车。

养生完成后,在保证厂拌冷再生质量前提下,在铺筑上层沥青层前应喷洒黏层、透层或封层,必须保证层间黏结良好。

(2)开放交通

冷再生层在加铺上层结构前必须进行养生,养生时间乳化沥青冷再生层一般宜为5~7d,泡沫沥青冷再生层一般宜为3~5d。当满足冷再生层可用钻孔取芯机取出完整芯样时,可进行下道工序施工。

### 5.7.4 试验段铺筑

(1)在正式铺筑冷再生层前,应铺筑试验段,长度宜为200~300m,试验段宜在直线段上铺筑。

(2)冷再生层试验段铺筑分试拌、试铺两个阶段,应包括下列试验内容:

①通过试拌确定拌和机的各料仓分配、上料速度等操作工艺。

②根据各种施工机械相匹配原则,确定合理的施工机械、机械数量及组合方式。

③验证冷再生混合料配合比设计结果。

④确定冷再生层的压实标准密度,并用灌砂法测定湿密度和压实度。

## 5.8 质量管理及验收

施工质量管理及检查验收包括三部分,它们是施工前材料检查、施工过程中的质量管理和检查验收、施工后的质量管理和检查验收。

### 5.8.1 施工前的质量管理及检查验收

在工程开始前以及施工过程中,材料的来源或规格发生变化时,应对原材料(包括RAP)的质量、数量等进行检查,检查的项目和频率符合表5-7要求。

施工前材料的检查 表5-7

| 材料 | 技术要求 | 频率 | 检测方法 |
| --- | --- | --- | --- |
| RAP | 表5-1 | 每天1次,每批次1次 | 表5-1 |
| 乳化沥青 | 表3-3 | 每天1次,每批次1次 | 表3-3 |
| 泡沫沥青 | 表3-5 | 每批来料1次 | 表3-4 |
| 水泥 | 本书5.5.5 | 必要时,每批次1次 | 《公路工程水泥及水泥混凝土试验规程》(JTG E30—2005) |
| 矿粉 | 本书5.5.6 | 必要时,每批次1次 | 《公路工程集料试验规程》(JTG E42—2005) |
| 集料 | | 必要时,每批次1次 | |
| 水 | 本书5.5.7 | 必要时,每批次1次 | 常规水质检测 |

施工前应检查和标定拌和设备的技术性能、计量精度以及摊铺机械和压实设备的配套情况、技术性能。

### 5.8.2 施工过程中的质量管理及检查验收

施工过程中的质量管理及检查验收应满足表5-8的要求。

施工过程的质量管理及检查验收 表5-8

| 检查项目 | | 技术要求 | 频率 | 检验方法 |
| --- | --- | --- | --- | --- |
| 乳化沥青 | 压实度(%) | ≥90(一级公路)<br>≥88(二级及二级以下公路) | 每车道每公里检查1次 | 基于最大理论密度T0924(钻心法)或T0921(灌砂法) |
| | 空隙率(%) | ≤10(一级公路)<br>≤12(二级及二级以下公路) | | |
| 泡沫沥青 | 压实度(%) | ≥98(一级公路)<br>≥97(二级及二级以下公路) | 每车道每公里检查一次 | 基于重型击实标准密度T0924(钻芯法)或T0921(灌砂法) |
| 稳定度(40℃)(kN) | | ≥6.0 | 必要时,每天1次 | T0709 |
| 浸水马歇尔残留稳定度(40℃)(%) | | ≥75 | 必要时,每天1次 | T0709 |

续上表

| 检查项目 | 技术要求 | 频　率 | 检验方法 |
|---|---|---|---|
| 劈裂强度(15℃)(MPa) | ≥0.5 | 必要时,每天1次 | T0716 |
| 干湿劈裂强度比(15℃)(%) | ≥80 | 必要时,每天1次 | 本书 |
| 冻融劈裂强度比(%) | ≥75 | 必要时,每3天1次 | T0729 |
| 60℃车辙试验动稳定度(次/mm) | ≥2 000 | 必要时,改变配合比时 | T0719 |
| 含水率(%) | 符合本书要求 | 每天1次 | T0801 |
| 沥青含量、矿料级配 | 符合设计要求 | 每天1次 | 抽提、筛分 |

### 5.8.3　竣工后的质量管理及检查验收

竣工后,全线以1~3km作为一个评定路段,按表5-9的要求进行质量检查验收。

完工后的质量检查验收　表5-9

| 检查项目 | | 技术要求 | 频　率 | 检验方法 |
|---|---|---|---|---|
| 压实度(%) | 乳化沥青 | ≥90(一级公路)≥88(二级及二级以下公路) | 每车道每公里检查1次 | 基于最大理论密度T0924(钻芯法)或T0921(灌砂法) |
| | 泡沫沥青 | ≥98(一级公路)≥97(二级及二级以下公路) | 每车道每公里检查1次 | 基于重型击实标准密度T0924(钻芯法)或T0921(灌砂法) |
| 平整度最大间隔(mm) | | ≤8 | 3m直尺:每200m测2处×10尺 | T0931 |
| 纵断面高程(mm) | | ±10 | 直尺:每200m 4处 | T0911 |
| 厚度(mm) | 均值 | -8 | 取芯:每200m每车道1处 | T0912 |
| | 单个值 | -15 | | |
| 宽度(mm) | | 不小于设计宽度 | 尺量:每200m测4个断面 | T0911 |
| 横坡度(%) | | ±0.3 | 尺量:每200m测4处 | T0911 |
| 外观 | | 平整密实 | 随时 | 目测 |

## 5.9　工程实例一

### 5.9.1　工程概况

抚顺北环厂拌冷再生工程,一级公路,全长19.721km、路基宽度15m、路面宽度12m、设计时速80km,2003年建设,2005年竣工通车、再生实施时间2012年,再生路段桩号K465+300~K471+420。路面维修之前存在的主要病害类型为车辙、坑槽、局部翻浆、中度网裂等病害。原路面结构为:3cm橡胶沥青混凝土+4cm贯入式+旧路面或3cm橡胶沥青混凝土+4cm沥青混凝土+30cm水泥稳定碎石,再生路面结构如图5-7所示。

### 5.9.2　材料选择及要求

#### 1)乳化沥青厂拌冷再生混合料技术标准

乳化沥青厂拌冷再生混合料应满足表5-2的技术要求。

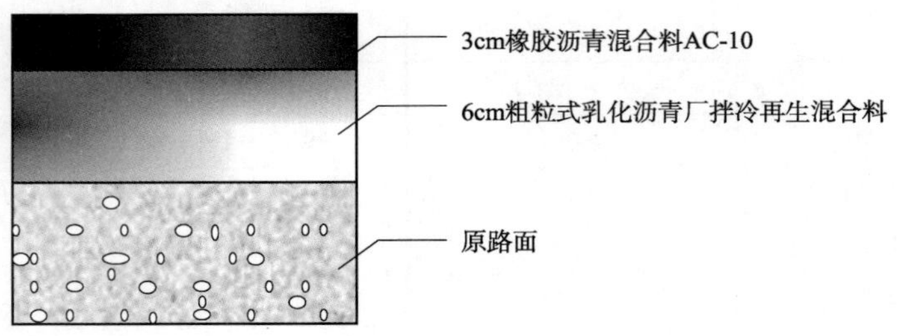


图 5-7　再生路面结构

**2）乳化沥青厂拌冷再生混合料工程设计级配范围**

乳化沥青厂拌冷再生混合料设计级配范围见表 5-10 的要求。

**厂拌冷再生混合料工程设计级配范围**　　表 5-10

| 级配类型 | 通过下列筛孔（mm）的质量百分率（%） | | | | | | | | | | | |
|---|---|---|---|---|---|---|---|---|---|---|---|---|
| | 26.5 | 19 | 16 | 13.2 | 9.5 | 4.75 | 2.36 | 1.18 | 0.6 | 0.3 | 0.15 | 0.075 |
| 粗粒式 | 80～100 | 75～95 | 68～85 | 60～80 | 40～70 | 25～60 | 15～45 | 10～33 | 6～25 | 3～20 | 2～11 | 1～7 |

**3）回收沥青路面材料**

回收沥青路面材料（RAP）来源于沈环线铣刨的，从回收沥青路面材料（RAP）料堆取样，进行试验分析，内容包括回收沥青路面材料（RAP）的含水率、旧矿料筛分、沥青含量测定，选取代表性旧料至少平行进行 5 组，取平均值。回收沥青路面材料（RAP）的含水率为 2.94%，通过燃烧法测定沥青含量为 4.2%。旧矿料筛分、沥青含量试验结果见表 5-11。数据为三组平行试验平均值。

**RAP 筛分结果**　　表 5-11

| 项　目 | 通过下列筛孔（mm）的质量百分率（%） | | | | | | | | | | | | |
|---|---|---|---|---|---|---|---|---|---|---|---|---|---|
| | 31.5 | 26.5 | 19 | 16 | 13.2 | 9.5 | 4.75 | 2.36 | 1.18 | 0.6 | 0.3 | 0.15 | 0.075 |
| RAP | 100 | 91.2 | 80.6 | 72.2 | 61.7 | 46.3 | 23.3 | 18.1 | 10.5 | 8.1 | 5.3 | 2.4 | 0.1 |

**4）乳化沥青**

一般厂拌冷再生宜采用慢裂型阳离子乳化沥青。具体试验结果见表 5-12。

**乳化沥青试验结果及技术要求**　　表 5-12

| 试验项目 | | 试验结果 | 技术要求 | 试验方法 |
|---|---|---|---|---|
| 破乳速度 | | 慢裂 | 慢裂 | T0658 |
| 粒子电荷 | | 阳离子（+） | 阳离子（+） | T0653 |
| 筛上残留量（1.18mm 筛）（%） | | 0.06 | ≤0.1 | T0652 |
| 黏度 | 恩格拉黏度计 $E_{25}$ | 9.7 | 3～28 | T0622 |
| | 赛波特黏度（25℃）$V_s$（s） | — | 20～100 | T0623 |
| 蒸发残留物性质 | 残留物含量（%） | 64.5 | ≥62 | T0651 |
| | 溶解度（%） | 98.3 | ≥97.5 | T0607 |
| | 针入度（25℃，5s，100g）（0.1mm） | 67.7 | 50～100 | T0604 |
| | 延度（15℃）（cm） | 62.1 | ≥60 | T0605 |
| | 软化点（℃） | 45.4 | ≥44 | T0606 |

续上表

| 试验项目 | | 试验结果 | 技术要求 | 试验方法 |
|---|---|---|---|---|
| 与粗、细集料拌和试验 | | 均匀 | 均匀 | T0659 |
| 储存稳定性(%) | 1d | 0.8 | ≤1 | T0655 |
| | 5d | 3.4 | ≤5 | |

5)水泥

水泥应松散、干燥,无聚团、结块、受潮变质。技术指标见表5-13。

水泥技术指标　表5-13

| 试验项目 | | 规范要求 |
|---|---|---|
| 细度(%) | | <10 |
| 标准稠度用水量(%) | | 实测结果 |
| 安定性 | | 必须合格 |
| 凝结时间 | 初凝(h) | ≥3 |
| | 终凝(h) | ≤10 |
| 强度 | 3d抗折(MPa) | 必须合格 |
| | 3d抗压(MPa) | 必须合格 |
| | 28d抗折(MPa) | 必须合格 |
| | 28d抗压(MPa) | 必须合格 |

6)新加集料

新加集料分为两档,10~20mm、石屑。集料筛分结果见表5-14,数据为三组平行试验平均值。

新矿料筛分结果　表5-14

| 项目 | 通过下列筛孔(mm)的质量百分率(%) | | | | | | | | | | |
|---|---|---|---|---|---|---|---|---|---|---|---|
| | 19 | 16 | 13.2 | 9.5 | 4.75 | 2.36 | 1.18 | 0.6 | 0.3 | 0.15 | 0.075 |
| 10~20mm | 85.7 | 73.7 | 52.7 | 34.1 | 0.1 | 0.6 | — | — | — | — | — |
| 石屑 | | | | | 88.2 | 57.4 | 40.7 | 29 | 22.6 | 18.4 | 13.7 |

## 5.9.3 厂拌冷再生混合料配合比设计

通过各材料的筛分结果,考虑到本试验乳化沥青厂拌冷再生混合料用于路面下面层,厚度6cm,并满足表5-10级配要求,确定新加入材料为10~20mm和石屑,具体比例为RAP:10~20mm:石屑=70:10:20。级配曲线如图5-8所示。

1)最佳含水率确定

确定再生混合料级配后,确定最佳含水率。乳化沥青用量取3%,水泥用量取1.5%,调整拌和用水进行土工击实试验,试件最大干密度对应的含水率即为最佳含水率。通过试验确定最佳含水率为6.83%,最大干密度为2.044 $g/cm^3$。试验结果见表5-15和图5-9。

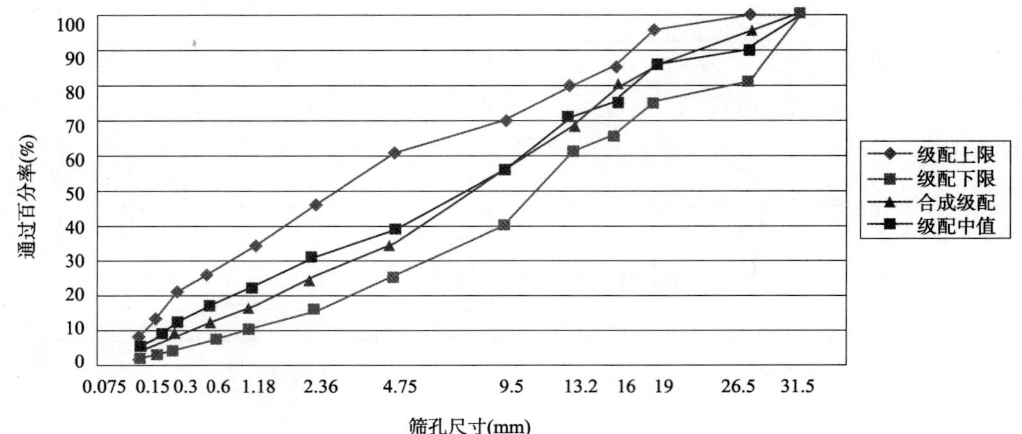


图 5-8 级配曲线

土工击实试验确定混合料最佳含水率 表 5-15

| 序号 | 含水率（%） | 湿密度（$g/cm^3$） | 干密度（$g/cm^3$） |
|---|---|---|---|
| 1 | 5.5 | 2.144 | 2.032 |
| 2 | 6.0 | 2.163 | 2.041 |
| 3 | 6.5 | 2.179 | 2.046 |
| 4 | 7.0 | 2.186 | 2.043 |
| 5 | 7.5 | 2.189 | 2.036 |

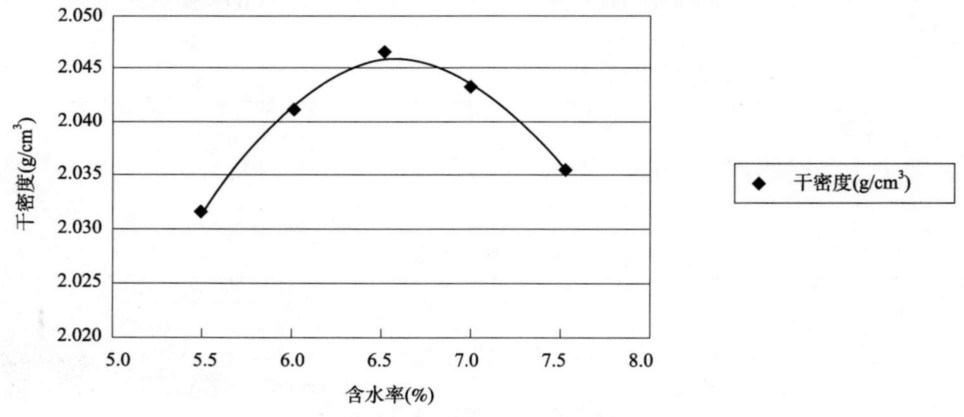


图 5-9 不同含水率下的干密度曲线

### 2）最佳乳化沥青用量确定

水泥用量取 1.5%，最佳含水率为 6.83%，以 0.5% 为间隔调整不同乳化沥青用量，进行马歇尔试验。毛体积相对密度采用蜡封法测定，理论最大相对密度采用真空法测得。计算与试验结果见表 5-16。

试验数据汇总 表 5-16

| 乳化沥青用量（%） | 空隙率（%） | 稳定度（40℃）（kN） | 干劈裂强度（15℃）（MPa） | 劈裂强度比（%） |
|---|---|---|---|---|
| 3.5 | 14.2 | 9.44 | 0.548 | 91.4 |
| 4.0 | 12.8 | 8.11 | 0.592 | 91.2 |
| 4.5 | 11.4 | 7.78 | 0.637 | 91.8 |
| 5.0 | 9.8 | 7.49 | 0.719 | 92.3 |
| 5.5 | 8.1 | 5.28 | 0.653 | 91.0 |

综合表5-16试验结果,最佳乳化沥青用量为5%,折合成纯沥青用量为3.1%。

**3)最佳水泥用量确定**

水泥用量是一个很重要的指标,水泥不仅仅给混合料提供最早期的强度,同时与混合料中的水发生水化反应,提高材料的抗水损害稳定性。但是水泥的用量又不应过多,否则会使材料的抗裂性能下降,影响材料的使用寿命。按照0.5%为间隔变化,选取不同的3个间隔。进行马歇尔稳定度试验、马歇尔残留稳定度试验、15℃劈裂试验。结果见表5-17。

**不同水泥用量的15℃劈裂强度**　　表5-17

| 项　目 | 不同水泥比例(%) | | | 规范要求 |
|---|---|---|---|---|
| | 1.5 | 2 | 2.5 | |
| 稳定度(40℃)(kN) | 6.52 | 6.05 | 6.58 | ≥6 |
| 浸水马歇尔残留稳定度(40℃)(%) | 97.3 | 96.7 | 91.9 | ≥80 |
| 劈裂强度(15℃)(MPa) | 0.656 2 | 0.759 4 | 0.771 3 | ≥0.5(下面层) |

从表5-17中试验数据看,不同水泥掺量的厂拌冷再生材料各项指标满足规范要求。考虑性价比因素,最佳水泥含量为1.5%。

## 5.9.4　施工工艺

厂拌冷再生施工工艺包括混合料生产、运输、摊铺、碾压、养生等几个工序。

**1)拌和**

冷再生混合料拌和时铣刨料和新添加材料(新集料、乳化沥青、水泥、水)的投放时间和投放比例需满足配合比设计要求。厂拌冷再生设备的生产能力需满足摊铺现场的施工要求,拌和成品混合料均匀一致,无花白料、结团、粗细料无离析等现象。本工程冷再生混合料的拌和机是自行研制开发的,如图5-10所示。

图5-10　冷再生混合料拌和

拌和时应控制好冷再生混合料的拌和时间,若拌和不充分则可导致集料不能充分地被乳化沥青裹覆;而过度拌和,则粗集料表面的乳化沥青容易剥落,而且可能导致乳化沥青提前破乳。混合料拌和时乳化沥青可能不完全均匀地裹覆集料,但没有必要延长拌和时间来提高集料的裹覆程度,因为在混合料的摊铺、碾压过程中,沥青可进一步的裹覆集料。

**2)运输**

冷再生混合料在运输过程中应注意以下三点:

(1)运输车辆需保持干净,并在车厢板上均匀喷洒肥皂水。

(2)在接料时采取前后移动分堆接料方式,避免粗细集料的离析现象出现。

(3)运输车辆均采用防雨布覆盖,避免因运输途中遇雨、环境污染及水分蒸发影响混合料质量,并防止沥青再生混合料提前破乳。

3)摊铺

乳化沥青冷再生混合料摊铺遵循了“即拌即用”的原则,尽快将再生混合料用于路面施工,否则,水泥水化、乳化沥青破乳将会影响再生混合料的性能。采用沥青混凝土摊铺机摊铺,熨平板不需要加热,松铺系数为1.2,摊铺如图5-11所示。

摊铺过程中,摊铺机必须缓慢、均匀、连续不断地摊铺,不得随意变换速度或者中途停顿,摊铺速度控制在2~4m/min的范围内。当发现摊铺后的混合料出现明显离析、波浪、裂缝、拖痕时,应分析原因,予以消除。

4)碾压

有效的压实是保证冷再生结构层性能的关键因素之一。厂拌冷再生的压实,要配备足够数量、吨位的振动压路机、轮胎压路机。压路机吨位的选择与再生层厚度、再生混合料级配密切相关。本工程采用2台双驱双振双钢轮、1台32t轮胎压路机。压实过程如下:

(1)初压:振动压路机紧跟摊铺机,静压1遍。

(2)复压:振动压路机高幅低频碾压2~4遍,高频低幅2~4遍。

①首先,采用高幅低频,有利于再生层底部材料的压实。

②然后,采用高频低幅,将再生层表面部分材料压实。

(3)终压:轮胎压路机碾压2~4遍,有轮迹时用钢轮压路机静压1遍,碾压情况如图5-12所示。

图5-11　冷再生混合料摊铺

图5-12　冷再生混合料碾压图

压路机应以慢而均匀的速度碾压,初压速度宜为1.5~3km/h,复压和终压速度为2~4km/h。

(4)施工完3d后采用轮胎压路机进一步碾压10遍。

混合料含水率对压实效果影响显著。初压时混合料的含水率宜比最佳含水率小1%~1.5%,以考虑现场压实功明显大于试验室击实功的实际情况。含水率过大,会造成碾压过程中出现弹簧现象,此时应及时重新翻拌。碾压过程中,再生层表面应始终保持湿润,如水分蒸发过快,应及时洒水。

5)养生及开放交通

厂拌冷再生混合料的强度形成需要经历一段时间,冷再生层在加铺上层结构前必须进行养生。封闭交通情况下可自然养生;在开放交通条件下养生时,再生层在完成压实至少1d后方可开放交通,并严格限制重型车辆通行及在再生层上掉头和紧急制动。养生后的再生路面如图5-13所示。为避免车轮对表层的破坏,在再生层上均匀喷洒慢裂乳化沥青,喷洒用量折合纯沥青后宜为0.15kg/m²。

厂拌冷再生层养生7d,可以取出完整的芯样,状况良好,如图5-14所示。

图5-13　冷再生养生后路面图

图5-14　钻取的芯样

## 5.9.5　质量管理和验收

### 1)施工过程中检测

(1)再生材料级配检验

为了检验施工过程中厂拌冷再生混合料的矿料级配控制情况,在生产过程中采用燃烧炉或酒精燃烧法测定混合料的矿料级配,检测结果见表5-18。

**再生沥青混合料生产取样筛分试验结果**　　表5-18

| 筛孔尺寸(mm) | 筛分级配(%) | 粗粒式级配范围(%) |
|---|---|---|
| 37.5 | 100 | 100 |
| 26.5 | 91.8~100 | 80~100 |
| 19 | 85.1~94.5 | 75~95 |
| 16 | 76.4~83.2 | 68~85 |
| 13.2 | 65.9~78.1 | 60~80 |
| 9.5 | 51.3~68.2 | 40~70 |
| 4.75 | 24.2~56.3 | 25~60 |
| 2.36 | 16.4~34.1 | 15~45 |
| 1.18 | 12.4~26.0 | 10~33 |
| 0.6 | 8.5~17.3 | 6~25 |
| 0.3 | 4.7~12.5 | 3~20 |
| 0.15 | 3.4~8.8 | 2~11 |
| 0.075 | 1.4~5.5 | 1~7 |

从表5-18检测数据看,再生材料级配控制良好。

(2)再生材料性能检验

为了检验厂拌冷再生混合料性能是否合格,从拌和站生产的成品料取样,在工地试验室成型和养生,检测结果见表5-19。

再生沥青混合料性能试验结果　　表 5-19

| 项　目 | 技术指标 | | | | | |
|---|---|---|---|---|---|---|
| | 空隙率（%） | 稳定度（40℃）（kN） | 劈裂强度（15℃）（MPa） | 干湿劈裂强度比（15℃）（%） | 冻融劈裂强度比（%） | 60℃车辙试验动稳定度（次/mm） |
| 实测值 | 7.2～10.8 | 6.12～10.37 | 0.48～0.76 | 80.5～89.8 | 76.2～88.7 | 1 986～2 867 |
| 要求值 | ≤10 | ≥6.0 | ≥0.5 | ≥80 | ≥75 | ≥2 000 |

从表 5-19 检测数据看，各项指标基本满足要求，施工控制良好。

**2）施工完工后检测**

工程施工完成之后，进行全面检测。检测内容主要包括：弯沉、平整度、抗滑值、渗水、构造深度、钻芯（沥青含量、压实度），具体检测结果见表 5-20。

厂拌冷再生工程路面检测结果　　表 5-20

| 检查项目 | | 规定或容许偏差 | 检验结果或检验偏差值 |
|---|---|---|---|
| 弯沉（0.01mm） | | ≤50 | 23.8 |
| 平整度（mm） | | ≤8 | 2.2 |
| 渗水（mL/min） | | ≤120 | 21.6 |
| 抗滑值 BPN | | ≥45 | 58 |
| 构造深度（mm） | | ≥0.5 | 0.65 |
| 钻芯 | 沥青含量（%） | ±0.3 | 乳化沥青折合纯沥青用量实测值（%）3.2 |
| | 压实度（%） | ≥90 | 92.5（基于理论最大相对密度） |

从表 5-20 检测结果看，路面各项指标均满足规范要求。

## 5.10　工程实例二

### 5.10.1　工程概况

铁长线厂拌冷再生试验路段道路等级为二级公路，路面宽度为 12m，原路面层结构为 3cm 沥青混合料 + 5cm 沥青碎石 + 20cm 水泥稳定砂砾基层 + 25cm 天然砂砾垫层。由于路面使用期较长，已出现车辙、龟裂、松散等多种病害，影响道路的使用功能。2013 年，在 K260 + 760～K262 + 460 段进行了 1.7km 的泡沫沥青厂拌冷再生下面层试验段施工。再生前后路面结构见表 5-21。

再生前后路面结构表　　表 5-21

| 原路面设计结构 | | 再生路段路面结构 | |
|---|---|---|---|
| 厚度（cm） | 材　料 | 厚度（cm） | 材　料 |
| 3 | 沥青混合料 | 4 | SBS 改性沥青混合料 |
| 5 | 沥青碎石 | 6 | 泡沫沥青厂拌冷再生 |
| 20 | 水泥稳定砂砾 | 20 | 水泥稳定砂砾 |
| 25 | 天然砂砾 | 23 | 天然砂砾 |
| 土基模量 | 30 | 土基模量 | 30 |

## 5.10.2 材料选择及要求

**1)泡沫沥青**

(1)基质沥青

本试验采用90号道路石油沥青,沥青三大指标检测结果见表5-22。

**90号沥青三大指标检测结果** 表5-22

| 项目 | 针入度(25℃,5s,100g)(0.1mm) | 延度(15℃)(cm) | 软化点(环球法)(℃) |
|---|---|---|---|
| 实测结果 | 91 | 105 | 45 |
| 技术要求 | 80~100 | ≥100 | ≥44 |
| 试验方法 | T0604 | T0605 | T0605 |

注:试验按照《公路工程沥青及沥青混合料试验规程》(JTG E20—2011)规定的方法执行。

(2)泡沫沥青技术指标

泡沫沥青所用基质沥青为辽河90号道路石油沥青,发泡用水量取2.5%,试验结果见表5-23。

**泡沫沥青试验结果** 表5-23

| 项目 | 试验结果 | 技术要求 |
|---|---|---|
| 膨胀率(倍) | 18 | ≥10 |
| 半衰期(s) | 17.5 | ≥8 |

**2)水泥**

采用丹东市第二水泥有限公司生产的金坝桥牌矿渣硅酸盐32.5级水泥,初凝时间大于3h,终凝时间大于6h,0.075mm筛孔通过率为98.7%,松散、干燥,无聚团、结块、受潮变质,各项指标均满足相关规范要求,水泥掺加量为1.5%。

**3)新加集料**

新加集料为10~30mm碎石和0~5mm石屑,各项指标满足《工程沥青路面施工技术规范》(JTG F40—2004)要求,级配见表5-24。表中结果为三组筛分试验平行值。

**新加集料筛分结果** 表5-24

| 项目 | 通过下列筛孔(mm)的质量百分率(%) | | | | | | | | | | | |
|---|---|---|---|---|---|---|---|---|---|---|---|---|
| | 26.5 | 19 | 16 | 13.2 | 9.5 | 4.75 | 2.36 | 1.18 | 0.6 | 0.3 | 0.15 | 0.075 |
| 10~30mm | 94.9 | 42.8 | 10.0 | 1.8 | 0.1 | — | — | — | — | — | — | — |
| 石屑 | | | | | 100 | 99.7 | 69.3 | 49.7 | 35.6 | 24.6 | 17.9 | 11.6 |

**4)回收沥青路面材料(RAP)**

通过燃烧法测定铣刨的回收沥青路面材料(RAP)样品中沥青含量为4.8%,回收沥青路面材料(RAP)经三组筛分平行试验测定结果见表5-25。

**RAP筛分结果** 表5-25

| 项目 | 通过下列筛孔(mm)的质量百分率(%) | | | | | | | | | | | |
|---|---|---|---|---|---|---|---|---|---|---|---|---|
| | 26.5 | 19 | 16 | 13.2 | 9.5 | 4.75 | 2.36 | 1.18 | 0.6 | 0.3 | 0.15 | 0.075 |
| RAP | 100 | 98.9 | 92.5 | 80.3 | 59.1 | 34.4 | 22.4 | 18.5 | 16.5 | 14.9 | 13.0 | 6.3 |

## 5.10.3 厂拌冷再生混合料配合比设计

**1)合成级配**

经对旧料进行人工破碎、机械搅拌和筛分试验,确定最终合成集料配合比为:RAP:10~

30mm∶石屑∶水泥 = 65∶13.5∶20∶1.5。级配曲线如图5-15所示。

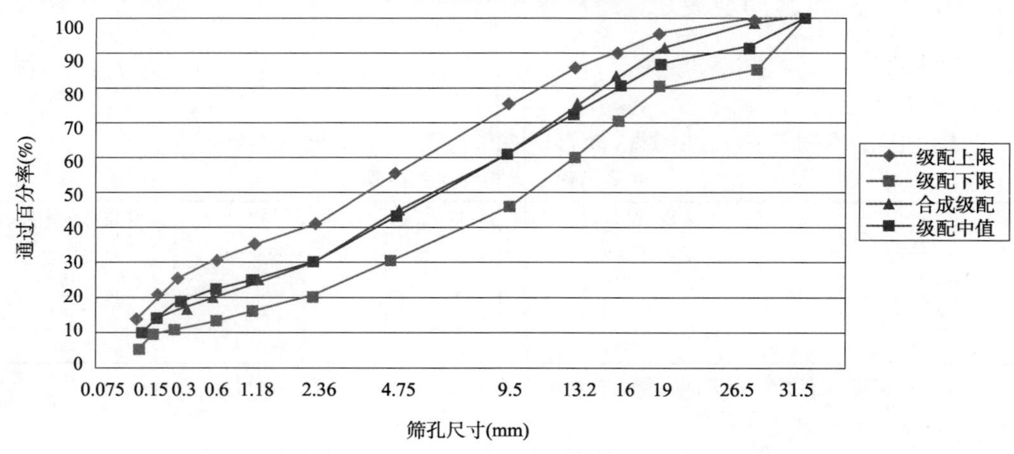


图5-15 矿料级配曲线

**2)最佳含水率确定**

原材料均烘干后使用,采用土工击实试验确定最佳含水率。试验过程中,泡沫沥青含量为3%,水泥含量为1.5%,选取3.5%、4.5%、5.5%、6.5%、7.5%五个不同含水率,击实后测定试件的含水率,并计算试件的干密度。然后以干密度为纵坐标,含水率为横坐标,绘制干密度与含水率的关系曲线,曲线上峰值点的纵、横坐标分别为最大干密度和最佳含水率。相关试验数据见表5-26、图5-16。

**泡沫沥青混合料土工击实试验数据** 表5-26

| 外掺水率(%) | 筒+料的质量(g) | 筒的质量(g) | 湿质量(g) | 干质量(g) | 含水率(%) | 干密度(g/cm³) |
|---|---|---|---|---|---|---|
| 3.5 | 11 492.5 | 7 297.5 | 2 500.6 | 2 422.2 | 3.24 | 1.867 |
| 4.5 | 11 595.0 | 7 297.5 | 2 504.3 | 2 423.3 | 3.34 | 1.911 |
| 5.5 | 11 703.5 | 7 275.6 | 2 503.6 | 2 412.4 | 3.78 | 1.960 |
| 6.5 | 11 717.0 | 7 275.6 | 2 507.3 | 2 410.4 | 4.02 | 1.962 |
| 7.5 | 11 540.0 | 7 275.6 | 2 508.5 | 2 388.7 | 5.02 | 1.866 |

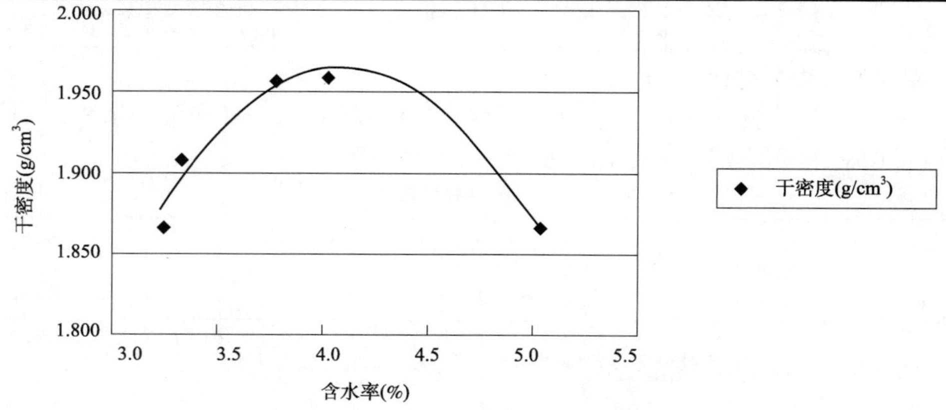


图5-16 含水率与干密度的关系曲线

通过图5-16中干密度和含水率关系曲线可知,最佳含水率为4.1%,最大干密度为

1.969g/cm³。这是通过室内试验确定的最佳含水率,在道路实际施工过程中,要考虑施工当天的天气情况以及泡沫沥青混合料运输过程等导致的水分散失,结合具体情况在室内试验确定的最佳含量率基础上综合考虑实际用水量。

3)确定最佳泡沫沥青用量

试验选取2%、3%、4%、5%四个不同泡沫沥青含量,综合考虑马歇尔稳定度及劈裂强度试验结果确定最佳泡沫沥青用量。试验数据见表5-27、图5-17。

不同泡沫沥青含量的试验数据汇总　　表5-27

| 泡沫沥青含量(%) | 含水率(%) | 毛体积相对密度 | 理论最大相对密度 | 劈裂强度(15℃)(0.1 MPa) | 稳定度(40℃)(kN) |
|---|---|---|---|---|---|
| 2 | 4.1 | 2.188 | 2.491 | 4.33 | 10.45 |
| 3 | | 2.197 | 2.482 | 4.88 | 12.73 |
| 4 | | 2.202 | 2.475 | 5.10 | 12.29 |
| 5 | | 2.194 | 2.471 | 4.25 | 10.24 |

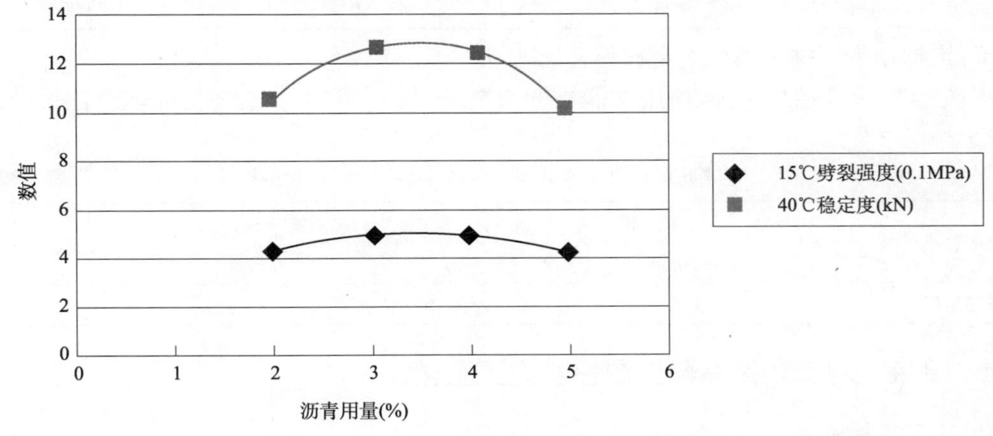


图5-17　泡沫沥青含量与稳定度、空隙率关系曲线

由图5-17曲线关系得到泡沫沥青含量为3.45%得到稳定度和劈裂强度都达到最大值,分别为12.78kN和0.508MPa,满足规范中稳定度≥6.0kN,劈裂强度≥0.50MPa的要求,故确定最佳泡沫沥青含量为3.45%。

4)最佳水泥用量验证

水泥用量分别为1%、1.5%、2%进行马歇尔稳定度试验、马歇尔残留稳定度试验、15℃劈裂试验。相关的试验数据见表5-28。

不同水泥掺量的试验结果　　表5-28

| 项　目 | 不同水泥掺量(%) | | | |
|---|---|---|---|---|
| | 1.0 | 1.5 | 2.0 | 规范要求 |
| 稳定度(40℃)(kN) | 9.56 | 13.10 | 13.77 | ≥6 |
| 浸水马歇尔残留稳定度(40℃)(%) | 92.6 | 95.7 | 93.2 | ≥75 |
| 劈裂强度(15℃)(MPa) | 0.487 | 0.512 | 0.502 | ≥0.5 |

综合试验结果,1.5%水泥掺量具有较高的稳定度和劈裂强度,故混合料最佳水泥掺量

选取1.5%是合适的。

**5)泡沫沥青厂拌冷再生混合料性能验证**

进行厂拌冷再生混合料高温稳定性、水稳定性、强度指标验证，最佳泡沫沥青含量3.45%（外比）、最佳水泥掺量1.5%（外比）、最佳含水率4.1%的混合料性能验证结果见表5-29。

**泡沫沥青厂拌冷再生混合料性能结果** 表5-29

| 项目 | 试验结果 | 技术要求 |
|---|---|---|
| 稳定度(40℃)(kN) | 8.8 | ≥6.0 |
| 浸水马歇尔残留稳定度(40℃)(%) | 84.7 | ≥75 |
| 劈裂强度(15℃)(MPa) | 0.512 | ≥0.5 |
| 干湿劈裂强度比(15℃)(%) | 87.2 | ≥80 |
| 冻融劈裂强度比(%) | 80.1 | ≥75 |
| 60℃车辙试验动稳定度(次/mm) | 2 186 | ≥2 000 |

**6)泡沫沥青厂拌冷再生混合料配合比**

根据试验验证结果，各项路用性能指标均能满足技术要求。最终目标配合比设计结果见表5-30。

**泡沫沥青厂拌冷再生混合料目标配合比设计结果** 表5-30

| 材料种类 | RAP | 新矿料 | | 水泥 | 最佳泡沫沥青含量 | 最佳含水率 |
|---|---|---|---|---|---|---|
| | | 10~30mm | 石屑 | 32.5 | | |
| 材料用量(%) | 65 | 13.5 | 20 | 1.5 | 3.45 | 4.1 |

## 5.10.4 泡沫沥青冷再生混合料施工工艺

**1)施工机械准备**

为了圆满完成该项工程，施工单位新购置了一套德国维特根公司KMA220型厂拌冷再生设备，一台维特根WR1900铣刨机，并配备了胶轮压路机，双钢轮压路机，水车等必要施工设备，见表5-31。同时，还聘请国内厂拌冷再生施工技术专家、维特根厂家技术人员对施工及试验人员进行了技术培训，为该项工程的完成做好各项准备工作。

**试验段施工设备组合** 表5-31

| 设备名称 | 型号 | 数量（台） |
|---|---|---|
| 厂拌冷再生机组 | 维特根KMA220 | 1 |
| 铣刨机 | 维特根W1900 | 1 |
| 双钢轮压路机 | 英格索兰DD130 | 1 |
| 胶轮压路机 | 洛阳一拖LTP2030H | 1 |
| 胶轮压路机 | 三一重工SPR260 | 1 |
| 水车 | 10t | 2 |
| 摊铺机 | 福格勒2100 | 1 |
| 摊铺机 | 三一重工DTU75SC | 1 |

正式施工前，全路段封闭交通，将路面清扫干净，清除杂物。

2)拌和

根据配合比设计结果进行再生混合料拌和,拌和生产过程中一切正常,混合料拌和均匀,无花白料现象。拌和现场如图5-18所示。

3)运输与摊铺

试验段施工配备了6台载重20t的自卸车,为了防止水分流失,再生混合料在运输过程中采用帆布覆盖。

摊铺前清扫路面,清扫后工作面洁净符合摊铺要求。摊铺采用双机梯次跟进摊铺的方式,通过无接触式平衡梁结合滑靴的方式控制摊铺厚度和平整度(前一台摊铺机在路中一侧使用平衡梁,路边一侧使用滑靴,后一台摊铺机双侧使用滑靴)。

摊铺机到达指定工位后,用木垫块(垫块厚度略高于松铺厚度)将熨平板支起,将滑靴传感器以路缘石为基准,平衡梁以基层路面为基准,分别对滑靴和平衡梁的电脑控制器进行基准调平,做好摊铺准备。运料车由现场人员指挥至摊铺机前卸料,随即开始正式摊铺。料车卸料前停在摊铺机前0.5m处,摊铺机在行进中与之接触并推动前进,避免硬接触,摊铺机的工作速度控制在2~4m/min之间。松铺厚度控制在1.20~1.30之间。

4)碾压

摊铺后,立即进行碾压。压路机为一台英格索兰DD130型双驱双振压路机、一台三一SPR260胶轮压路机、一台洛阳LTP2030胶轮压路机。

(1)初压:首先使用英格索兰DD130在摊铺层全宽范围内静压1遍,碾压速度1.5~3.0km/h。

(2)复压使用英格索兰DD130。DD130有8个振幅挡位,选择2挡振幅0.4mm左右,进行高频振压。碾压遍数分2遍和3遍两种,每50m(一个碾压作业段)进行一次轮换。碾压速度2~4km/h。

(3)终压:终压时为两台胶轮压路机同时进行,如图5-19所示,碾压8~10遍,碾压速度2~3km/h,以达到进一步揉搓密实,表面平整的目的。

图5-18　厂拌冷再生拌和现场

图5-19　再生路段碾压

(4)施工完3d后采用轮胎压路机进一步碾压8遍。

5)养生

试验段终点位置K262+440~K262+460这20m范围内是风景名胜区天华山与铁长线平交道口,过往车流量很大,无法做到封闭交通进行养生,因此泡沫沥青冷再生摊铺后直接开放交通，其余路段表面喷洒乳化沥青后正常封闭养生，养生期5d。

### 5.10.5 施工质量控制

**1）矿料筛分及混合料性能**

试验段施工过程中，试验室对再生混合料进行了取样，进行相关试验，多组再生料筛分结果见表5-32，马歇尔试验及劈裂试验结果见表5-33。

泡沫沥青厂拌冷再生混合料筛分试验结果　　表5-32

| 项　目 | 通过下列筛孔（mm）的质量百分率（%） | | | | | | | | | | | |
|---|---|---|---|---|---|---|---|---|---|---|---|---|
| | 26.5 | 19 | 16 | 13.2 | 9.5 | 4.75 | 2.36 | 1.18 | 0.6 | 0.3 | 0.15 | 0.075 |
| 级配范围 | 85~100 | 80~95 | 70~90 | 60~85 | 45~75 | 30~55 | 20~40 | 16~34 | 13~30 | 10~25 | 8~20 | 4~12 |
| 实测值 | 99.7 | 90.8 | 81.8 | 75.4 | 62 | 46.3 | 32.2 | 26.8 | 19.8 | 16.6 | 9.5 | 7.4 |

马歇尔试验及劈裂试验结果　　表5-33

| 试验项目 | | 实测值 | 技术要求 |
|---|---|---|---|
| 劈裂试验 | 劈裂强度（15℃）（MPa） | 0.55 | ≥0.5 |
| | 干湿劈裂强度比（%） | 86.4 | ≥80 |
| 马歇尔试验 | 稳定度（40℃）（kN） | 9.66 | ≥6.0 |
| | 浸水残留稳定度（40℃）（%） | 84 | ≥75 |
| 冻融劈裂强度比TSR（%） | | 77.8 | ≥75 |

图5-20　10d后钻取的芯样

**2）钻芯取样**

试验路段铺筑完成10d后钻取芯样，如图5-20所示。

从图5-20芯样情况看，养生良好的泡沫沥青冷再生芯样与普通沥青混凝土芯样相比，在外观上并无明显差别，质量很好。

**3）施工完成后检测**

工程施工完成之后，对厂拌冷再生路段进行检测。包括：平整度、厚度、压实度，具体检测结果见表5-34。

厂拌冷再生工程路面检测结果　　表5-34

| 项　目 | 平整度（mm） | 厚度（cm） | 压实度（%） |
|---|---|---|---|
| 检测值 | 4.6 | 6.3 | 98.4 |
| 要求值 | ≤8 | 6 | ≥97 |

从5-34检测结果看，路面各项指标满足规范要求。

# 第 6 章 温拌再生技术

目前常用的沥青混合料再生技术是热拌再生技术,但热再生技术需要将旧料进行高温(170~190℃)拌和,由此在混合料再生过程中消耗了大量燃料并产生废气,与此同时,再生过程中旧料老化严重,致使旧料掺配比例受到限制。热再生技术存在难以克服的问题,为此考虑将拌和温度相对较低的温拌技术运用于热拌沥青混合料的再生中,由此温拌再生技术进入路面材料科学的研究体系中。我国对温拌再生技术的研究还处于起步阶段。目前,美国已经铺筑了不少温拌再生沥青混合料试验段。在国内,北京建筑工程学院运用普通沥青混合料的试验方法进行了温拌再生沥青混合料特性的评价研究,河北工业大学也就温拌再生沥青混合料的路用性能进行了试验研究,结果表明,温拌再生沥青混合料的路用性能与旧料掺量及拌和温度存在一定的线性关系。温拌再生沥青混合料中旧料掺配率在一定范围内提高时,其混合料的路用性能、马歇尔指标、体积参数等仍能满足相应的技术规范要求。

总体来说,温拌再生技术还不够成熟,并且对温拌再生沥青各组成部分(新沥青、老化沥青、温拌剂、再生剂)之间的相互作用机理不明确,温拌技术还未出版相关的施工技术规范与指南,温拌再生沥青混合料的施工组织程序比普通沥青混合料更严格。目前,温拌再生沥青混合料的设计还沿用传统的马氏法,材料性能受再生料的变异影响大。需要对温拌再生沥青及其混合料相关理论技术进行更深入的探索研究,以实现温拌再生沥青混合料技术在全国各地道路工程中的推广应用。

## 6.1 定义及特点

温拌再生技术是将温拌剂、新矿料、新沥青、回收沥青路面材料(RAP)在低于热再生温度下进行拌和再生的技术。温拌再生技术集中体现了沥青热再生技术与温拌技术的优点,同时也克服了一些热拌再生技术的缺陷,能够解决沥青路面热再生技术存在的以下问题:

(1)在现有施工工艺条件下,提高厂拌热再生回收沥青路面材料(RAP)的掺加比例,改善再生混合料的施工条件,拓宽厂拌热再生技术的应用范围。

(2)解决就地热再生施工中难压实的问题,提高路面施工质量。

(3)减轻回收沥青路面材料(RAP)中旧沥青在生产过程中的二次老化,提高对旧沥青的再生恢复效果。

(4)增进新加沥青、再生剂、旧沥青之间的融合与均匀分布,进一步改善再生效果;除解决以上问题外,温拌沥青技术还具有以下优点:

(1)运输和摊铺过程混合料温度下降速度减缓。

(2)施工现场烟气骤减。

(3)延长施工时效。

(4)降低面层再生成本,提高经济效益。

沥青路面热再生技术与温拌技术的结合,符合资源节约的基本国策,对加快建设"资源节约型、环境友好型社会"具有重要的现实意义。

目前,应用较为常见的温拌技术有以下几种:

(1)基于合成蜡的温拌技术。

(2)基于沥青发泡的温拌技术。

(3)基于表面活性技术的温拌技术。

温再生沥青混合料生产与施工采用的设备与热拌沥青混合料基本相同。

## 6.2 适用条件

温再生适用于各等级公路和城市道路沥青路面的新建、改建和养护工程。特别是隧道工程路面铺装、热再生工程、沥青路面薄层罩面以及对环境要求较高的城市道路工程和较低环境温度下施工的工程中。

## 6.3 材料选择及要求

### 6.3.1 一般规定

(1)温再生沥青混合料路面使用的各种材料运至现场后必须取样进行质量检验,经评定合格方可使用,不得以供应商提供的检测报告或商检报告代替现场检测。

(2)温再生沥青混合料路面集料的选择必须经过认真的料源调查,符合质量要求的条件下尽可能就地取材、就近取材。石料开采必须注意环境保护,防止破坏生态平衡。

(3)集料粒径规格以方孔筛为准,不同料源、品种、规格的集料不得混杂堆放。

### 6.3.2 沥青

温再生沥青混合料所采用的沥青结合料质量应符合现行《公路沥青路面施工技术规范》(JTG F40—2004)的相关要求。沥青在储运,使用及存放过程中应具有良好的防水措施,避免雨水或加热管道蒸汽进入沥青中。

### 6.3.3 矿料

温再生沥青混合料用的粗、细集料和填料质量应符合现行《公路沥青路面施工技术规范》(JTG F40—2004)的相关要求。

### 6.3.4 纤维稳定剂

纤维稳定剂应符合《公路沥青路面施工技术规范》(JTG F40—2004)的相关要求。

### 6.3.5 回收沥青路面材料

温再生沥青混合料所用回收沥青路面材料(RAP)技术要求见第4章厂拌热再生中RAP

有关要求。

## 6.4　基于表面活性技术的沥青温拌剂研发

### 6.4.1　基于表面活性技术的温拌降黏机理

表面活性类温拌技术的特点是少量的表面活性添加剂(0.5% ~1%)、水与热沥青在拌和过程中共同作用,暂时性地在胶结料内部形成较为稳定的结构性水膜。水膜润滑作用能够很大程度抵消沥青黏度增大的作用,从而实现温拌效果。

乳化沥青产品 Evotherm 是此类温拌技术目前最主要的产品,这是美国新开发的一项技术。Evotherm 技术主要有乳化沥青添加模式(ET 温拌技术)和直投式添加模式(DAT 技术)两种。Evotherm ET 技术乳化液与热集料拌和生产最终的混合料的温度在 85 ~115℃之间。Evotherm DAT 技术的混合料操作温度比同型号热拌沥青混合料普遍下降 40 ~50℃。Evotherm DAT 的采用为添加剂本身的技术升级带来了技术空间。

直投式添加方式采用后不久,添加剂即升级为稳定中性水溶液,浓缩液无需用水稀释,直接加入拌和楼,完全解决了添加剂的稳定性问题,节能效果也更加显著。Evotherm 技术的混合料操作温度比同型号热拌沥青混合料,普遍下降 30 ~40℃。

综上所述,表面活性类温拌技术是基于乳化平台的一种温拌技术,通过独特的化学表面活性剂,配置成皂液的形式直接加入拌和缸,与沥青、石料进行搅拌,在化学表面活性剂和水膜共同作用下改变了沥青短暂的动力黏度,从而提高了较低温度下沥青混合料的拌和性能。表面活性类温拌技术的工作机理如图 6-1 所示。

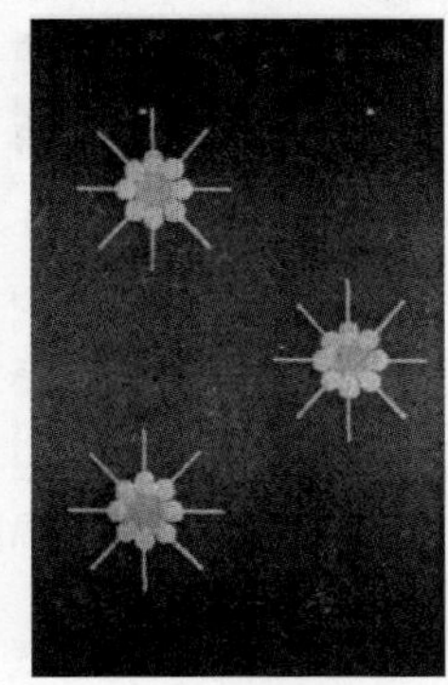

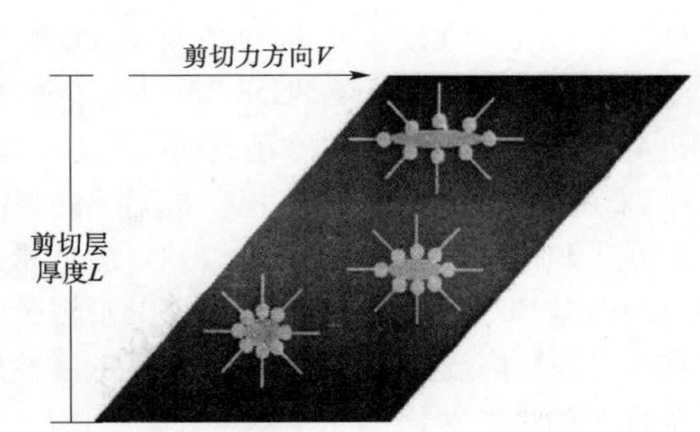


图 6-1　表面活性温拌技术的工作机理示意图

从图 6-1 可以看出,化学表面活性剂和水膜形成独特的颗粒分散在沥青液体里面,水膜起到润滑的作用,从而降低了沥青的动力黏度,增加了低温下的可拌和性能,当受到碾压时,水膜结构受到破坏,微量的水分排除出去,化学添加剂分子向石料与沥青界面转移,起到抗剥落剂的效果,另外,沥青性能不受到任何影响。

### 6.4.2　自主研发的温拌剂

本书研发的温拌剂在确保沥青混合料性能的前提下,大幅降低了混合料的拌和与施工温度,减少了有害气体的排放,降低了成本,提高了混合料的压实性能,增加了混合料的运输距离,延长了沥青路面的施工季节。

**1)温拌沥青胶结料 PG 分级**

沥青混合料的可压实温度主要取决于沥青,而加入温拌剂后沥青性能的变化趋势是我们所关心的主要方面。本书分别进行不同类型沥青的 PG 分级性能试验,结果见表6-1。

**不同类型沥青的 PG 分级性能试验结果** 表 6-1

| 试验项目 | 90 号道路石油沥青 | 温拌沥青 | SBS 改性沥青 | 温拌 SBS 改性沥青 |
|---|---|---|---|---|
| 试验温度(℃)<br>原样 DSR $G^*/\sin\delta$ (kPa) | 58<br>2.361 | 70<br>2.584 | 70<br>1.787 | 76<br>2.207 |
| 试验温度(℃)<br>RTFO DSR $G^*/\sin\delta$ (kPa) | 58<br>4.855 | 70<br>3.606 | 70<br>3.838 | 76<br>3.331 |
| 试验温度(℃)<br>PAV DSR $G^*/\sin\delta$(kPa) | 22<br>3 815 | 22<br>4 648 | 22<br>4 277 | 25<br>4 769 |
| 试验温度(℃)<br>BBRS<br>BBRm | -12<br>167<br>0.369 | -12<br>186<br>0.321 | -12<br>139<br>0.328 | -12<br>168<br>0.316 |
| 沥青性能分级 | PG58-22 | PG70-22 | PG70-22 | PG76-22 |

从表 6-1 试验结果表明,90 号道路石油沥青掺加温拌剂后,其性能等级由 PG58-22 提高到 PG70-22,高温性能等级提高两个等级,低温性能保持不变,基本等同于 SBS 改性沥青。通过原样沥青和其经 RTFOT 老化后的动态剪切流变(DSR)试验可评价沥青在使用过程中的老化的相对变化。从试验数据可知,沥青等级 PG70-22(温拌)的抗老化性能明显高于辽河 90 号基质沥青。其中,沥青等级 PG58-22 的 RTFOT 后的 DSR 试验结果是原样 DSR 结果的 106%,而沥青等级 PG70-22(温拌)是 39.6%,这均表明温拌剂的加入增强了沥青的抗老化性能。此外,采用 SHRP 沥青分级指标分析温拌沥青的等级可以看出,90 号道路石油沥青添加温拌剂后可达 PG70-22,其高温等级(70℃)较通常 90 号道路石油沥青的高出 2~3 级,而低温区(-22℃)与 90 号道路石油沥青 SHRP 低温使用温度等级相同,这表明温拌剂的加入提高了基质沥青的抗高温变形能力,未降低其低温性能。

**2)同类温拌剂的性能对比**

(1)普通沥青混合料

①压实性能

为了考察本书研发的温拌剂对沥青混合料的压实效果,以某公司生产的温拌剂 Evotherm DAT 为基准,通过马歇尔击实试验,对添加不同类型温拌剂的混合料压实性能进行了对比。添加不同类型温拌剂的沥青混合料空隙率与成型温度的关系曲线如图 6-2 所示。

从图 6-2 可以看出,温拌料的压实温度明显低于热拌料,温拌料的可压实性对温度的敏感性大大降低,可以达到目标压实度的压实温度范围明显扩大。几种温拌剂中,本书研发的温拌剂(I 型温拌剂)降温效果较好,与某公司的 Evotherm DAT 性能基本相同。

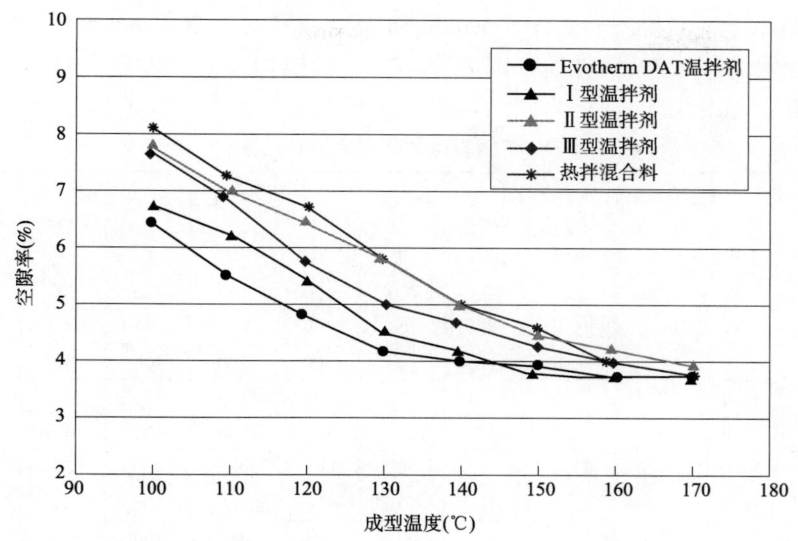


图6-2 混合料空隙率与成型温度的关系曲线(Ⅰ型温拌剂为自主研发)

②路用性能

为进一步验证本书研发的温拌剂(Ⅰ型温拌剂)是否对沥青及混合料路用性能有影响，胶结料采用成品SBS改性沥青，与热拌沥青混合料、Evotherm DAT温拌混合料进行横向对比，性能包括高低温、冻融劈裂，结果汇总见表6-2。

**混合料路用性能试验结果** 表6-2

| 检验项目 | 热拌沥青混合料 | 温拌沥青混合料 | | 技术要求 |
|---|---|---|---|---|
| | | Evotherm DAT | Ⅰ型温拌剂 | |
| 肯塔堡飞散试验损失率(%) | 5.97 | 6.89 | 7.47 | ≤15 |
| 60℃车辙试验动稳定度(次/mm) | 6 834 | 6 231 | 6 457 | ≥3 000 |
| -10℃低温弯曲破坏应变(με) | 3 022 | 2 837 | 2 826 | ≥2 800 |
| 冻融劈裂试验残留强度比(%) | 90.9 | 92.5 | 88.4 | ≥80 |

从表6-2可以看出，本书研发的温拌沥青混合料(Ⅰ型)与Evotherm DAT温拌沥青混合料及热拌沥青混合料相比，高温、低温、抗飞散及抗水损害性能相差较小，且均满足《公路沥青路面施工技术规范》(JTG F40—2004)要求。

(2)再生沥青混合料

本试验依托辽阳小小线道路路面大修工程开展了温拌再生沥青混合料研究。再生沥青混合料类型为RAC-20，各档集料的配合比设计结果见表6-3。

通过马歇尔试验确定添加JY再生剂的RAC-20再生沥青混合料的最佳沥青用量为4.39%。

本书选择了两种Evotherm温拌剂与自主研发的温拌剂(Ⅰ型)进行压实性能和路用性能比较分析。

①压实性能

首先利用真空法测得添加温拌剂 Evotherm DAT 为 5:95、Evotherm ET 为 0.6%、型温拌剂为 5.3%、再生剂为 7%、最佳沥青用量为 4.39% 的温拌再生沥青混合料的最大理论相对密度为 2.540 g/cm³。

RAC-20 各档集料的配合比设计结果(%) 表 6-3

| 筛孔尺寸(mm) | 设计级配 | | | 13.2~19mm | 9.5~13.2mm | 5~10mm | 石屑 | 矿粉 | RAP10~20mm | RAP0~10mm | 合成级配 |
|---|---|---|---|---|---|---|---|---|---|---|---|
| | 上限 | 下限 | 中值 | A | B | C | D | E | F | G | |
| 26.5 | 100 | 100 | 100 | 100 | 100 | 100 | 100 | 100 | 100 | 100 | 100 |
| 19 | 100 | 90.0 | 95.0 | 85.1 | 100 | 100 | 100 | 100 | 94.3 | 100 | 95.8 |
| 16 | 92.0 | 78.0 | 86.0 | 51.0 | 100 | 100 | 100 | 100 | 75.8 | 98.9 | 85.5 |
| 13.2 | 80.0 | 62.0 | 71.5 | 11.3 | 95.7 | 100 | 100 | 100 | 34.6 | 97.6 | 71.7 |
| 9.5 | 72.0 | 50.0 | 58.5 | 0 | 20.1 | 100 | 100 | 100 | 16.7 | 76.9 | 58.6 |
| 4.75 | 56.0 | 26.0 | 37.0 | 0 | 0 | 11.9 | 98.1 | 100 | 11 | 32.1 | 37.1 |
| 2.36 | 44.0 | 16.0 | 26.5 | 0 | 0 | 0 | 69 | 100 | 7.8 | 17.8 | 26.2 |
| 1.18 | 33.0 | 12.0 | 19.5 | 0 | 0 | 0 | 49.1 | 100 | 6.6 | 13.6 | 20.7 |
| 0.6 | 24.0 | 8.0 | 14.5 | 0 | 0 | 0 | 20.7 | 100 | 4.4 | 8.3 | 13.0 |
| 0.3 | 17.0 | 5.0 | 10.5 | 0 | 0 | 0 | 10.6 | 100 | 2.5 | 5.3 | 10.0 |
| 0.15 | 13.0 | 4.0 | 7.0 | 0 | 0 | 0 | 3.4 | 94.6 | 0.8 | 3.9 | 7.6 |
| 0.075 | 7.0 | 3.0 | 5.0 | 0 | 0 | 0 | 0 | 87.1 | 0 | 0 | 5.8 |
| 用量(%) | | | | 25.3 | 8.4 | 15.3 | 24.4 | 6.6 | 8.0 | 12.0 | |

温拌再生沥青混合料压实温度的确定采用马歇尔击实法,按照预先确定的温拌剂和再生剂比例进行温拌再生沥青混合料拌和。选择压实温度为 100℃、110℃、120℃、130℃、140℃制备马歇尔试件。其中各压实温度对应的拌和温度为 110℃、120℃、130℃、140℃、150℃不同压实温度下马歇尔试件物理指标,详见表 6-4~表 6-6。添加不同温拌剂再生沥青混合料的空隙率与压实温度的关系如图 6-3 所示。

不同压实温度下添加 Evotherm DAT 温拌剂再生沥青混合料马歇尔试件物理指标 表 6-4

| 温度(℃) | 毛体积相对密度 | 空隙率(%) |
|---|---|---|
| 100 | 2.385 | 6.11 |
| 110 | 2.418 | 4.82 |
| 120 | 2.431 | 4.28 |
| 130 | 2.443 | 3.84 |
| 140 | 2.456 | 3.32 |

不同压实温度下添加 Evotherm ET 温拌剂再生沥青混合料马歇尔试件物理指标 表 6-5

| 温度(℃) | 毛体积相对密度 | 空隙率(%) |
|---|---|---|
| 100 | 2.359 | 7.12 |
| 110 | 2.401 | 5.48 |
| 120 | 2.416 | 4.88 |
| 130 | 2.435 | 4.14 |
| 140 | 2.452 | 3.45 |

不同压实温度下添加Ⅰ型温拌剂再生沥青混合料马歇尔试件物理指标 表6-6

| 温度(℃) | 毛体积相对密度 | 空隙率(%) |
|---|---|---|
| 100 | 2.415 | 4.90 |
| 110 | 2.433 | 4.23 |
| 120 | 2.442 | 3.84 |
| 130 | 2.446 | 3.70 |
| 140 | 2.451 | 3.50 |

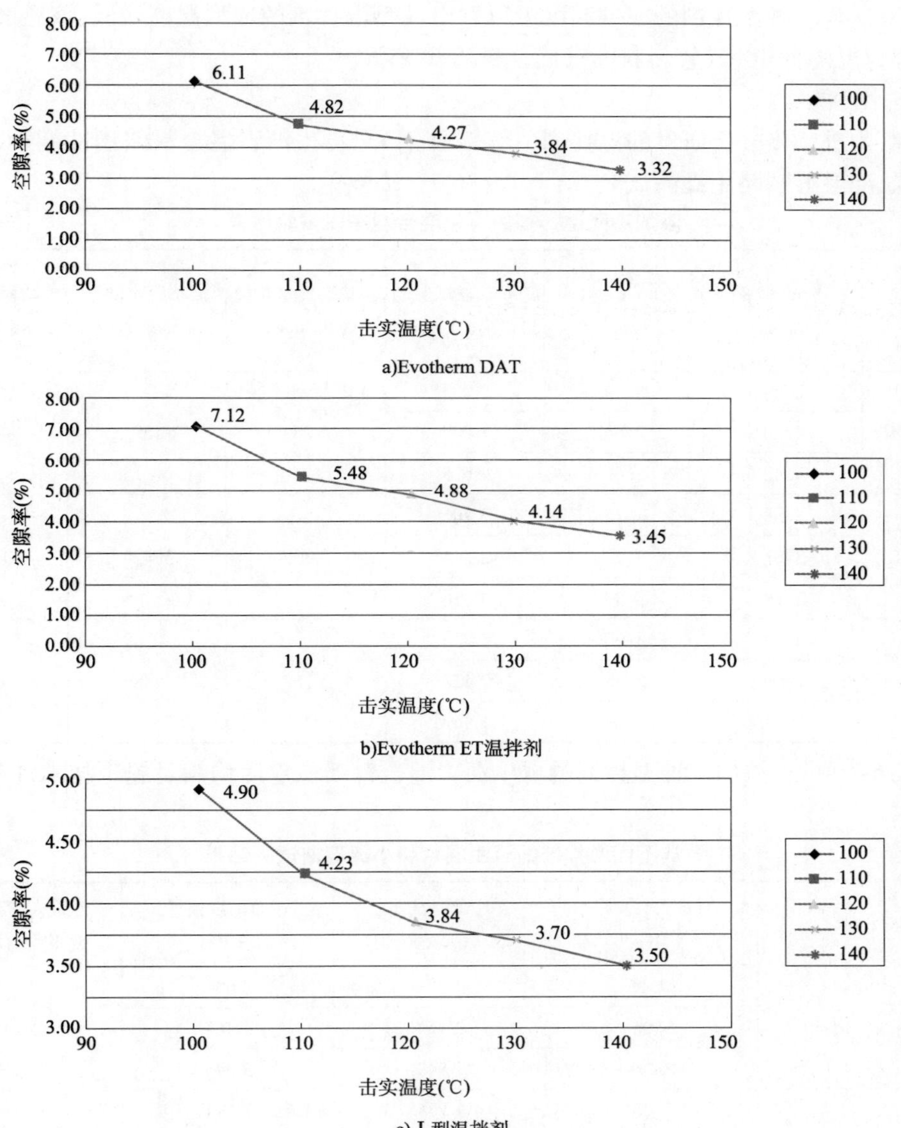


a)Evotherm DAT

b)Evotherm ET温拌剂

c) Ⅰ型温拌剂

图6-3 压实温度与空隙率的变化关系曲线

由图6-3可见，随着压实温度的增加，温拌再生沥青混合料的空隙率逐渐减小。由于再生沥青混合料的空隙率要求为3%～5%，所以Evotherm DAT温度区间在105℃以上均满足要求，空隙率为4.5%对应的压实温度约为115℃，据此建议温拌再生沥青混合料的成型温度不低于115℃；Evotherm ET温度区间在106℃以上均满足要求，空隙率为4.5%对应的压实温度约为126℃，由此建议温拌再生沥青混合料的成型温度不低于126℃，按再生沥青路面的最终空隙率不低于6%计算，I型温拌剂作用下的温度区间在100℃以上均满足要求，空隙率为4.5%对应的压实温度约为105℃，由此建议温拌再生沥青混合料的成型温度不低于105℃。

此外，比较三种温拌剂的成型温度可以看出，I型温拌剂的成型温度最低，该温度较热再生沥青混合料的低40℃，较新料沥青混合料的低35℃。

②路用性能

同理，为进一步分析研发的温拌剂（I型温拌剂）对再生沥青混合料路用性能影响，开展了高低温、冻融劈裂路用性能试验，结果见表6-7～表6-9。

添加不同温拌剂的再生混合料车辙试验结果　　表6-7

| 温拌剂类型 | 45min位移（mm） | 60min位移（mm） | 60℃车辙试验动稳定度（次/mm） | 动稳定度平均值（次/mm） | 动稳定度标准差 | 动稳定度变异系数（%） |
|---|---|---|---|---|---|---|
| I型温拌剂 | 2.88 | 3.19 | 2 032 | 2 209 | 159 | 7.2 |
| | 2.36 | 2.68 | 1 969 | | | |
| | 3.42 | 3.66 | 2 625 | | | |
| Evotherm ET | 2.98 | 3.15 | 3 706 | 3 309 | 394.9 | 11.9 |
| | 3.01 | 3.23 | 2 864 | | | |
| | 3.18 | 3.37 | 3 356 | | | |
| Evotherm DAT | 3.33 | 3.60 | 2 333 | 2 157 | 148 | 6.9 |
| | 2.56 | 2.85 | 2 170 | | | |
| | 2.37 | 2.69 | 1 969 | | | |

由表6-7可见，添加三种温拌剂的再生沥青混合料动稳定度均满足施工技术规范（大于800）要求。

添加不同温拌剂的再生混合料小梁弯曲试验结果　　表6-8

| 温拌剂类型 | 抗弯拉强度（MPa） | 最大弯拉应变（με） | 弯曲劲度模量（MPa） | 最大弯拉应变平均值（με） |
|---|---|---|---|---|
| I型温拌剂 | 12.35 | 2 205 | 5 601 | 2 433 |
| | 8.96 | 2 153 | 4 164 | |
| | 10.54 | 2 940 | 3 585 | |
| Evotherm ET | 7.78 | 2 888 | 2 694 | 2 713 |
| | 7.38 | 2 468 | 2 991 | |
| | 7.13 | 2 783 | 2 564 | |

续上表

| 温拌剂类型 | 抗弯拉强度（MPa） | 最大弯拉应变（με） | 弯曲劲度模量（MPa） | 最大弯拉应变平均值（με） |
|---|---|---|---|---|
| Evotherm DAT | 6.93 | 2 290 | 3 455 | 2 442 |
| | 9.64 | 2 595 | 4 132 | |
| | 7.18 | 2 443 | 3 098 | |

由表 6-8 可见，添加三种温拌剂的再生沥青混合料弯拉应变均满足施工技术规范（大于 2 300）要求。

**三种温拌剂作用下的温拌再生沥青混合料冻融结果** 表 6-9

| 温拌剂类型 | 是否冻融 | 劈裂强度（MPa） | 平均值（MPa） | TSR（%） |
|---|---|---|---|---|
| I 型温拌剂 | 未冻融 | 2.24 | 1.87 | 82.8 |
| | | 1.85 | | |
| | | 1.88 | | |
| | 冻融 | 1.68 | 1.55 | |
| | | 1.56 | | |
| | | 1.40 | | |
| Evotherm ET | 未冻融 | 2.02 | 1.98 | 76 |
| | | 1.94 | | |
| | | 1.99 | | |
| | 冻融 | 1.52 | 1.51 | |
| | | 1.49 | | |
| | | 1.52 | | |
| Evotherm DAT | 未冻融 | 1.80 | 1.79 | 83.2 |
| | | 1.95 | | |
| | | 1.61 | | |
| | 冻融 | 1.47 | 1.49 | |
| | | 1.56 | | |
| | | 1.43 | | |

由表 6-9 可见，添加三种温拌剂的再生沥青混合料 TSR 均满足施工技术规范（大于 75%）要求。通过比较添加同类型温拌剂的再生沥青混合料路用性能表明，自主研发的温拌剂与目前广泛使用的 Evotherm DAT 温拌剂基本相同，但价格是 Evotherm DAT 温拌剂的 1/5。

## 6.5 配合比设计

（1）温再生沥青混合料的配合比设计，应遵循现行规范关于热拌沥青混合料配合比设计中目标配合比、生产配合比以及试拌试铺验证三个阶段，确定矿料级配及最佳沥青用量。

（2）温再生沥青混合料配合比设计采用马歇尔试件体积设计方法，有条件的单位也可以采用 Superpave 设计方法进行设计。

（3）温再生沥青混合料配合比设计应按照第 4 章中有关厂拌热再生配合比设计进行，然后添加温拌剂实现温拌再生。

## 6.6 施工工艺及质量管理及控制

### 6.6.1 施工工艺

温再生施工工艺应按照第5章中有关厂拌热再生施工工艺进行，然后添加温拌剂实现温拌再生。

### 6.6.2 施工前的材料与设备检查

（1）施工前各种材料的来源和质量，材料试样的取样数量与频度，对沥青拌和站、摊铺机、压路机等各种施工机械和设备按照现行的《公路沥青路面施工技术规范》（JTG F40—2004）要求进行。

（2）液体温拌添加剂必须在密闭容器中避光保存。

（3）温再生沥青混合料检验内容与方法见表6-10。

**温再生沥青混合料检验频度和质量要求** 表6-10

<table>
<tr><th colspan="2">项　目</th><th>检验频度及单点检验评价方法</th><th>质量要求或允许偏差</th></tr>
<tr><td colspan="2">混合料外观</td><td>随时</td><td>观察集料粗细、均匀性、离析、油石比、色泽、冒烟、有无花白料、油团等现象</td></tr>
<tr><td rowspan="3">拌和温度</td><td>沥青、集料的加热温度</td><td>逐车检测评定</td><td rowspan="3">符合辽宁省《温拌沥青路面设计与施工技术指南》规定</td></tr>
<tr><td rowspan="2">混合料出厂温度</td><td>逐车检测评定</td></tr>
<tr><td>逐盘测量记录，每天取平均值评定</td></tr>
<tr><td rowspan="9">矿料级配（筛孔）</td><td>0.075mm</td><td rowspan="3">逐盘在线检测</td><td>±2%（2%）</td></tr>
<tr><td>≤2.36mm</td><td>±5%（4%）</td></tr>
<tr><td>≥4.75mm</td><td>±6%（5%）</td></tr>
<tr><td>0.075mm</td><td rowspan="3">逐盘检查，每天汇总1次取平均值评定</td><td>±1%</td></tr>
<tr><td>≤2.36mm</td><td>±2%</td></tr>
<tr><td>≥4.75mm</td><td>±2%</td></tr>
<tr><td>0.075mm</td><td rowspan="3">每台拌和机每天1~2次，以2个试样的平均值评定</td><td>±2%（2%）</td></tr>
<tr><td>≤2.36mm</td><td>±5%（3%）</td></tr>
<tr><td>≥4.75mm</td><td>±6%（4%）</td></tr>
<tr><td colspan="2" rowspan="3">沥青用量（油石比）</td><td>逐盘在线检测</td><td>±0.3%</td></tr>
<tr><td>逐盘检查，每天汇总1次取平均值评定</td><td>±0.1%</td></tr>
<tr><td>每台拌和机每天1~2次，以2个试样的平均值评定</td><td>±0.3%</td></tr>
<tr><td colspan="2">马歇尔试验：<br>空隙率、稳定度、流值</td><td>每台拌和机每天1~2次，以4~6个试件的平均值评定</td><td rowspan="3">符合辽宁省《温拌沥青路面设计与施工技术指南》规定</td></tr>
<tr><td colspan="2">浸水马歇尔试验</td><td>必要时（试件数同马歇尔试验）</td></tr>
<tr><td colspan="2">车辙试验</td><td>必要时（以3个试件的平均值评定）</td></tr>
</table>

注：括号内的数字是对SMA的要求。

### 6.6.3 试验路段的铺筑

温再生沥青混合料路面在施工前应铺筑试验段,试验段的长度应根据试验目的确定,通常宜为100~200m,宜选在主线上铺筑。

温再生沥青混合料路面试验铺筑分试拌及试铺两个阶段,应包括下列试验内容:

(1)检验各种施工机械的类型、数量及组合方式是否匹配。

(2)通过试拌确定拌和机的操作工艺。

(3)通过试铺确定摊铺、压实工艺,确定松铺系数等。

(4)验证温再生沥青混合料生产配合比设计,提出生产用的标准配合比和最佳沥青用量。

(5)检验试验段的渗水系数。

试验段铺筑应由有关各方共同参加,及时商定有关事项,明确试验结论。铺筑结束后,施工单位应就各项试验内容提供出完整的试验路施工、检测报告,取得业主或监理的批复。

### 6.6.4 施工质量管理及验收

(1)对于温再生沥青混合料,应特别重视材料的质量、施工温度和压实工序的管理,使混合料充分压实,切忌片面追求平整度而降低压实温度。

(2)温再生沥青混合料路面采用钻芯取样的方式检查压实度和空隙率。建议的检查频率为:一次摊铺碾压施工的全幅或半幅路面每公里取样2~4个芯样。施工质量稳定时取低值,施工质量不稳定时取高值。

(3)在成型后的路面上测定渗水系数、构造深度按照现行《公路路基路面现场测试规程》(JTG E60—2008)规定的方法。

(4)随机取样检测工地混合料的级配和油石比,必须严格检查温拌添加剂的使用量。抽检混合料的级配和油石比满足表6-11的要求时,可不对拌和站各生产参数调整。反之,应查找原因,调整生产,使混合料的级配和油石比满足表6-11的要求。

**混合料级配和油石比允许偏差** 表6-11

| 项　目 | 规　格 | 允许偏差(%) |
|---|---|---|
| 矿料级配 | ≥9.5mm | ±3 |
| | 4.75mm | ±2 |
| | 0.15~2.36mm | ±2 |
| | 0.075mm | ±2 |
| 油石比 | | ±0.2 |

(5)按要求每天进行马歇尔试验,计算空隙率等指标,指标异常时,应及时查找原因。

(6)温再生沥青混合料路面质量验收标准应满足表6-12要求,其他未列的项目均与一般沥青路面的要求相同,应按照现行《公路沥青路面施工技术规范》(JTG F40—2004)进行检查。

温再生沥青混合料路面质量检验评定标准　　表 6-12

<table>
<tr><th colspan="2" rowspan="2">检 查 项 目</th><th colspan="2">规定值或允许值</th><th rowspan="2">检查方法和频率</th></tr>
<tr><th>高速公路、一级公路</th><th>其 他 公 路</th></tr>
<tr><td colspan="2">压实度</td><td colspan="2">试验室标准密度的 96%（＊98%）<br>理论最大相对密度的 92%（＊94%）<br>试验段密度的 98%（＊99%）</td><td>每 200m 测 1 处</td></tr>
<tr><td rowspan="3">平整度</td><td>σ（mm）</td><td>≤1.2</td><td>≤2.5</td><td rowspan="2">平整度仪：全线每车道连续按每 100m 计算 σ 或 IRI</td></tr>
<tr><td>IRI（m/km）</td><td>≤2.0</td><td>≤4.2</td></tr>
<tr><td>最大间隙（mm）</td><td>—</td><td>≤5</td><td>3m 直尺：每 200m 测 2 处 ×10 尺</td></tr>
<tr><td colspan="2">弯沉值（0.01mm）</td><td colspan="2">符合设计要求</td><td>按《公路路基路面现场测试规程》（JTG E60—2008）T0951 ~ T0953 检测</td></tr>
<tr><td colspan="2">渗水系数（mL/min）</td><td>≤80</td><td>—</td><td>渗水系数仪：每 200m 测 1 处</td></tr>
<tr><td rowspan="2">抗滑</td><td>摩擦系数</td><td rowspan="2">符合设计要求</td><td rowspan="2">—</td><td>摆式仪：每 200m 测 1 处摩擦系数测定车：全线连续</td></tr>
<tr><td>构造深度</td><td>铺砂法：每 200m 测 1 处</td></tr>
<tr><td rowspan="2">厚度（mm）</td><td>代表值</td><td>总厚度：−5% H<br>上面层：−10% h</td><td>−8% H</td><td rowspan="2">按《公路路基路面现场测试规程》（JTG E60—2008）T0912—2008 检查，双车道每 200m 测 1 处</td></tr>
<tr><td>合格值</td><td>总厚度：−10% H<br>上面层：−20% h</td><td>−15% H</td></tr>
<tr><td colspan="2">中线平面偏差（mm）</td><td>20</td><td>30</td><td>经纬仪：每 200m 测 4 处</td></tr>
<tr><td colspan="2">纵断高程（mm）</td><td>±15</td><td>±20</td><td>水准仪：每 200m 测 4 个断面</td></tr>
<tr><td rowspan="2">宽度</td><td>有侧石</td><td>±20</td><td>±30</td><td rowspan="2">尺量：每 200m 测 4 个断面</td></tr>
<tr><td>无侧石</td><td colspan="2">不小于设计值</td></tr>
<tr><td colspan="2">横坡（%）</td><td>±0.3</td><td>±0.5</td><td>水准仪：每 200m 测 4 处</td></tr>
</table>

注：1. 表内压实度可选用其中的 1 个或 2 个标准评定；选用 2 个标准时，以合格率低的作为评定结果。带＊号者是 SMA 路面。

2. 表列厚度仅规定负允许偏差，$H$ 为沥青层设计总厚度（mm）；$h$ 为沥青上面层设计厚度（mm）。

## 6.7　工程实例一

### 6.7.1　工程概况

试验段位于辽阳市境内的沈环线二级公路，双向四车道，路基宽 16m，路面宽 15m。上面层为 3cmAC-10F 细粒式沥青混合料，下面层为 4cmRAC-16F 中粒式温拌再生沥青混合料，基层为 15cm 厂拌水泥稳定碎石，底基层为 15cm 厂拌水泥砂砾，桩号为 K110 + 735 ~ K126

+870。温拌再生沥青混合料中回收沥青路面材料(RAP)掺量为28%,再生剂掺量为7%,温拌剂掺量为5:95。

### 6.7.2 材料选择及要求

#### 1)回收沥青路面材料(RAP)试验

回收沥青路面材料(RAP)分为两档:0~10mm和10~20mm。采用烘干法测得0~10mm RAP含水率为1.80%,10~20 mm RAP含水率为1.30%。

采用燃烧法测定回收沥青路面材料(RAP)的沥青含量。其中,四组0~10mmRAP的沥青含量分别为5.38%、5.45%、5.58%、5.71%;四组10~20mmRAP沥青含量分别为3.40%、3.37%、3.45%、3.30%;由此确定0~10mmRAP的为5.50%,10~20mmRAP沥青含量为3.40%。

回收沥青路面材料(RAP)燃烧后的矿料筛分结果见表6-13和表6-14。

**0~10mm RAP矿料筛分结果** 表6-13

| 项目 | 通过下列筛孔(mm)的质量百分率(%) | | | | | | | | | | |
|---|---|---|---|---|---|---|---|---|---|---|---|
| | 19 | 16 | 13.2 | 9.5 | 4.75 | 2.36 | 1.18 | 0.6 | 0.3 | 0.15 | 0.075 |
| RAP | 100 | 100 | 100 | 100 | 79.0 | 56.0 | 40.0 | 33.0 | 21.0 | 14.0 | 10.0 |

**10~20mm RAP矿料筛分结果** 表6-14

| 项目 | 通过下列筛孔(mm)的质量百分率(%) | | | | | | | | | | |
|---|---|---|---|---|---|---|---|---|---|---|---|
| | 19 | 16 | 13.2 | 9.5 | 4.75 | 2.36 | 1.18 | 0.6 | 0.3 | 0.15 | 0.075 |
| RAP | 100 | 99.0 | 94.0 | 74.0 | 40.0 | 26.0 | 19.0 | 16.0 | 12.0 | 9.0 | 8.0 |

#### 2)集料试验

再生沥青混合料中新添加集料包括碎石13.2~19mm、9.5~13.2mm、5~10mm、石屑和矿粉,分别对各档集料进行筛分,筛分结果见表6-15。

**各档集料筛分结果** 表6-15

| 筛孔尺寸(mm) | 通过下列筛孔(mm)的质量百分率(%) | | | | |
|---|---|---|---|---|---|
| | 13.2~19 | 9.5~13.2 | 5~10 | 石屑 | 矿粉 |
| 19 | 100 | | | | |
| 16 | 58.0 | 100 | | | |
| 13.2 | 7.0 | 96.0 | 100 | | |
| 9.5 | — | 28.0 | 95.0 | 100 | |
| 4.75 | — | — | 4.0 | 91.0 | |
| 2.36 | — | — | — | 62.0 | |
| 1.18 | — | — | — | 40.0 | |
| 0.6 | — | — | — | 31.0 | |
| 0.3 | — | — | — | 18.0 | 100 |
| 0.15 | — | — | — | 10.0 | 94.0 |
| 0.075 | — | — | — | 7.0 | 84.0 |

根据试验规程测定各档集料的毛体积相对密度,试验结果见表6-16。

各档集料密度　表6-16

| 集料规格 | 毛体积相对密度 |
|---|---|
| 13.2～16mm | 2.712 |
| 9.5～13.2mm | 2.707 |
| 5～10mm | 2.668 |
| 石屑 | 2.703 |
| 矿粉 | 2.737 |
| RAP中10～20mm | 2.672 |
| RAP中0～10mm | 2.707 |

## 6.7.3 温再生混合料配合比设计

### 1) RAC-16 配合比设计

RAC-16各档集料的配合比设计结果见表6-17,级配曲线如图6-4所示。

RAC-16各档集料的配合比设计结果(%)　表6-17

| 筛孔尺寸(mm) | 设计级配 | | | 13.2～19mm | 9.5～13.2mm | 5～10mm | 石屑 | 矿粉 | RAP 10～20mm | RAP 0～10mm | 合成级配 |
|---|---|---|---|---|---|---|---|---|---|---|---|
| | 上限 | 下限 | 中值 | A | B | C | D | E | F | G | |
| 19 | 100.0 | 100.0 | 100.0 | 100.0 | 100.0 | 100.0 | 100.0 | 100.0 | 100.0 | 100.0 | 100.0 |
| 16 | 100.0 | 90.0 | 95.0 | 58.0 | 100.0 | 100.0 | 100.0 | 100.0 | 99.0 | 100.0 | 94.9 |
| 13.2 | 92.0 | 76.0 | 84.0 | 7.0 | 96.0 | 100.0 | 100.0 | 100.0 | 94.0 | 100.0 | 87.2 |
| 9.5 | 80.0 | 60.0 | 70.0 | 0 | 28.0 | 95.0 | 100.0 | 100.0 | 74.0 | 100.0 | 64.9 |
| 4.75 | 62.0 | 34.0 | 48.0 | 0 | 0 | 4.0 | 91.0 | 100.0 | 40.0 | 79.0 | 37.6 |
| 2.36 | 48.0 | 20.0 | 34.0 | 0 | 0 | 0 | 62.0 | 100.0 | 26.0 | 56.0 | 26.5 |
| 1.18 | 36.0 | 13.0 | 24.5 | 0 | 0 | 0 | 40.0 | 100.0 | 19.0 | 40.0 | 19.1 |
| 0.6 | 26.0 | 9.0 | 17.5 | 0 | 0 | 0 | 31.0 | 100.0 | 16.0 | 33.0 | 16.0 |
| 0.3 | 18.0 | 7.0 | 12.5 | 0 | 0 | 0 | 18.0 | 100.0 | 12.0 | 21.0 | 11.1 |
| 0.15 | 14.0 | 5.0 | 9.5 | 0 | 0 | 0 | 10.0 | 94.0 | 9.0 | 14.0 | 8.0 |
| 0.075 | 8.0 | 4.0 | 6.0 | 0 | 0 | 0 | 7.0 | 84.0 | 8.0 | 10.0 | 6.3 |
| 用量 | | | | 0.12 | 0.28 | 0.12 | 0.17 | 0.03 | 0.09 | 0.19 | |

### 2) RAC-16 的最佳沥青用量

温拌再生沥青混合料与热拌再生沥青混合料相比,只是在混合料中加入了温拌剂,依据黏温曲线和温拌剂作用机理可知,温拌剂对沥青黏结料性能没有影响,其目的是降低混合料拌和过程中沥青混合料体系的界面张力,降低体系的黏附功能,因此,温拌剂不会改变混合料最佳沥青用量,温拌再生沥青混合料的沥青用量与热拌再生沥青混合料沥青用量是一致的。

再生沥青混合料RAC-16的配合比设计采用马歇尔方法,选择沥青含量分别为3.5%、4.0%、4.5%、5.0%、5.5%,制备马歇尔试件。马歇试验测定的物理力学指标,详见表6-18及图6-5、图6-6。

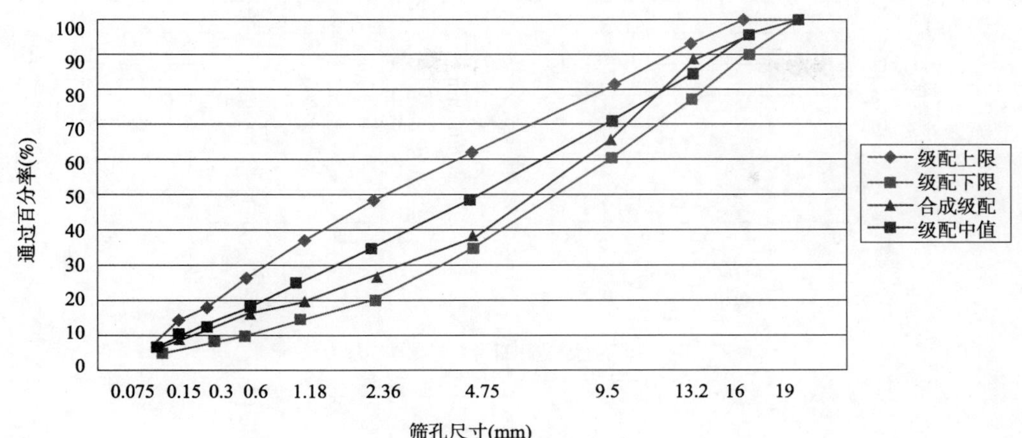


图 6-4　RAC-16 集料配合比设计级配曲线

**RAC-16 不同沥青含量马歇尔试件物理力学指标**　　表 6-18

| 再生剂产地 | 沥青用量（%） | 最大理论相对密度 | 毛体积相对密度 | 空隙率（%） | 矿料间隙率（%） | 沥青饱和度（%） | 60℃稳定度（kN） | 流值（mm） |
|---|---|---|---|---|---|---|---|---|
| 抚顺 | 3.5 | 2.572 | 2.427 | 5.6 | 13.1 | 56.9 | 10.83 | 2.61 |
| | 4.0 | 2.558 | 2.450 | 4.2 | 12.7 | 66.9 | 11.63 | 3.38 |
| | 4.5 | 2.553 | 2.468 | 2.6 | 12.6 | 79.4 | 10.85 | 3.92 |
| | 5.0 | 2.516 | 2.473 | 1.7 | 12.8 | 86.6 | 9.74 | 4.72 |
| | 5.5 | 2.507 | 2.470 | 1.4 | 13.4 | 89.1 | 8.76 | 5.06 |

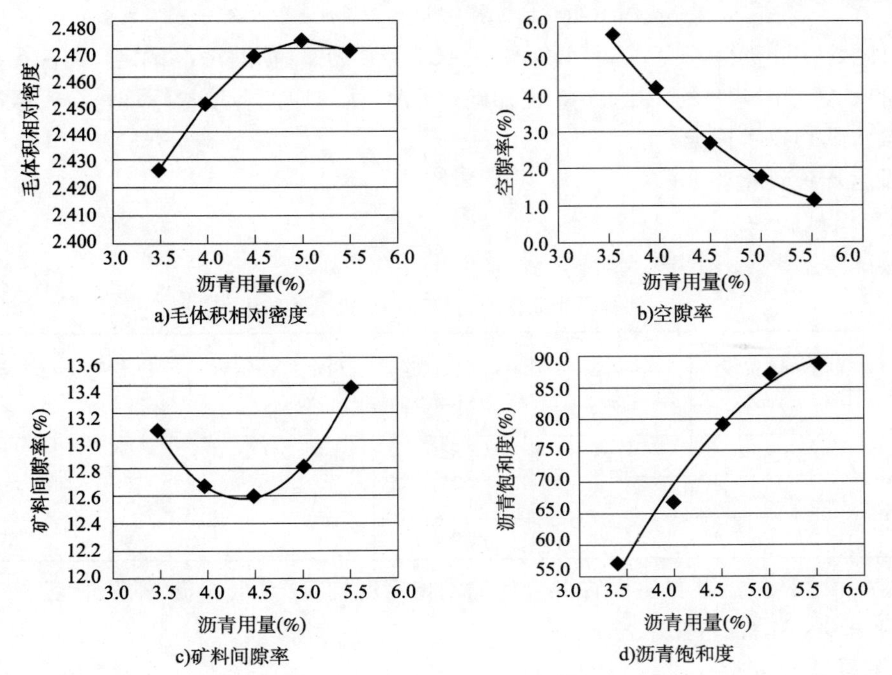


图　6-5

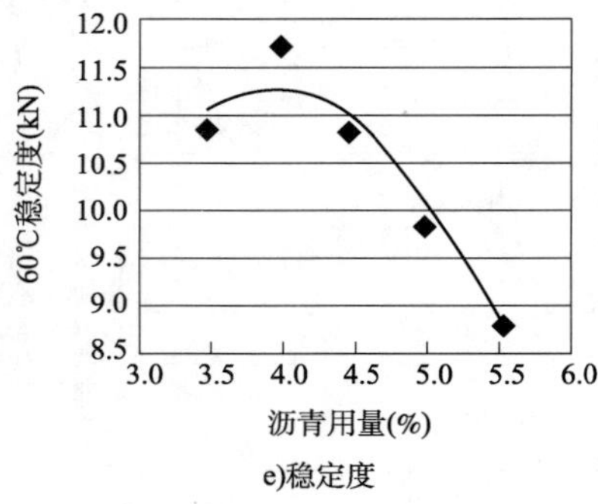

e)稳定度

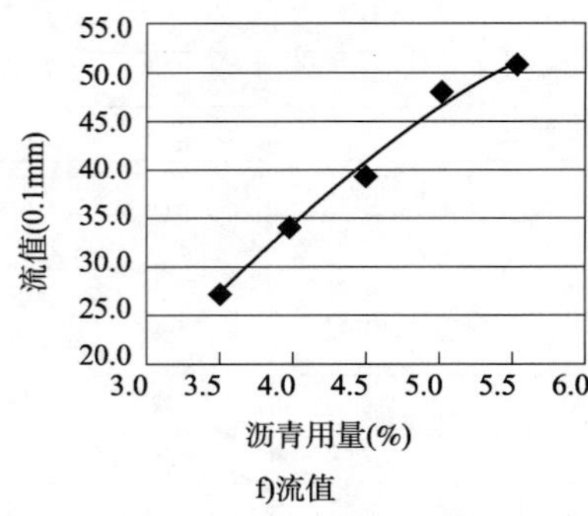

f)流值

图 6-5　RAC-16 不同沥青用量混合料试件物理力学指标

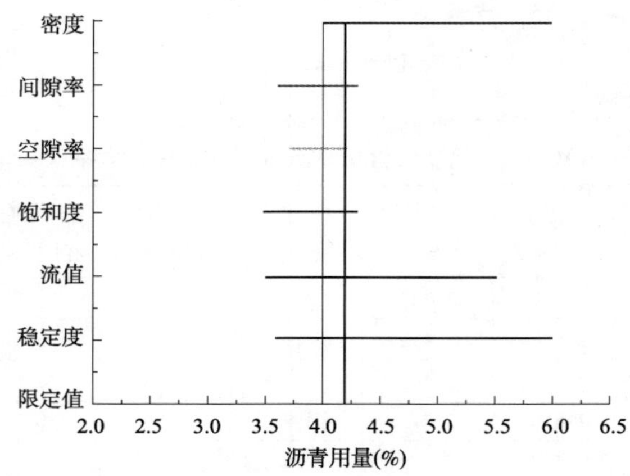


图 6-6　RAC-16 不同沥青用量混合料试件物理力学指标分布

通过图 6-6 分析得到 $OAC_1$ 为 4.26%，$OAC_2$ 为 4.15%，据此最终确定 RAC-16 再生沥青混合料 的 OAC 为 4.21%。由图 6-6 可知确定 OAC 所对应的各项指标均符合密级配沥青混合料马歇尔试验技术标准。

**3)配合比设计检验**

(1)车辙试验

车辙试验结果见表 6-19。

**温拌再生沥青混合料动稳定度试验结果**　　表 6-19

| 样品名称 | 45min 位移(mm) | 60min 位移(mm) | 60℃车辙试验动稳定度(次/mm) | 动稳定度平均值(次/mm) | 动稳定度标准差 | 动稳定度变异系数 |
|---|---|---|---|---|---|---|
| RAC-16(28% RAP) | 4.84 | 5.23 | 1 615 | 1 768 | 120.4 | 6.8% |
| | 4.04 | 4.57 | 1 781 | | | |
| | 4.06 | 4.39 | 1 909 | | | |

由表 6-19 可知，温拌再生沥青混合料的动稳定度均符合《公路沥青路面施工技术规范》(JTG F40—2004)的技术要求。

(2)冻融劈裂试验

冻融试验结果见表 6-20。

温拌再生沥青混合料冻融劈裂试验结果　　表6-20

| 样品名称 | 是否冻融 | 劈裂强度(MPa) | 平均值(MPa) | TSR(%) |
|---|---|---|---|---|
| RAC-16(28% RAP) | 未冻融 | 0.66 | 0.66 | 82 |
| | | 0.65 | | |
| | | 0.67 | | |
| | 冻融 | 0.56 | 0.54 | |
| | | 0.57 | | |
| | | 0.52 | | |

由表6-20试验结果可以看出,不同类型再生沥青混合料的冻融劈裂强度比TSR均符合《公路沥青路面施工技术规范》(JTG F40—2004)的技术要求。

(3)弯曲试验

试验结果见表6-21。

温拌再生沥青混合料弯曲试验结果　　表6-21

| 样品名称 | 抗弯拉强度(MPa) | 最大弯拉应变(με) | 弯曲劲度模量(MPa) | 最大弯拉应变平均值(με) |
|---|---|---|---|---|
| RAC-16(28% RAP) | 8.85 | 2 363 | 3 745 | 2 321 |
| | 8.99 | 2 153 | 4 175 | |
| | 9.13 | 2 448 | 3 461 | |

由表6-21试验数据可以看出,不同类型再生沥青混合料的最大弯拉应变均符合《公路沥青路面施工技术规范》(JTG F40—2004)的技术要求。

### 6.7.4 温再生沥青混合料压实温度的确定

温拌再生沥青混合料所体现的“温拌”特点,关键在于温拌再生沥青混合料的压实特性有所提高,使得温拌再生沥青混合料在降低拌和温度的情况下压实度保持不变。在合理拌和成型工艺基础上,选用空隙率为判据,确定最佳拌和温度和成型温度。通过试验确定添加温拌剂为5:95、再生剂为7%、最佳沥青用量为4.21%,真空法测定温拌再生沥青混合料的最大理论相对密度为2.545 g/cm$^3$。

RAC-16的温拌再生沥青混合料压实温度的确定采用马歇尔方法,取添加温拌剂为5:95、再生剂为7%、最佳沥青用量为4.21%的温拌再生沥青混合料进行拌和,分别选择压实温度为100℃、110℃、120℃、130℃、140℃制备马歇尔试件。其中各压实对应的拌和温度为107℃、117℃、127℃、137℃、147℃,不同压实温度下马歇尔试件物理力学指标,详见表6-22。

RAC-16不同压实温度下马歇尔试件物理力学指标　　表6-22

| 温度(℃) | 毛体积相对密度 | 空隙率(%) |
|---|---|---|
| 90 | 2.382 | 6.40 |
| 100 | 2.400 | 5.70 |
| 110 | 2.417 | 4.83 |
| 120 | 2.437 | 4.24 |
| 130 | 2.454 | 3.57 |

由表6-22可知，随着压实温度的增加，温拌再生沥青混合料的空隙率逐渐减小。由于再生沥青混合料的空隙率要求为3%～5%，所以温度区间在106℃以上均满足要求，其中空隙率为4%对应的压实温度约为124℃；空隙率为4.5%对应的压实温度约为115℃。据此建议温拌再生沥青混合料的成型温度不低于115℃。若按再生沥青路面的最终空隙率不低于6%计算，则终压温度不低于约为96℃。

### 6.7.5 沥青路面温再生施工

**1）拌和**

根据配合比设计结果进行再生混合料拌和，拌和生产过程中一切正常，混合料拌和均匀，无花白现象。

**2）运输**

再生沥青混合料运输，车厢首先清扫干净，在车厢侧板和底板涂一薄层油水混合液。在运往施工现场的过程中，再生混合料必须要加盖苫布（棉被），以防止温度降低过快。

**3）摊铺**

摊铺机开工前提前0.5～1h预热，熨平板不低于100℃。铺筑过程中应选择熨平板的振捣或夯锤压实装置具有适宜的振动频率和振幅，以提高路面的初始压实度。熨平板加宽连接应仔细调节至摊铺的混合料没有明显的离析痕迹。摊铺机缓慢、均匀、连续不间断地摊铺，摊铺速度控制在2～3m/min的范围内，如图6-7所示。摊铺温度实测为115℃。

**4）压实**

碾压必须尽可能紧跟摊铺机，碾压过程：

（1）初压2～3遍，选择钢轮振动压路机振动压实，压实速度宜为2～3km/h。如果第1遍前进振动碾压时发生严重推移，则采用静压，其他采用振压。初压温度实测为105℃。

（2）复压4～5遍，应采用胶轮压路机；如采用钢轮压路机振动3～5遍，压实速度均宜为2～4km/h。

（3）终压2～3遍，选择双钢轮振动压路机，采用振、静结合方式，收光采用静压，压实速度为3～5km/h，终压温度实测为98℃，如图6-8所示。

图6-7　温再生混合料摊铺

图6-8　温再生混合料压实

**5）开放交通及其他**

温再生沥青混合料路面待摊铺层完全自然冷却，混合料表面温度低于50℃后，可限时限速开放交通，严禁重载、超载车辆通行，车速不得超过40km/h。

### 6.7.6　施工质量控制与检测

**1）施工过程质量控制**

在生产过程中采用燃烧炉测定混合料的矿料级配，检测结果见表6-23。制作马歇尔试件，测定密度、空隙率等体积指标，试验结果见表6-24。

**温拌再生沥青混合料生产取样筛分试验结果**　　表6-23

| 筛孔尺寸（mm） | 筛分级配（%） | RAC-16级配范围（%） |
|---|---|---|
| 19 | 100 | 100 |
| 16 | 91.6～99.4 | 90～100 |
| 13.2 | 77.2～93.1 | 76～92 |
| 9.5 | 61.2～80.3 | 60～80 |
| 4.75 | 35.0～61.1 | 34～62 |
| 2.36 | 19.8～45.4 | 20～48 |
| 1.18 | 13.9～36.3 | 13～36 |
| 0.6 | 8.5～27.1 | 9～26 |
| 0.3 | 6.9～16.2 | 7～18 |
| 0.15 | 4.9～13.7 | 5～14 |
| 0.075 | 4.2～7.5 | 4～8 |

**温拌再生沥青混合料生产取样马歇尔试验结果**　　表6-24

| 项　目 | 技术指标 | | | | | |
|---|---|---|---|---|---|---|
| | 沥青含量（%） | 空隙率（%） | 矿料间隙率（%） | 沥青饱和度（%） | 马歇尔稳定度（60℃）（kN） | 流值（mm） |
| 检测值 | 4.1～4.4 | 3.7～4.8 | 14.2～15.5 | 70.2～75.3 | 8.3～11.6 | 2.2～4.1 |
| 要求值 | 4.21 | 4 | ≥13.5 | 65～75 | 8 | 2～4.5 |

从表6-23和表6-24中检测数据看，温再生混合料级配及性能指标施工控制比较严格，基本能够满足要求。

**2）施工完成后检测**

工程施工完成之后，对厂拌冷再生路段进行检测。包括：平整度、厚度、压实度，具体检测结果见表6-25。

**温拌再生工程路面检测结果**　　表6-25

| 项　目 | 平整度（mm） | 厚度（cm） | 压实度（%） |
|---|---|---|---|
| 检测值 | 3.4 | 4.2 | 94.7 |
| 要求值 | ≤5 | 4 | ≥92（基于理论最大相对密度） |

## 6.8　工程实例二

### 6.8.1　工程概况

吉林省S106省道，属于平原地区一级公路，路基宽32.5m，路面宽22.5m。温拌再生试验路位于 K0 +000 ~ K6 +350 段左幅,上面、下面层均采用温拌再生技术。路面结构见表 6-26。

试验路段路面结构　　表 6-26

| 厚度（cm） | 材　料 |
|---|---|
| 4 | AC-13 温拌再生沥青混合料(RAP 掺量 30%) |
| 6 | AC-20 温拌再生沥青混合料(RAP 掺量 40%) |
| 15 | 5%水泥碎石基层 |
| 33 | 5.5%水泥冷再生底基层 |

## 6.8.2　材料选择及要求

### 1)回收沥青路面材料(RAP)

室内试验采用的旧沥青路面铣刨料来自工程现场,将铣刨料筛分后分为四档:0 ~5mm、5 ~10mm、10 ~15mm 和 15 ~20mm。试验前对各档旧料进行了抽提试验,确定了铣刨料的沥青含量和矿料级配,并对抽提后的沥青指标进行了检测,试验结果见表 6-27 和表 6-28。

各档 RAP 中沥青含量及矿料级配试验结果　　表 6-27

| 粒径范围（mm） | 沥青含量（%） | 通过下列筛孔(mm)的质量百分率(%) | | | | | | | | | | |
|---|---|---|---|---|---|---|---|---|---|---|---|---|
| | | 19 | 16 | 13.2 | 9.5 | 4.75 | 2.36 | 1.18 | 0.6 | 0.3 | 0.15 | 0.075 |
| 0 ~5 | 6.7 | 100 | 100 | 100 | 100 | 93.72 | 73.13 | 56.34 | 43.83 | 29.01 | 26.63 | 18.91 |
| 5 ~10 | 5.8 | 100 | 100 | 100 | 100 | 83.07 | 45.87 | 35.54 | 28.10 | 19.36 | 17.81 | 12.37 |
| 10 ~15 | 4.9 | 100 | 99.33 | 92.01 | 76.50 | 48.53 | 33.03 | 25.54 | 19.61 | 13.67 | 12.71 | 8.93 |
| 15 ~20 | 2.3 | 91.49 | 60.86 | 36.39 | 21.99 | 15.55 | 11.83 | 9.69 | 7.88 | 5.38 | 4.98 | 3.59 |

RAP 中旧沥青材料指标　　表 6-28

| 项　目 | 针入度(25℃,5s,100g)（0.1mm） | 软化点（℃） | 延度(15℃)（cm） |
|---|---|---|---|
| 旧沥青材料 | 54 | 53 | 32.5 |

### 2)矿料

新矿料来自于现场,检测结果满足规范相关规定。

### 3)沥青及温拌剂

新沥青采用的是 90 号道路石油基质沥青,温拌剂为基于表面活性的 DAT 温拌剂,其检测结果均符合规范的相关规定。

## 6.8.3　温再生混合料室内试验

针对 AC-20 和 AC-13 两种类型混合料进行温拌再生室内试验,其中 AC-20 混合料中回收沥青路面材料(RAP)的掺量为 40%,AC-13 混合料中回收沥青路面材料(RAP)的掺量为 30%。室内试验首先采用马歇尔配合比设计方法确定不掺加温拌剂时两种类型混合料的最佳油石比;在此最佳油石比的基础上掺加温拌剂,按照温拌再生混合料的试验温度成型试件,检查其体积指标及路用性能。室内试验个过程温度控制见表 6-29。混合料拌制时间为:新集料和回收沥青路面材料(RAP)干拌 40s,加入新沥青及温拌剂后湿拌 140s。

不同沥青混合料试验温度控制　表6-29

| 温度(℃) | 普通热拌沥青混合料 | 旧料再生沥青混合料 | 温拌再生沥青混合料 |
|---|---|---|---|
| 新矿料温度 | 170~180 | 180~190 | 160~170 |
| 旧料温度 | — | 110~120 | 110~120 |
| 沥青温度 | 145~155 | 145~155 | 145~155 |
| 拌和温度 | 165~175 | 170~185 | 140~150 |
| 成型温度 | 135~145 | 145~155 | 120~125 |

采用马歇尔试验配合比设计方法确定了两种类型温拌再生混合料(AC-20和AC-13)的配合比,通过成型马歇尔试件分析温拌再生混合料体积指标,结果见表6-30。

温拌再生沥青混合料试验结果　表6-30

| 试验项目 | 混合料类型 | | 技术要求 |
|---|---|---|---|
| | AC-20 | AC-13 | |
| 沥青用量(%) | 4.4 | 4.9 | — |
| 空隙率(%) | 4.5 | 4.2 | 3~6 |
| 矿料间隙率(%) | 14.2 | 14.4 | ≥13(AC-20),≥14(AC-13) |
| 沥青饱和度(%) | 68.3 | 70.8 | 65~75 |
| 稳定度(60℃)(kN) | 9.6 | 10.0 | ≥8 |
| 流值(mm) | 3.01 | 3.34 | 2~4 |

从表6-30中的试验数据可以看出,采用温拌再生的沥青混合料体积指标均满足规范中的相关技术要求。为了更好地验证温拌再生沥青混合料效果,进行了温拌再生沥青混合料的路用性能试验,试验结果见表6-31。

温拌再生沥青混合料路用性能试验结果　表6-31

| 试验项目 | 混合料类型 | |
|---|---|---|
| | AC-20 | AC-13 |
| 60℃车辙试验动稳定度(次/mm) | 2 872 | 2 598 |
| -10℃低温弯曲试验破坏应变(με) | 2 593 | 2 880 |
| 浸水马歇尔残留稳定度(%) | 87.1 | 89.4 |
| 冻融劈裂强度比(%) | 78.5 | 82.5 |

从表6-31中数据可以看出,温拌再生混合料的高、低温稳定性和水稳定性均符合《公路沥青路面施工技术规范》(JTG F40—2004)的技术要求。

### 6.8.4　沥青路面温再生施工

**1)拌和**

拌和站混合料的出料温度控制在130~135℃之间,混合料的粗细集料均匀,无花白料及油团等现象。

**2)运输**

再生沥青混合料运输,车厢首先清扫干净,在车厢侧板和底板涂一薄层油水混合液。在运往施工现场的过程中,再生混合料必须要加盖苫布(棉被),以防止温度降低过快。

3)摊铺

摊铺机开工前提前0.5~1h预热,熨平板不低于100℃。铺筑过程中应选择熨平板的振捣或夯锤压实装置具有适宜的振动频率和振幅,以提高路面的初始压实度。熨平板加宽连接应仔细调节至摊铺的混合料没有明显的离析痕迹。摊铺机缓慢、均匀、连续不间断地摊铺,摊铺速度控制在2~3m/min的范围内。现场摊铺温度控制在120~125℃之间。

4)压实

碾压过程中复压采用26t重型轮胎压路机碾压2~3遍,通过轮胎压路机的揉搓作用调整集料位置和骨架结构,充分发挥温拌剂形成的结构性水磨的润滑作用。

5)开放交通及其他

温拌再生沥青混合料路面待摊铺层完全自然冷却,混合料表面温度低于50℃后,可限时限速开放交通,严禁重载、超载车辆通行,车速不得超过40km/h。

### 6.8.5 施工质量控制与检测

温拌再生试验路施工完成后,路面表面平整度密实,无明显离析,接缝顺直紧密,平整无跳车。对其进行了取芯检测,测定了芯样的毛体积相对密度,并计算了压实度,结果见表6-32。

温拌再生试验路检测结果 表6-32

| 结构层 | 上面层 | | 下面层 | |
|---|---|---|---|---|
| | 毛体积相对密度 | 压实度(%) | 毛体积相对密度 | 压实度(%) |
| K1+750 | 2.379 | 93.7 | 2.459 | 95.8 |
| K1+850 | 2.411 | 94.9 | 2.394 | 93.3 |
| K2+200 | 2.436 | 95.9 | 2.496 | 97.3 |
| K4+900 | 2.436 | 95.9 | 2.484 | 96.8 |
| K5+008 | 2.387 | 93.9 | 2.455 | 95.7 |

# 参考文献


[1] 中华人民共和国行业标准. JTG B01—2014 公路工程技术标准[S]. 北京:人民交通出版社,2014.

[2] 中华人民共和国行业标准. JTG F40—2004 公路沥青路面施工技术规范[S]. 北京:人民交通出版社,2004.

[3] 中华人民共和国行业标准. JTG D50—2006 公路沥青路面设计规范[S]. 北京:人民交通出版社,2006.

[4] 中华人民共和国行业标准. JTG E20—2011 公路工程沥青及沥青混合料试验规程[S]. 北京:人民交通出版社,2011.

[5] 中华人民共和国行业标准. JTG E60—2008 公路路基路面现场测试规程[S]. 北京:人民交通出版社,2008.

[6] 中华人民共和国行业标准. JTG E42—2005 公路工程集料试验规程[S]. 北京:人民交通出版社,2005.

[7] 中华人民共和国行业标准. JTG F41—2008 公路沥青路面再生技术规范[S]. 北京:人民交通出版社,2008.

[8] 中华人民共和国行业标准. JTG H20—2007 公路技术状况评定标准[S]. 北京:人民交通出版社,2007.

[9] 中华人民共和国行业标准. JTG H10—2009 公路养护技术规范[S]. 北京:人民交通出版社,2009.

[10] 中华人民共和国行业标准. JTG E40—2007 公路土工试验规程[S]. 北京:人民交通出版社,2007.

[11] 中华人民共和国行业标准. JTG F80/1—2004 公路工程质量检验评定标准[S]. 北京:人民交通出版社,2004.

[12] 中华人民共和国行业标准. JTG/T F30—2014 公路水泥混凝土路面施工技术细则[S]. 北京:人民交通出版社,2003.

[13] 中华人民共和国地方标准. DB21/T 1847—2010 沥青路面厂拌热再生技术指南[S]. 北京:人民交通出版社,2010.

[14] 中华人民共和国地方标准. DB21/T 2448—2015 沥青路面厂拌冷再生设计与施工技术规范[S]. 北京:人民交通出版社,2015.

[15] 中华人民共和国地方标准. DB21/T 2233—2014 沥青路面就地冷再生施工技术规范[S]. 沈阳:东北大学出版社,2014.

[16] 中华人民共和国行业标准. JTG H30—2015 公路养护安全作业规程[S]. 北京:人民交通出版社,2004.

[17] 中华人民共和国地方标准. DB21/T 1402—2006 SBS 改性沥青混合料设计与施工技术规范[S]. 沈阳:沈阳出版社,2006.

[18] 中华人民共和国地方标准. DB21/T 1403—2006 沥青玛蹄脂碎石混合料设计与施工

技术规范[S].沈阳:沈阳出版社,2006.
[19] 美国沥青路面再生协会.美国沥青再生指南[M].北京:人民交通出版社,2006.
[20] 拾方治,马卫民.沥青路面再生技术手册[M].北京:人民交通出版社, 2006.
[21] 徐剑,黄颂昌,邹桂莲.高等级公路沥青路面再生技术[M].北京:人民交通出版社, 2011.
[22] 季节,徐世法,罗晓辉.重复再生混合料及温拌沥青混合料性能研究[M].北京:人民交通出版社, 2011.